陕西师范大学"一带一路"智库集成

主编=甘晖

副主编=游旭群 周伟洲

卷十三
中国与中亚五国互联互通中的语言文化障碍问题研究

邵英 著

丝绸之路通鉴

陕西师范大学出版总社

图书代号 ZZ18N1239

图书在版编目(CIP)数据

中国与中亚五国互联互通中的语言文化障碍问题研究/邵英著.—西安:陕西师范大学出版总社有限公司,2018.9
(丝绸之路通鉴/甘晖主编)
ISBN 978-7-5695-0066-0

Ⅰ.①中… Ⅱ.①邵… Ⅲ.①文化语言学—研究—中国、中亚 Ⅳ.①H0-05

中国版本图书馆 CIP 数据核字(2018)第 143718 号

中国与中亚五国互联互通中的语言文化障碍问题研究
ZHONGGUO YU ZHONGYA WUGUO HULIAN HUTONG ZHONG DE YUYAN WENHUA ZHANG'AI WENTI YANJIU
邵 英 著

出版统筹	刘东风
责任编辑	王 翰
责任校对	王奉文
封面设计	杨 柯
封面插图	崔 彬 李文炯
出版发行	陕西师范大学出版总社
	(西安市长安南路199号 邮编710062)
网 址	http://www.snupg.com
印 刷	中煤地西安地图制印有限公司
开 本	720mm×1020mm 1/16
印 张	17.75
插 页	2
字 数	229千
版 次	2018年9月第1版
印 次	2018年9月第1次印刷
书 号	ISBN 978-7-5695-0066-0
定 价	68.00元

读者购书、书店添货或发现印装质量问题,请与本公司营销部联系、调换。
电话:(029)85307864 传真:(029)85303879

"丝绸之路通鉴"序一

中国古代有一条历时久远的经由中亚通往南亚、西亚以及欧洲、北非的陆上贸易通道,通过此道,产自中国的丝、丝织品、陶瓷等物品运送到了以上地区,由于其运送的货物以丝绸制品影响最大,故称丝绸之路。1877年,德国地理学家李希霍芬在其出版的《中国》一书中,把"从公元前114年至公元127年间,连接中国与河中(指中亚阿姆河与锡尔河之间)、中国与印度以丝绸贸易为媒介的这条西域交通道路"命名为"丝绸之路",简称"丝路"。这一称谓被学术界和民间所接受,并广为沿用。其后,德国历史学家赫尔曼在20世纪初出版的《中国与叙利亚之间的古代丝绸之路》一书中,依据新发现的考古资料,把丝绸之路延伸至地中海西岸和小亚细亚,确定了"丝绸之路"的基本内涵,即中国古代经过中亚通往南亚、西亚以及欧洲、北非的陆上贸易通道。

虽然人们在对商代帝王武丁配偶坟茔的考古中,已发现了产自新疆的软玉,证明至少在公元前13世纪,中原已开始和西域乃至更远的地区有商贸往来,但是严格意义上的丝绸之路奠定于两汉时期。西汉张骞出使西域时开辟的以长安(今陕西西安)为起点,经由甘肃、新疆,到中亚、西亚,并连接地中海沿岸各国的陆上通道已经形成,这条通道被称为"西北丝绸之路"。公元前119年,张骞第二次出使西域,经4年时间先后到达乌孙、大宛、康居、大月氏、大夏、安息、身毒等国,扩大了与西域各国的交往。张骞出使西域,最初主要是出于制御匈奴的考虑,后来则演变为"广地万里,重九译,致殊俗,威德遍于四海",即旨在保护疆域和发展经济。汉武帝曾招募大量商人,到西域各国经商,由此吸引了更多人从事丝路贸易活动,极大地推动了中原与西域之间的物质文化交流。之后,汉宣帝于神爵二年(前60),设立了直接管辖西域的机构——西域都护府,屯田于乌垒城(今新疆轮台东),以保障西域商路的通畅。随着汉朝在西域设立官员,丝绸之路日渐繁荣,大量丝帛锦绣源源不断西运,同时西域各国的珍奇异物也输入中原。到魏晋时,东西方商业往来仍然不断,位于"丝路"咽喉要地的敦煌,就是当时胡商的重要聚集地之一。到公元5—6世纪时,中国南北朝分立,但东西方沿"丝路"的交往却一直没有中断。北魏建国后不久就派使者前往西域,以后中亚各国的贡使、商人常聚集于平城(今山西大同东北),从事商业贸易。北魏迁都洛阳后,洛阳又成为各国商人的荟萃之地。至隋时,隋炀帝还曾派黄门侍郎裴矩到张掖招徕西域商人,说明当时"丝路"依然兴旺。

到7世纪后,唐代社会的繁荣使西北丝绸之路再度兴旺。唐王朝借着击破突厥的时机,一举控制了西域各国,并在伊州、西州、庭州三地设立同于内地的州县,在龟兹、于阗、疏勒、碎叶设立安西四镇,作为唐朝政府控制西域的机构,驻兵设防,并新修了玉门关,再度开放沿途各关隘。唐不仅打通了天山北路的"丝路"分线,还将西线延伸至中亚,使丝绸之路更为通畅。当时的长安、洛阳有大量商胡出入,已呈现出国际大都会的风貌。丝绸之路不仅是东西方商业贸易之路,也是中国和亚欧各国政治、文化交流的通道。西方的音乐、舞蹈、绘画、雕塑、建筑以及天文、历算、医药等,也通过此路先后传入中国。源于西亚、中亚的袄教、摩尼教、景教、伊斯兰教等宗教以及源于印度的佛教,也通过"丝路"传入中国,产生了深远影响。而中国的纺织、造纸、印刷、火药、指南针、制瓷、绘画以及儒家、道教等，也通过此路传向西方，产生了较大的影响。

从9世纪末到11世纪，中国政治、经济、文化中心向东南沿海转移，加之阿拉伯世界的兴起，东西方海上往来逐渐频繁起来；又由于中国西北地区各民族政权的分裂、对立，"丝路"安全难以保障，西北这条陆上通道的重要性逐渐降低，而相对稳定的南方对外贸易则明显增加，遂带动了南方丝绸之路和海上丝绸之路的兴起和繁荣，成都和泉州也因此成为南方的经贸大城。中国人此时开始将他们发明的指南针和其他先进科技运用于航海，海上丝绸之路迅速发展起来。

如果从发展的视角和广泛的意义上说，丝绸之路主要有三条：西北丝绸之路、南方丝绸之路和海上丝绸之路。海上丝绸之路是陆上丝绸之路的延伸，形成于宋元时期。海上丝绸之路不仅运送丝绸，还运送瓷器、糖、五金以及香料、药材、宝石等货物。由于运输货物品种的不同，海上"丝路"也出现了一些别称，如"陶瓷之路""香料之路"等。海上丝绸之路早已存在，《汉书·地理志》所载海上交通路线，实为早期的海上丝绸之路。当时海船载运的"杂缯"，即各种丝绸。海上丝绸之路的起航线可分为东海和南海两支。东海起航线从中国的东南沿海经由朝鲜至日本；南海起航线则从雷州半岛起，途经今越南、泰国、马来西亚、缅甸等国，远航至新加坡、印度等地。到宋代时，泉州、广州和明州成为海上丝绸之路最大的海港，通常将泉州作为海上丝绸之路的起点。南方丝绸之路，起点为四川成都，经"灵关道""朱提道""夜郎道"三路，进入云南，在楚雄汇合后并入"博南古道"，跨过澜沧江，再经"永昌道""腾冲道"，从德宏进入缅甸、印度等地。丝绸之路的多途打通，让中国通往西方的商路更得以扩展。这就将中原、西域与阿拉伯、波斯湾等地紧密联系在一起，向西延伸到了地中海地区，以至可到达法国、荷兰、意大利、埃及，向东到达韩国、日本。不过,这已不同于原来意义上的丝绸之路了,可视其为广义的丝绸之路。

2000多年前兴起的丝绸之路被誉为全球重要的商贸大动脉,有力地促进了东西方的经济、文化交流,所以在一定意义上说,它是经济全球化的早期版本。同时,作为东西方商品交易和文化交流的通道,在交往的过程中也加深了沿线各国人民之间的友谊,所以它也是东西方友好往来的历史记录和象征。

历史翻开了新的一页。当世界步入21世纪,贸易和投资在古丝绸之路上再度活跃。2013年9月7日,习近平主席访问哈萨克斯坦的时候,提出用创新的合作模式,共同建设"丝绸之路经济带",以点带面,从线到片,逐步形成区域的大合作。这是中国领导人在国际场合公开提出共同建设丝绸之路的重大战略构想。到2016年10月,这个重大的战略构想越来越丰富,受到越来越多国家的欢迎。习近平总书记在2016年9月3日杭州G20峰会的开幕式上有这样一段话,他说:"'一带一路'倡议旨在同沿线国家分享中国的发展机遇,实现共同繁荣。中国对外开放不是要一家唱独角戏,而是要欢迎各方共同参加……不是要营造自己的后花园,而是要建设各国共享的百花园。"

此外,2014年中国国家主席习近平在阐述中国特色外交理念的时候提出打造人类命运的共同体。2015年9月28日,在纽约第七十届联合国大会的一般性辩论阶段,他对这个理念做了系统的阐述,他说:"在联合国迎来又一个十年之际,让我们更加紧密地团结起来,携手构建合作共赢新伙伴,同心打造人类命运共同体。"2015年10月16日,在世界减贫与发展高层论坛上,习近平主席发表主旨演讲,阐述消除贫困是人类共同的使命。

综上所述，可以看出，习近平主席关于推进"一带一路"建设的思想和论述，是在新的历史条件下，关于实现世界和平、发展、繁荣、公平、正义的完整理论。我们需要深入学习、研究。

陕西师范大学地处丝绸之路的起点西安，具有独特的地缘优势。该校学者积极响应国家建设"丝绸之路经济带"的战略构想，充分发挥学校的学科优势和学者各自的专业特长，撰写了"丝绸之路通鉴"丛书，洋洋数万言，从不同角度阐发了"一带一路"所涉及的许多重大理论和实践问题，这是一件有重大意义的事。正如甘晖书记在"丝绸之路通鉴"序二中所说，该丛书之所以取名"通鉴"，"意在借鉴历史，透析现状，着眼未来，贯穿千年时域，探求发展趋势；意在立足中国，深入沿线，胸怀全局，经略万里空间，厘清错综关系；意在研究战略，丰富内涵，解决问题，横跨宏观、中观与微观，打通理论与实践；意在聚焦经贸，关注人文，促进合作，智慧应对世界形势变换，为'一带一路'国家战略的推进提供全领域、全视角、体系化的智力支撑"。我认为，如果这些想法得以贯彻，"通鉴"一定能够对"一带一路"倡议在理论上有较大推进，且为"一带一路"的实施提供有价值的智力支持。

专注于研究"一带一路"的"丝绸之路通鉴"丛书的撰写，需要多种学科的通力合作。"通鉴"正是从"丝路"的历史、政治、经济、文化、社会、生态等多个领域来进行研究，带有鲜明的系统性特点。作者聚焦"一带一路"一些重大理论和现实问题，尤其是"一带一路"建设中的一些突出的矛盾和问题，提出了各自的看法、观点，可供参考。该丛书第一批出版的著作，就很有分量，既有学术性，又有实践性。其中《英雄在线：丝绸之路的开辟者和捍卫者》《丝绸之路与文明交往》《丝绸之路最早的东方起点：西汉长安城》《天山廊道：清代天山道路交通与驿传研究》等,从不同角度探讨了丝绸之路的历史;《西北丝绸之路上的汉字流传史》则属于丝绸之路的专门史研究;还有一些是专门研究丝绸之路经济战略的著作,如《打造丝绸之路经济带上的战略高地——陕西经济发展研究》《丝绸之路经济带产业集群价值网络的演化与重构》《丝绸之路经济带上生物多样性的经济价值识别、展示与捕获研究》;而《文化集聚·文化街区·文化地域:重塑丝绸之路的新起点》《丝绸之路上的遗址美术》《汉唐丝绸之路漆艺文化研究》《丝绸之路上的体育交流与发展》《丝绸之路经济带沿线国家体育文化交流问题研究》,则是关于丝绸之路文化交流、文化交流史的专门性著作。

相信该丛书的出版,一定能对"一带一路"的理论深化有所推进,一定能对助力"一带一路"国家战略的实施发挥积极而重要的作用。

"丝绸之路通鉴"序二

2000多年前,丝绸之路从长安发端,或从秦岭脚下穿越荒漠、草原,横贯欧亚大陆,或扬帆太平洋、印度洋沿岸众多港口和岛屿并蜿蜒至欧洲,跨越不同文化区域,推动华夏文明、印度文明、伊斯兰文明、欧洲文明的会通,实现中西方物质特产和精神智慧的大融合。

千百年来,"丝路"精神薪火相传,成为促进沿线各国繁荣发展的重要纽带,推进了人类文明进步。进入21世纪,世界步入全新阶段,丝绸之路被赋予新的内涵和期望,焕发出新的生机与活力。在这一重要时点,国家提出"一带一路"倡议,并迅速从规划落实为行动,成为重塑中国未来发展路径与发展空间的战略支点。

经世致用,服务国家,"丝绸之路通鉴"丛书应运而生。

一、古丝绸之路是人类历史最珍贵的遗产之一

1868年,德国地理与地质学家李希霍芬对中国地貌和地理进行了规模宏大的考察,发现在古代中国的北方曾经有过一条横贯亚洲大陆的交通大动脉。1910年,德国历史学家赫尔曼《中国和叙利亚之间的古代丝绸之路》一书,完成了对丝绸之路的学术认证,丝绸之路为世人所熟知。1927年,中瑞西北科学考察团到中国西部地区进行综合考察,第一次实现了对丝绸之路沿线珍贵文物的发掘、搜集、整理与保管,古丝绸之路的面貌得以较全面地复原。

丝绸之路因运输西方视同珍宝的中国丝绸而得名。考古资料证明,丝绸之路早已存在,商周至战国时期,中国的丝绸就经西北各民族之手

少量地辗转贩运到中亚和印度。

建元二年(前139),奉汉武帝之命,由匈奴人甘父做向导,张骞率领一百多人出使西域,打通了汉朝通往西域的南北道路,即丝绸之路。神爵二年(前60),汉置西域都护,屯田于乌垒城,以保西域通道通畅。魏晋时期,东西商业往来不断,位于丝绸之路咽喉重地的敦煌成为往来客商的聚集地之一。5—6世纪时,南北朝分立,但沿"丝路"的东西交往却进一步繁荣。隋炀帝时曾派黄门侍郎裴矩到张掖招徕西域商人。唐时则在伊州、西州、庭州设州,在龟兹、于阗、疏勒、碎叶等安西四镇驻兵,保证丝绸之路畅通。

9世纪末到11世纪,随着中国政治、经济、文化中心向东南沿海转移,及阿拉伯世界的兴起,东西方的海上往来逐渐增多。同时,中国西北地区政权分立,丝绸之路安全难以保障,陆上通道的重要性大大降低。元朝时期,蒙古西征和对中亚、西亚广大地区的直接统治,使东西驿路再度通畅,丝绸之路又繁荣一时。明清采取闭关政策,虽出嘉峪关经哈密去中亚的道路未断,但陆上丝绸之路已远不如海上丝绸之路重要了。

虽有诸多争论,但大体来看,古丝绸之路主要包括四条路线。第一条是沙漠绿洲丝绸之路。从中国洛阳或长安出发,经甘肃河西走廊,至敦煌,沿昆仑山北麓和天山南北麓分三道,越葱岭通往中亚、欧洲和非洲,兴盛于汉唐时期。该路核心段因位于干旱缺水的亚洲内陆沙漠绿洲之间,故被中外学者称为沙漠绿洲丝绸之路。第二条是海上丝绸之路,分东海丝绸之路和南海丝绸之路。历史上有三大航线:东海航线由中国沿海海港至朝鲜、日本;南海航线由中国沿海海港至东南亚诸国;西洋航线由中国沿海海港至南亚、阿拉伯和东非。海上丝绸之路始于周,兴盛于宋元时期。中国通过海上丝绸之路输出的商品主要是丝绸、瓷器、茶叶等,运回国内的主要是香料、花草等,因此,亦称"瓷器之路""香丝之路"。第三条是西南丝绸之路。从中国四川成都,向西南到印度,再通往南亚、中亚、欧洲国家。因沿途山道崎岖,又称高山峡谷之路。第四条是草原丝绸之路。由中原地区向北越过古阴山(今大青山)、燕山一带的长城,西北穿越蒙古高原、南俄草原、中西亚北部,直达地中海北部的欧洲地区。因途经之地主要为游牧地区,故称草原丝绸之路,又因往来贸易的主要商品是毛皮、金银和茶叶,又称"金银之路""皮毛之路"。

丝绸之路各线尽管起始时间不同,贸易货品不一,却将不同文明由隔绝孤立推向开放交融,成为东西友好交往的象征。它是人类文明竞合融会的"搅拌器",是世界多样性发展的"分离机"。西方的音乐、舞蹈、绘画、雕塑、建筑等艺术,天文、历算、医药等科技知识,佛教、祆教、摩尼教、景教、伊斯兰教等宗教,通过此路先后传来中国,并在中国产生了很大影响。中国的纺织、造纸、印刷、火药、指南针、制瓷等工艺,绘画等艺术,儒家、道教等的传统思想,也通过此路传向西方,产生了持久影响。

丝绸之路给中国和其他沿线国家留下了丰厚的文化遗产。在中国多年引领和推动下,包含中、哈、吉3国33处遗迹的丝绸之路跨国联合申遗在2014年取得成功,成为世界上第一个以联合申报的形式成功列入世界遗产名录的丝绸之路项目,也是联合国教科文组织确定的丝绸之路54个廊道中第一个成功申遗的项目。国家文物局局长刘玉珠2016年9月20日在甘肃敦煌首届丝绸之路国际文化博览会"丝绸之路文化遗产国际论坛"上介绍,在此前陆上丝绸之路申遗成功的基础上,中国正推动海上丝绸之路申遗。

二、新丝绸之路在21世纪焕发出新的生机

作为经济全球化的早期版本,2000多年前兴起的丝绸之路被誉为全球重要的商贸大动脉。岁月变迁,20世纪末21世纪初,贸易和投资在古丝绸之路上再度活跃。如今,旨在强化东亚和中亚联系的"新丝绸之路"(New Silk Road)概念已经成型,并引起了中、美、印、俄等国的

重视。

1990年9月12日,中国北疆铁路与苏联土西铁路胜利接轨。这是继苏联西伯利亚大陆桥之后,第二条连接亚欧大陆的通道,沿途连接40余国,是一条名副其实的国际大通道。新亚欧大陆桥的贯通,成为丝绸之路焕发生机的标志性事件,使传播过古老文明和象征传统友谊的丝绸之路再一次焕发光彩。

2013年9月7日,习近平主席在哈萨克斯坦纳扎尔巴耶夫大学发表重要演讲,首次提出了加强政策沟通、道路联通、贸易畅通、货币流通、民心相通,共同建设"丝绸之路经济带"的倡议。2013年10月3日,习近平主席在印度尼西亚国会发表重要演讲,明确提出,中国致力于加强同东盟国家的互联互通建设,愿同东盟国家发展好海洋合作伙伴关系,共建21世纪海上丝绸之路。"一带一路"倡议赋予了丝绸之路崭新的含义。新丝绸之路概念一经提出,便引起全球高度关注和沿线国家的积极响应,亚太地区主要国家也纷纷提出了各自的新丝绸之路构想。

美国的新丝绸之路战略是对2014年后阿富汗和中亚地区的主要战略规划,继承和沿袭了美国历届政府的中亚战略,背后隐藏着美国在中亚地区巨大的地缘政治目标和利益,即在中亚地区排除俄罗斯、中国和伊朗的影响,将中亚国家引向南亚。2011年7月,时任美国国务卿的希拉里在美国学者弗雷德里克·斯塔尔新丝绸之路构想的基础上,提出了新丝绸之路战略,力图在美国主导下形成以阿富汗为中心的中亚—阿富汗—南亚交通经贸合作网络,实现这一区域的商品北上和能源南下。这一战略是美国亚太再平衡战略的补充。新丝绸之路战略提出后,美国即着手实施该战略并取得一定进展,但由于阿富汗安全形势不佳以及融资、地区国家间的竞争、美国地区战略本身的矛盾性以及气源等问题,美国新丝绸之路战略仍然充满了不确定性。2014年,美国常务副国务卿威廉·伯恩斯在一份政策报告中称,美国新丝绸之路战略的一大核心是为中亚建立一个区域能源市场,重点推进土库曼斯坦—阿富汗—巴基斯坦—印度天然气管道建设,打造中亚—阿富汗—南亚电力网络,打通中亚通往南亚的能源通道。

印度迄今为止还没有清晰的新丝绸之路战略,但在一定程度上有追随美国的意思。印度是美国中亚战略的重要支持者,作为阿富汗重建的第五大援助国,过去10年的花费超过20亿美元。从印度自身来讲,其新丝绸之路规划相对单纯,主要着眼于能源保障和贸易通道。2012年,印度经历的断电事件,6亿多人受到影响,却无法利用近在咫尺的中亚能源。印度总理莫迪自2014年上任以来,与存在历史恩怨的国家开始了前所未有的合作。2015年5月,印度与孟加拉国签署了已搁置40余年的《陆地边界协议》。之后,印度参与新丝绸之路建设的实质动作也越来越多。

2002年,俄罗斯与印度、伊朗联合推出"南北走廊计划",打算建设起始于印度,途径伊朗、高加索、俄罗斯,最后直达欧洲的铁路、公路和海运等。2010年1月1日,俄罗斯、白俄罗斯、哈萨克斯坦三国共同启动建立推动欧亚经济一体化的"俄白哈关税同盟",拟建立统一的关税制度。该同盟对欧亚联盟起到了重要的推动作用,一方面有利于欧亚地区基础设施的建设,另一方面有利于各地区安全合作框架的构建。2011年10月,俄罗斯总统普京正式提出"欧亚联盟战略",要同独联体国家一同建立关税联盟和欧亚经济共同体,从而推动更高层次的、包含更广泛内容的一体化组织。这一战略被看作俄罗斯版的新丝绸之路战略。

另外日本、韩国也基于亚欧经济合作提出了丝绸之路构想。主要亚太国家纷纷推进新丝绸之路战略,一方面预示中国的"一带一路"倡议将面临全新的博弈与竞争,另一方面也表明新丝绸之路具有巨大的潜力和活力。

三、"一带一路"将重新定义中国未来发展空间

2015年3月,国家发展改革委、外交部、商务部经国务院授权发布《推动共建丝绸之路经济带和21世纪海上丝绸之路的愿景与行动》(以下简称《愿景与行动》),阐述了"一带一路"建设的时代背景、共建原则、框架思路、合作重点、合作机制等,为"一带一路"建设指明了方向。仅仅两年多时间,丝绸之路经济带和21世纪海上丝绸之路就已经从倡议变成实践,从国家战略落地为国家行动,进入务实合作阶段。从筹建亚投行到成立丝路基金,再到国家开发银行的近千个项目,"一带一路"建设取得明显进展,获得多方积极响应,不仅为各方在投资、贸易、金融、文化和旅游等领域的深化合作奠定了坚实基础,也给沿线各国民众带来了实实在在的好处。

从战略上看,"一带一路"将重新拓展和定义中国未来的发展空间。众多学者对此多有著述,可概括为以下几个方面:

首先,"一带一路"将加速亚洲和亚太经济一体化进程,中国将成为推动世界持续发展的新重心。"一带一路"倡议将成为亚洲经济一体化的"两翼",有效连接中亚、西亚、东南亚、南亚、东北亚等地区,显著改善区域内的整体基础设施互联互通状况和营商环境。作为世界经济增长的重要引擎,亚洲已日渐成为经济全球化的中坚力量。"一带一路"倡议涵盖亚洲26个国家和地区,拥有44亿人口和20多万亿美元的经济规模。在后国际金融危机时代,作为世界经济增长火车头的中国,将发挥自身的产能优势、技术与资金优势、经验与模式优势、市场与合作优势,通过"一带一路"建设促进亚洲国家分享中国改革发展红利,夯实亚洲经济一体化的基础,成为推动世界持续发展的新重心。

其次,"一带一路"将打破亚欧大陆长期封闭的状态,中国在推动世界均衡发展的同时将获得新的战略发展空间。亚欧大陆是世界上最大

的陆地,面积近5000万平方千米,占全球陆地面积的1/3,东西跨度超过1万千米,是世界上最具潜力的经济带。"一带一路"将通过打破亚欧大陆长期封闭的状态,带动内陆国家加快开发开放,实现均衡发展,改变历史上中亚等丝绸之路沿途地带只是作为东西方贸易、文化交流的过道而成为发展洼地的状况,将超越欧美主导全球化造成的贫富差距、地区发展不平衡,形成推动全球均衡发展的新格局。

再次,"一带一路"将打造利益共享的全球价值链,中国将在共同打造全球价值链的过程中获益。当前,世界经济仍处于深度调整期,低增长、低通胀、低需求同高失业、高债务、高泡沫等风险交织,气候变化、能源安全、粮食安全等全球性挑战不断增多,不仅发展中国家需要实现可持续性的经济转型,发达国家也需要促进经济转型。"一带一路"沿海国家多数精于制造业,而内陆国家资源丰富,能源供给充足,庞大的中国市场将为沿线国家经济持续增长提供新动力。随着"一带一路"的发展,沿线会形成发达的经济中心、文化中心,沿线国家也会通过全方位的国际合作解决自身的问题,更有效地融入全球经济。

最后,"一带一路"将促进人类建设命运共同体,中国将成为推动世界和平发展的重要力量。"一带一路"继承了古丝绸之路开放兼容的历史传统,同时也吸纳了亚洲国家"开放的区域主义"精神,体现了世界各国谋求发展的现实需求。无论从历史还是现实来看,"一带一路"都为人类命运共同体建设提供了重要的路径和战略支撑。"一带一路"不是单一国家的战略,不是把一国利益凌驾于他国利益之上,甚至全球利益之上的战略。"一带一路"坚持共商共建、共创共享原则,不搞封闭机制,有意愿的国家和经济体都可参与,成为"一带一路"的支持者、建设者和受益者。"一带一路"将加速人类命运共同体建设,构建各方融合发展的新格局,为各方带来更大发展机遇,共同建造和平、增长、改革、文明的未来世界。

"一带一路"倡议是中国对外开放由点到线、由线到面、由面到系统的和平发展战略方针,它将不仅促进经济要素在全球的有序流动和市场的深度融合,而且推进沿线各国的经济政策协调,实现更为和谐的区域经济合作。更为重要的是,"一带一路"倡议打开了中国的经贸合作圈、文化合作圈,将大大拓展中国21世纪的发展空间。

四、"一带一路"机遇与挑战并存

"一带一路"倡议勾画出了中国走向全球综合性大国的路线图,在带给中国和沿线国家重大福利和机遇的同时,实施过程中也面临诸多挑战,同时也充满了政治风险、经济风险、安全风险、企业经营风险、文化冲突风险。

政治风险。首先,政治体制差异大,一些国家政局不稳。"一带一路"倡议涉及60多个对象国、40多亿人口,参与国既有社会主义国家,也有资本主义国家,还有君主制的阿拉伯国家,意识形态上的相互理解不一定成为根本性的障碍,但从历史看确实会成为影响国家间关系的重要因素。其次,沿线的东南亚、南亚、中亚、西亚地区政治形势复杂,政局不稳,对政策的连续性有很大影响。此外,一些国家的政治势力出于自身政治目的,有意煽动"中国威胁论",以阻止或延宕中国战略的实施。再次,大国博弈风险。在"一带一路"的战略布局当中,不同国家基于不同诉求都有其各自的国家战略,这其中甚至还涉及"一带一路"以外的一些国家的战略利益问题。美国、印度、俄罗斯、日本、韩国等与"一带一路"都有一定的竞争关系和利益冲突,如何处理好这些关系事关重大。同时,"一带一路"沿线一些国家其国内始终存在着反华势力,如印度尼西亚、越南等国。随着社交媒体的广泛运用,这些国家的政治越来越受底层民众民粹意识的裹挟,其中一些领导人可能会以中国因素来解释经济失败,以排华的方式来谋求个人政治利益。如果地区安全得不到保证,欧亚地区国家相互之间不能理解,"一带一路"建设就可能付之东流。

经济风险。"一带一路"建设存在着众多经济风险或潜在经济风险。首先,经济发展水平不平衡,对接耦合难度大。沿线国家中,一些国家法律较为健全,市场经济程度较高;一些国家较为封闭,主要为传统经济;还有一些国家处于两者之间,这在一定程度上加大了合作的难度。其次,债务违约风险。"一带一路"沿线国的投资环境整体上不如中国与欧美发达国家,部分参与"一带一路"计划的国家存在巨额的经常项目赤字、较差的经济基本面,这使其成为高风险债务人。第三,项目泡沫化风险。据有关研究,2015年中国各省"两会"政府工作报告中关于"一带一路"基建投资项目总规模已超过1万亿元人民币,涉及项目近1000个。如此庞大的投资能否落地,众多项目投资资金从何而来,通过何种方式去融资,如何保证海外投资的安全等,值得警惕。

安全风险。"一带一路"倡议面临着巨大的传统安全风险与非传统安全风险。传统安全风险方面,如大国地缘政治的博弈,领土、岛屿争端,区域内个别国家政局动荡,等。非传统安全风险方面,如经济安全、金融安全、恐怖主义威胁、跨国有组织犯罪等。中国"一带一路"倡议与美国的全球战略相比,其根本区别在于中国更侧重于经济、文化的交流,而非谋求军事霸权。这也意味着"走出去"的中国企业与公民很多时候缺乏国家直接的强力保护。

企业经营风险。当前,中国在"一带一路"沿线国家的资本输出,基本上是以企业投资海外基础工程建设为主要途径。与高技术含量、高回报率的经济领域相比较,基础建设存在着投入大、周期长、不确定因素较多等问题。在一些比较落后的区域,铁路、港口等基础建设实际上很难在短时期内见到效益,甚至将在很长一段时期内面临亏损运营的局面。另外,由于不熟悉国外商业习惯和法律环境,一些中资企业往往要承担商业风险。大批"走出去"的中小型民营企业既缺乏信贷、保险方面的制度安排，往往也难以得到有关管理部门的政策指引、信息服务，其在"走出去"过程中面临的信息问题、安全问题都十分严峻。

文化冲突风险。"一带一路"沿线文化繁杂多样，民族宗教问题复杂多变。"丝路"沿线是世界主要宗教基督教、佛教、伊斯兰教、印度教共生共存的地区，历史上的宗教争斗延续至今，使中东、中亚、东南亚等地区的国际恐怖主义、宗教极端主义、民族分裂主义势力和跨国有组织犯罪活动猖獗，地区局势长期动荡不安。同时，宗教问题时常与民族问题交织叠加，既恶化了当地环境，又增加了沿线各国相互合作的难度。

面对"一带一路"建设中的种种风险，我们应树立防范意识，未雨绸缪，做好预案，采取有效措施，积极应对挑战。

五、"丝绸之路通鉴"宗旨与使命

自古以来，我国知识分子就有"为天地立心，为生民立命，为往圣继绝学，为万世开太平"的志向和传统。历史经验告诉我们，知识分子对民族和国家的使命担当，是中华民族实现伟大复兴的希望所在。

2016年5月17日，习近平主席在哲学社会科学工作座谈会上的讲话中指出，当代中国正经历着我国历史上最为广泛而深刻的社会变革，也正在进行着人类历史上最为宏大而独特的实践创新，我们不能辜负了这个时代。习近平主席指出，构建开放型经济新体制，实施总体国家安全观，建设人类命运共同体，推进"一带一路"建设，是党和国家根据新的实践提出的具有原创性、时代性的概念和理论。我国哲学社会科学应该以我们正在做的事情为中心，提炼出有学理性的新理论，概括出有规律性的新实践。

习近平主席的讲话深刻解答了事关我国哲学社会科学长远发展的一系列根本性问题，是指导哲学社会科学工作的纲领性文献，也是发展繁荣哲学社会科学的基本原则和行动指南。围绕国家重大需求,重视应用研究,推进智库建设,着力提升解决重大问题的能力和原创能力,既是陕西师范大学繁荣发展哲学社会科学行动计划(2013—2020年)的核心部分,也是陕西师范大学"十三五"发展规划的重点内容。

近10年来,陕西师范大学在围绕丝绸之路的哲学社会科学研究方面发展迅速,成绩斐然,主要体现在以下几个方面。一是以丝绸之路上的重大理论和现实问题为重点,在不同学科交叉协同的基础上,先后获批并建设了陕西省协同创新研究中心国际长安学研究院、陕西省哲学社会科学重点研究基地"一带一路"与中亚区域协同创新研究中心、教育部人文社会科学重点研究基地西北历史环境变迁和经济社会发展研究院、陕西省哲学社会科学重点研究基地中国西部边疆研究院等一批省部级学术创新平台,已经成为国内外在研究丝绸之路沿线历史发展与环境变迁、西部国家安全、西部边疆、西北民族与宗教、西夏学、语言学、基础教育发展等重大历史与现实问题的重镇。二是在丝绸之路研究方面取得了丰硕的成果。早在2006年,陕西师范大学就编纂出版了《丝绸之路大辞典》,收录词目11607条,总字数达230多万,是迄今出版的同类书籍中体系最完整、词目最全面、内容最丰富的一部有关丝绸之路的百科全书,也是一部集学术性、知识性、资料性、实用性为一体的大型工具书。其后,陆续出版了《西北丝绸之路的历史文化研究》《中国丝绸之路经济带生态文明建设评价与路径研究》《丝绸之路经济带建设中的国家形象传播研究》等近百部学术著作,承担国家级、省市级有关丝绸之路的课题30余项,获得资助经费1000余万元。其中《丝绸之路戏剧文化研究》获得教育部第六届高等学校科学研究优秀成果奖,《推进丝绸之路经济带战略实施和区域合作共赢空间发展战略研究》的调研报告获得陕西省第十二次哲学社会科学一等奖,等。三是将丝绸之路研究的成果积极服务于国家战略、经济与文化发展。陕西师范大学提交的《推进丝绸之路经济带战略实施和区域合作共赢空间发展战略研究》《关于丝绸之路经济带建设的问题与挑战》《俄美在乌兹别克斯坦的博弈及其影响》《边疆热点地区城市民族关系发展态势与对策研究》《关于喀什"南达经验"的总结报告》《新疆城市居民的社会交往空间:利益机制与民族关系》得到国家领导人及中办、国办和国家有关部委批示和采纳。四是陕西师范大学首次倡导并共同参与成立了丝绸之路大学联盟。积极推进阿富汗、乌兹别克斯坦两个国别研究中心的建设,研究与"新丝绸之路经济带"沿线国家的双边、多边人文交流机制,开展民间人文交流活动。其中,2013年9月,在习近平主席和阿富汗时任总统卡尔扎伊的见证下,陕西师范大学与阿富汗喀布尔大学在人民大会堂签署合作谅解备忘录,较好地服务了国家战略层面上的国际合作与交流。

新的历史时期,陕西师范大学积极响应国家建设丝绸之路经济带的战略构想,切实推进陕西省"服务国家发展战略,促进互利共赢"的共建思路,以教育合作与文化交流为重点,与丝绸之路经济带沿线国家与地区,不断创新合作、扩大开放、共同发展。

"一带一路"战略是一项长期、复杂而艰巨的系统工程,推进过程中必然面临诸多机遇和挑战,其中的许多问题需要学界、政府、企业界、民间、文化界等的高度重视和思考。古代丝绸之路的起点在西安,陕西师范大学具有独特的地缘优势,也给我们发挥智库功能,服务区域社会发展和国家建设,提供了难得的历史机遇。

有鉴于此,陕西师范大学组织一批专家编纂了"丝绸之路通鉴"丛书。本套丛书以丝绸之路为本体对象,聚焦"一带一路"这一重大现实问题和战略问题。取名"通鉴",则意在借鉴历史,透析现状,着眼未来,贯穿千年时域,探求发展趋势;意在立足中国,深入沿线,胸怀全局,经略万里空间,厘清错综关系;意在研究战略,丰富内涵,解决问题,横跨宏观、中观与微观,打通理论与实践;意在聚焦经贸,关注人文,促进合作,智慧应对世界形势变幻,为"一带一路"国家战略的推进提供全领域、全视角、体系化的智力支撑。

期望"丝绸之路通鉴"丛书坚持以下标准:

第一,体现继承性、民族性。丝绸之路是人类文明交融互鉴的珍贵遗产,蕴含着取之不尽、用之不竭的物质财富和精神财富。如习近平主席所说:我们要坚持不忘本来、吸收外来、面向未来。既向内看,深入研究关系国计民生的重大课题,又向外看,积极探索关系人类前途命运的重大问题;既向前看,准确判断中国特色社会主义发展趋势,又向后看,善于继承和弘扬中华优秀传统文化精华。期望本套丛书的出版,能更好地传承"丝路"文明,促进全新历史条件下丝绸之路的政治与经济、民族与宗教、文化与生活、自然与文脉等等的发展。

第二,体现原创性、时代性。理论的生命力在于创新,理论思维的起点决定着理论创新的结果。本书的课题确定与编撰,均应专注"一带一路"建设的突出矛盾和问题,突出主体性、原创性、时代性,不追随他人亦步亦趋,不迷信权威人云亦云,力争形成一系列原创性成果,解决丝路建设的重大现实问题。

第三,体现系统性、专业性。希望本套书能全方位、全领域、全要素地研究"丝路"历史、政治、经济、文化、社会、生态等领域,打通传统学科、新兴学科、前沿学科、交叉学科等诸多学科,构建"丝绸之路学"基本蓝图、学理逻辑、主要架构与核心内容,推进具有中国特色的丝路研究学科体系、学术体系、话语体系建设,助力"一带一路"国家战略的实施。

出版本套丛书是一项巨大的系统工程。第一批陆续出版的著作涉及丝绸之路历史、丝绸之路专门史、丝绸之路经济、丝绸之路文化交流等,大致勾勒出了本套丛书的面貌,包括《丝绸之路与文明交往》(李永平)、《英雄在线:丝绸之路的开辟者和捍卫者》(朱鸿)、《西北丝绸之路上的汉字流传史》(冯雪俊)、《天山廊道:清代天山道路交通与驿传研究》(王启明)、《丝绸之路最早的东方起点:西汉长安城》(肖爱玲)、《汉唐丝绸之路漆艺文化研究》(胡玉康、潘天波)、《打造丝绸之路经济带上的战略高地:陕西经济发展研究》(王琴梅)、《丝绸之路经济带上生物多样性的经济价值识别、展示与捕获研究》(裴辉儒、宋伟)、《丝绸之路经济带产业集群价值网络的演化与重构》(雷宏振、贾妮莎、兰娟丽等)、《文化集聚·文化街区·文化地域:重塑丝绸之路的新起点》(薛东前)、《丝绸之路上的遗址美术》(高明、王晓玲、程玉萍、朱生云、李慧国)、《丝绸之路上的体育交流与发展》(黄聪)、《丝绸之路经济带沿线国家体育文化交流问题研究》(史兵、崔乐泉、李重申等)等。

  限于编著者能力与水平,书中难免有疏漏不足之处,恳请各位方家与读者批评指正。

  学术研究的意义不仅在于解释现实与反映现实,更在于改造现实与塑造未来。希望本套丛书所有编撰者筚路蓝缕、刨榛辟莽,有淡泊名利、耐得住寂寞的定力,有敢立潮头、勇于创新的勇气,有忧国忧民、为民鞠躬的情怀,积极努力,为实现"两个一百年"奋斗目标与实现中华民族伟大复兴的中国梦做出新的贡献!

  是为序。

2016年9月28日

目 录

绪 论 ··· 1

第一章 中亚五国 ·· 35
    第一节 中亚五国的地理历史简况 ························· 36
    第二节 中亚五国的历史 ······································· 41

第二章 语言、文化与环境 ··· 55
    第一节 中亚五国的语言、文化与环境 ···················· 74
    第二节 汉语言的语言、文化与环境 ······················· 86
    第三节 中国与中亚五国在全球一体化语境下的关系 ····· 96
    第四节 语言文化障碍是常态 ································ 104
    第五节 小结 ·· 118

第三章 中国与中亚地区历史上的往来给我们的启示 ········· 128
    第一节 物资交流方面的词语互传 ·························· 155
    第二节 意识形态方面的文化词语交互 ···················· 163
    第三节 小结 ·· 171

第四章 亲属称谓与婚俗 ··· 182
    第一节 中亚五国语言中的亲属称谓与婚俗 ··············· 186
    第二节 汉语言中亲属称谓与婚俗 ·························· 195
    第三节 小结 ·· 204

第五章　交际中的准语言 …… 208
　　第一节　中亚五国的肢体表情语言 …… 212
　　第二节　汉语中的肢体表情语言 …… 224
　　第三节　小结 …… 227
结　语 …… 231
参考文献 …… 240
附录一　汉语与哈萨克斯坦语部分亲属称谓词语对照表 …… 245
附录二　由中亚传入中国的词语 …… 245
附录三　中亚五国地名与中国史书用名对照表 …… 259
附录四　吉尔吉斯斯坦肢体表情语言词汇与汉语对照表 …… 259

绪 论

哈萨克斯坦、塔吉克斯坦、吉尔吉斯斯坦、土库曼斯坦和乌兹别克斯坦五国,我们称为中亚五国。中亚五国中有三个国家与我国接壤,两个国家与我国是近邻。在历史上,这一地区便与我国有着较为频繁的经贸文化人员的往来,双方在文化方面互有借鉴,尤其是物质文化方面有较为紧密的互融关系。在21世纪的全球化语境下,我们与这五个国家的交往则更为频繁,交往内容更加多样,双方从政府到民间就更需进行真诚的有实质性的双方合作。2013年9月和10月,中国国家主席习近平先后提出了建设"丝绸之路经济带"和"21世纪海上丝绸之路"的倡议,2015年中国政府正式发布了"新丝绸之路经济带"的建设规划,提出需要"政策沟通、道路联通、贸易畅通、货币流通、民心相通"的互联互通的"五通"倡议,迅速得到了世界许多国家特别是丝绸之路沿线国家的积极响应。因为"一带一路"对促进区域合作、沿线国家的经济繁荣发展与区域性经济合作有利,对不同文明之间的交流互鉴起到推动作用,对改善各国人民的根本福祉、促进世界和平发展有利,同时,对我国西部地区的经济发展、地位提升也是一种难得的历史机遇。但在合作的过程中,也一定会存在着诸多困难,出现许多挑战。比如我们和中亚五国在互联互通中首要的考验是"民心相通"。"民心相通"是"五通"的基础,要实现"民心相通"就必须有互信的基础。"互信"是个体之间、集体之间即民众之间、国家之间的互相信任。没有信任,一切将成为虚幻的设想。从民众个体层面而言,没有信任,不可能交往,不可能有跨域贸易;从商贸企业而言,签订各种相关合同,只是信守诺言的证明,以便在所需之时获得法律的保护;从国家层面来说,以政治法律条文、条约的签署昭示国民乃至世界其他国家,保障信任的存续和许可。而具体到两国民间的往来,则是言行的实施。所以互信不仅仅是建立在国与国之间的各种合约上和法律条文上,而且是建立在双方民众尤其是事务执行人员的言行举止间,是由越来越多的相关人员在沟通交流中的言语行为来体现。体现互信的载体和桥梁又是我们人类共有的伟大发明——语言。语言虽然像人类行走一样由我们人类所有,但是它不是人类的一种本能活动,它的多样性和普遍性决定了它是传达观念的一种方法,是文化的表达符号,是我们"人类极古老的遗产"[1]。同一种想法,同一件事情,用不同语言表达时,则会呈现出多种表达方式,会给出不同的概念,彰显不同的观念。所以语言又好似一面棱镜,能折射出丰富多彩的民族文化。

"语言是人类交流的工具"已经成为共识。语言的主要功能是用于人们彼此的交流,所以语言学家花费许多时间和精力研究这种"工具",拆解它的结构,分析它的部件,虽然也有专家注意到了使用这一"工具"的"人",可是远不及对"工具"研究得深入。语言学家萨丕尔说:"说话的目的是交际"。[2]当一个群体遇见另一个群体,一个个体遇见另一个个体,在短暂相处中可以没有任何的交流,但是如果有需求,却不采取言语交流的方式来实现自己的需求,那是难以想象的。在人类历史上,族群的迁徙是一种求生的本能,所以迁徙一直伴随着不同族群的交融和语言的接触,一直存在着一个民族努力学习另一个民族的文化和语言,或者学习多个民族的文化和语言的现象。这是自身生存与人类发展的需要。任何事情与任何时代,需要是人最大的兴趣,也是根本的动力。有需要有需求就会想方设法克服阻碍以实现所需所求,比如语言学习、物质借用、习俗融合、文化欣赏。因此语言也是实现需求的一种工具。在人类社会的历史中,没有哪一个民族是仅靠一己之力存留于世的。即使进入21世纪,也同样在遇到大的天灾人祸时需要友族友国的帮助,比如破坏性地震后的重建,比如战争中难民的安顿。

语言是文化传播和文化接受的最重要的媒介,一个民族在学习外族语言的同时也是在了解其语言所呈现的文化,同时也将自己的文化在语言接触、互译过程中传递了出去,这就如同昆虫、飞鸟与鲜花互相获利。在互相学习、互相借鉴中,一种语言的各要素会出现不一样的变化频率。语言要素中,语音的变化很小,词语重新组合构成语句时会在变与不变中挣扎,但是词语的增减和词义的磨损与膨胀变化特别明显,也是最容易为另一个族群所接受的语言要素。比如英语中的china、tea是来自汉语的瓷器、茶的语音,而汉语词汇中的巧克力、咖啡又是英语chocolate、coffee的音译词。已经成为汉语的许多词语的祖籍原本在中亚地区,如狮子、芫荽、琥珀等都是古代中亚地区语言的音译词,而我们已经习而不察了。人类社会文化的传承不只是在族群内进行的,很重要的传承方式是将一个民族的优秀文化传播到其他民族中去,对客观世界进行描述的词语和外化主观感情的词语也能够一并在新语言体系里安家。不同文化之间只有不断地互相学习、借鉴、参照,人类才能作为一个"种类"延续下去。

在人类发明语言后,人们看重的是文化的纵向传播,尤其是当文字创制以后,人们的意识中是利用文字的一项特殊功能,即利用文字跨越时间和超越空间的特性,将祖辈们的各种经验或教训以知识形式较为准确地传递下去。的确,文字传播比起之前口耳相传的方法能够传播得更远。然而,横向传播的重要性,却因传播手段的限制以及国家建立后的政治等原因被忽略了。即使在21世纪的全球语境下,互联网技术突飞猛进,传播方式已经多样化,文化的横向传播也并没有多么大的改善,甚至与文化传播历史走过的道路一样,依然受着许多限制。

在最初的人类社会,不同部族之间的交往,要么是物物交换,要么是以各类物品视作等价物交换双方需要的物品,如中国历史上的贝壳、玉、古代丝绸之路上的中国丝绸。科学发达的当今，人们依然重视的是物质贸易方面的互动。其实，所有的交往都是人类行为之间的交往，是一种文化的互动。在语言交际过程中，常常是在深层文化的精神层面遇到意想不到的障碍。即使在当今，去他国学习也是世界的一种比较普遍的现象。人们在本国除了学习母语之外，一定要学习第二语言或者外语，但是有一部分人还会花费很多的时间和金钱前往另一个国家去学习语言、文化、科学等知识。在这一学习过程中，虽然可以借助各类字典，但依然不可能解决面对面言语交流时出现的问题，融入当地社群文化是公认的一项难题。交流障碍的表象是所谓的语音、字词或者语句的组合排列顺序，而隐藏的困难则是音、调、字词、句式所表达的文化含义。用语言术语来讲就是语义和语用的障碍。字典或者词典不能帮助交际双方解决如此细微具体的困惑。因为字典或词典只是词语概念意义的注解或者只是提供一个准确的读音，最多是给出一条或两条、三条简单义项以供急需者参考，不可能详细书写其使用场合、语境、修饰、习俗等具有文化意义的项目，也就是说一个词的文化附加意义往往无法在词典中显现。在社会生活中，族群的接触也是文化的接触，主要是语言的接触，而伴随语言接触的是语言的转移，这样便会有不同文化、习俗以词语或语音、句型的身份移入另一方语言或移出了本语言系统。语言符号最初的进出状态是一个动态不稳定的波线。因而，语言文化障碍是语言要素障碍的次生障碍，单靠语言理论的语法学解释是不容易扫除交流中的障碍的。但人类的智慧又终将运用自身的创造物——语言，以共同的表情达意的初始功能给予解决。

在"一带一路"的物质建设交互中，无论制定怎样的法律文书、协定合约、游戏规则，都需要通过语言交流来沟通、执行直至最终的实现。"一带一路"不但是各类物质的交汇集散处，也是各种语言交流、文化碰撞的场所，是思想观念交互融合之地。语言分为有声和无声，无论有声也好无声也罢,都体现着一个民族的民族性、民族思维,承载着一个民族历史文化的符号。人的一笑一颦不可能雷同,但是人类原始基因具有一致性,即使是在无声的交流中,仅凭一个眼神也会在那一笑一颦之间得以畅通。比如微笑,在世界任何地方,人们不可能对一个纯真的微笑产生厌恶之感,或者产生陌生的恐惧感。[3]所以,世界名画蒙娜丽莎的微笑获得全球不同肤色人们的喜爱。

"一带一路"看似是沿线国家之间的经济贸易合作,实则是不同文明之间在21世纪合作交流的具体体现。20世纪90年代,美国政治理论家塞缪尔·亨廷顿(Samuel P. Huntington)出版了《文明的冲突》一书,主要是从宗教、文化方面阐释了人类冲突的根源。其实冲突是语言不通造成的文化误读,或以己方的言语表述、概念表达方式去解读对方的言说而引起的误解。在普通民众的生活中,有一言不合大打出手的现象;在世界政治舞台上,也有国家政府机构的会议场出现双方先是言语激辩,随之众人搅成一团的尴尬混乱现象。所以,语言是双方或多方(在经济学领域称为"多边")在建设"一带一路"中沟通交流时的最简便最有效的沟通工具,也是最容易出现障碍,产生误会误解,制造隔阂的导火索。正如中国的一句俗语"一句话能把人说笑,一句话也能把人说跳"。是笑还是跳,在异种语言而且是跨文化交流中,选词择句不仅仅是表达上的技巧,而且是得以通达交际目的关键性的一个环节,是让听者愉悦地理解言说的重要方式。因为每个国家的各方都要面临行业从业人员的语言交流,比如行政、工程、商贸、医疗、交通、旅游、金融、学习等与设施建设相关和人们生活密切相关的各种行业,这些从业人员的语言能力是一个方面,而得体运用母语和对方语言进行有效工作的技能则是另一个方面,并且是最为关键的方面。那么普通大众的跨语言交际知识和交际能力问题都是需要认真对待和研究的。

我国与中亚五国处于地缘文化链上,语言方面存有互相跨境关系,因而具有语言文化比较容易沟通的天然优势。虽然中国民众的语言表述方式与中亚五国不同,但文化、语言的相参之处从历史上已经时有表现。随着中国百姓收入的增加,会有越来越多的人走出国门经商、学习或者旅游、探亲。遇到的跨文化交流的事情不再属于"少见"之事,我们不可能继续停留在"多怪"的层面进行笑谈。有专家预计,至2020年底,中国个人财富将达到200兆人民币,并保持12%的年均复合增长率。未来的中国将成为世界最大的高净值客群市场之一。中国社会的全面发展和经济腾飞越来越引起世界人民的关注。我们需要与周边国家的人民分享中国的经济成就,也同样需要分享睦邻友好国家的经济成就,分享我们各自为人类发展而创造出的文化。这一切的前提是需要借助人类的伟大发明——语言。

　　国与国之间的交往实质是人民之间的往来,又实在是语言行为方式的互动,是将己之故事讲给彼听,那么如何讲自己家的故事,用语言的哪一种表述方式和讲什么故事就很重要。中国有一句成语叫"对牛弹琴",传统的阐释是:比喻对不懂事理的人讲道理或言事是徒劳的,也常常用来讽刺听者的愚蠢。这一阐释的角度有问题。语言是人们沟通的重要工具。说者如何表述很重要,如果说者沉浸在自己的言语天地范畴内,甚至喜好孤芳自赏,听者的思路又怎么能够跟上说者的思维运转。因此,在中国与中亚五国的互联互通建设发展过程中,我们应该要求自己虚心倾听其他国家的故事、认真听取中亚五国人民的故事,同时也采用适合中亚五国人民"听取故事"的方式讲述我们中国的故事、讲述我们中国人的故事,目的是共同"讲好'一带一路'故事,传播好'一带一路'声音,为'一带一路'建设营造良好舆论环境"[4]。要实现这一共同目标,我们就要很好地借助人类共有的创造物——语言,同时借助各自先祖创制的文字。

　　语言不仅仅是个体之间的交流工具,也是文化传播的最为直接的工具。在人类文化传播的历史长河中,无论是原始的口耳相传方式,

绪论

还是在陶器上刻画符号,抑或在岩石上摹刻,直至铸刻在青铜、书写于纸张和用键盘敲击,语言以音传义的功能是不可能更改的。我们中国人要理解中亚五国人民表情达意的方式,理解他们的语言所传递的信息,就必须对中亚五国的历史文化有一定的了解,反之亦然。每一个民族的文化都有着许多种象征性符号。准确来说,"语言也是一种象征符号,而且是文化中最重要的象征符号"[5]。因为语言是用"一定的词语来指称客观事物,用一定的句子来表达事件、发出指令。用表情身姿来表明态度和情绪"[6]。人类的活动存在于语言词汇之中,或者说是由语言词汇来再现的。恰如海德格尔所言"任何存在者的存在寓居于词语之中""语言是存在之家"。[7]

人类社会的交往与互动无外乎物质生产、社会关系、精神信仰、艺术形式、语言符号和风俗习惯六个方面,又由于生活所处自然环境的不同,饮食习惯的差异,居住建筑的差别,服饰的不同,等等,久而久之,便有了某一群体的习俗被其他族群视为"特殊""怪异"的风俗习惯。似乎大自然造物主有意推动人类这一物种彼此接纳,不得久居一地,于是迁徙、融合、战争,也就一直伴随着人类社会的进步与发展。人类社会的发展总会有文化接触和文化的输出与引进。人类的不同族群,在语言上虽存有大的不同,但总是会有使彼此明白沟通,抵达情感码头的风帆,达到交流目的之方法,也会有解决因文化不同而引起战争、产生仇恨的途径。历史上的中国与中亚五国以著名的丝绸之路为标志,留下了众多族群操着丰富多样的语言和展示迥异的文化样式进行交流的史实。所以,习近平主席说:"'一带一路'倡议,唤起了沿线国家的历史记忆。古代丝绸之路是一条贸易之路,更是一条友谊之路。在中华民族同其他民族的友好交往中,逐步形成了以和平合作、开放包容、互学互鉴、互利共赢为特征的丝绸之路精神。"[8]古代丝绸之路诠释了人类完全可以实现在不同语言、不同宗教信仰、不同文明下和谐相处的美好愿望,它是人类曾经创造出的一个美丽真实的世界,它不是童话里梦幻的世界,而是一个实实在在的世界,是人类不同语种、族群、文化友好往来的历史见证。历久弥新,最古老的也可能是最有智慧的,或许我们从中能寻觅到新的途径,成为人类探索和谐世界的有效手段。

在人类社会,文化观念、思维模式的不同是客观存在的事实,并不可怕。问题是,我们是否做好了消解不同观念所引起冲突的备案。比如在新闻报道中,我们中国浙江有一家私营企业,在乌克兰一座边城开办了一家化工厂。在建厂之初,工厂周围的居民一点儿也不清楚厂子到底要制造什么,生产什么化工产品。他们只是看到繁忙的汽车,嘈杂的工地,拔地而起的烟囱逐日在增高,又道听途说隐约知道是一个化工厂,则自然以为化工厂生产的产品不是有毒就是化学类危险品。当地居民整日忧心忡忡,担心以后工厂会发生爆炸,污染他们的空气与土壤,忧虑将来会殃及他们的家园,威胁他们的健康甚至生命,恐惧工厂建成投产后会给他们带来致命的伤害。正因为有如此之多的担忧,于是他们不断给我们浙江这家新到该地的企业制造各种麻烦。有个别极端者甚至采取在厂房门口放火、扔石块、散发恐吓信息等行为以示抗议,希望达到驱逐这家中国企业的目的。后来,这家企业管理者以真诚的态度邀请当地居民进厂参观,耐心友好地以对方容易明白的表述方式把工厂里各种机器的功能向当地老百姓进行详细地讲解说明,解答他们的疑惑,告知他们未来产品的社会作用,并与他们一同展望未来,分析可以给他们带来的经济收益,等等。经过多次的参观、听讲,当地居民最终了解了这个化工厂的性质,所制造的产品,理解了政府批准中国浙江这家工厂在该地建设的目的,冲突也就随之消除了,项目得以顺利进行。

需求是人们做事的最好理由也是最好的动力。习近平总书记在 2016 年 4 月 29 日的中共中央政治局第三十一次集体学习中强调:"'一带一路'建设是我国在新的历史条件下实行全方位对外开放的重大举措、推行互利共赢的重要平台。"[9]互利共赢是双方的需求。改革开放初期,大家都熟悉"要想富,先修路"这一朴实无华的口号。中国与中亚五国要想实现互利共赢的愿望,也需要修筑"一条路",搭建"一座桥"。在这个最重要的平台上,语言就是那条路,就是那座桥梁。正如哈萨克斯坦副总理纳扎尔巴耶娃在 2016 年 2 月所言:"中国是我们的朋友、我们的贸易伙伴以及我国经济的最大投资者。在不远的将来,我们都需要懂汉语。"[10] 她告诫哈萨克斯坦青年说:"中国是打开你们未来的钥匙。"交流、贸易是双向互动互利共赢的最现实的两项,在进行这两个活动中,我们中国的企业家、文化学者、企业员工、青年学子又何尝不需要懂得哈萨克语呢?又何尝不需懂得"一带一路"沿线其他国家的语言呢?又何尝不需懂得中亚五国的历史文化呢?答案是肯定的:我们一样需要培养懂得这些国家语言文化的专门人才,更需要培养善于传播中华文化的人才。

"一带一路"是向"亚欧间的许多中间地带国家发出积极正面的信号,并对宏观经济产生一系列重大的影响"[11]。"一带一路"有许多基础设施急需建设,如公路、铁路、机场、工厂,这些都需要双方的技术人员、政府人员、施工人员等的宣传与协调,需要对话与沟通。因为即使是贸易中的一份账单也是以双方的语言文字来呈现。从字面表述理解,似乎古代的丝绸之路主要是商品贸易,当代的新丝绸之路经济带也是在强调经济贸易,着重于双方和多方的互惠互利。而越过字面表层意义,其实质上是谋求不同族群的言语交流、文化融合,谋求人类的和平发展。"己欲立而立人,己欲达而达人"(《论语·雍也》)是生活在 2300 多年前的孔圣人提出的伦理理念,如今依然是我们社会需要的理念。我们翻阅古代丝绸之路上流传下来的文献,探寻丝绸之路上的物质遗存,也是依据当时记载的文字窥探一二。能够传承至今的乃是历史上的那些物质的或精神上的称说语词、精神领域的命名词汇。

按照相关国家政府与学者的共识,新丝绸之路经济带依然是以中国为东端起点,向西延伸的友好贸易"之路"。学者们认为可以将这"一路"划分为三段:第一路段是"中亚经济带",包括哈萨克斯坦、吉尔吉斯斯坦、塔吉克斯坦、乌兹别克斯坦和土库曼斯坦,共五个国家;第二路段是"环中亚经济带",衔接中亚,有俄罗斯、阿富汗、印度、巴基斯坦、伊朗、阿塞拜疆、亚美尼亚、格鲁吉亚、土耳其、沙特阿拉伯、伊拉克等;第三路段是"欧亚经济带",又涵盖环中亚地区,主要是延伸至欧洲的德国、法国、英国、意大利、乌克兰和北非的埃及、阿尔及利亚等国。"万事开头难",这一句汉语俗语向我们道出了做事情开始的重要和困难。显然,在"一带一路"中,第一路段"中亚经济带"是核心路段。它是"一带一路"经济带的起始路段,同时又是衔接欧亚的桥梁路段,是中国向西方,向欧洲与北非延伸的重要通道,古代丝绸之路也正是如此。所以本书主旨在探讨我国与中亚五国,即与第一路段的互联互通中可能会发生的语言文化障碍以及消解之方法,以便为"一带一路"建设提供跨语言文化交际技能的支撑和服务,起到"一条路""一座桥"的沟通功能。

在探寻方法之前,首先是要找到问题。在人类社会的任何时期,无论何种体制,有何种意识形态或宗教信仰,人与人之间一定要进行交流沟通,而语言是最直接最便捷最有效最普遍的交际方式。然而有言语交流,就一定会产生误解或误会。无论是在同一种语言之间交流还是进行跨语言交流,无论是身处同一个文化社团还是分属不同文化社团的成员之间,在进行交流时,或许因为彼此对一个词语、句式,甚至一个肢体行为方式的理解不同,尤其是观念的不同,误会便随之产生。比如汉语词汇里的"封建"与英语词汇里的"feudalism"含义不同。汉语句式里可以没有动词成分,但是英语句式里一定不能少了动词。又比如"良知"一词在法国哲学家笛卡尔的著作《谈谈方法》中是指辨别真假的能力,强调的是一个人所具备的理性知识。而在中国哲人亚圣孟子那里,"良知"指的是分辨善恶的才能,是从伦理层面进行阐释的。所以只要一方在解释,一方在聆听,如果认知度或信息源不在同一个范围内,就有可能出现障碍,误解也就随之产生。因而美国著名哲学语言学家爱德华·萨丕尔说:"语言是一种文化功能,不是一种生物遗传功能。"[12]汉语中的俗语"一句好话三冬暖,一句恶言六月寒",道出了用语言交流时方式的重要性,言辞平铺直叙,而道理深刻。汉语是中国人的思想情感的外衣,汉字是记载中国历史文化的文字符号,而哈萨克语、塔吉克语、乌兹别克语、土库曼语、吉尔吉斯语是他们各自表达自己民族思想情感的工具,相应的文字是记录他们民族历史文化的符号。法国哲学家伏尔泰在《风俗论》中曾说:"我们在谈论中国人时,不能不根据中国人自己的历史。"[13]其实,我们要了解一个民族时,都需要依据那个民族的历史,依据记载他们历史的语言。所以,中国和中亚五国人民彼此很有必要互相学习、互相了解。了解对方的语言文字,以便更为有效、更加准确地理解对方的文化。

由于自然地理环境和社会生活环境的不同,生活习俗与思维方式自然不同,反映社会、思想等心理文化层次的语汇也更加迥异,各自的先民在给大千世界的万事万物命名时的原则也就有了很大之区别。但是家庭的组建、个人婚姻大事的形成、迎接生命、送别死亡以及日常生活中人与人之间的交往等等所谓吃喝拉撒睡诸世俗事项,是任何时期任何社会制度下的人们都会发生的事情,这些一直是我们人类社会发展过程中所共有的。所以,对我们彼此最为基础的社会生活中经常使用的言语进行分析,寻找可能出现的障碍节点,是最简便易行,最易使不同文化间构筑起相通的桥梁的道路。我们都熟悉《圣经·旧约·创世纪》第11章说的上帝阻止人类建造通天塔的故事。上帝并没有使用什么惩戒刑法,只是降下五彩语言雨豆,人们好奇惊讶地捡拾吞咽后,彼此竟然不能明白所言说的话语了,结果通天塔只能成为人类的一个梦想。上帝只是把人类的语言搅乱,就让人类的目的无法实现。这一则传说,也使我们明白了语言的重要性。

中国与中亚五国互联互通中的语言文化障碍问题研究

　　历史是一面有意义的镜子，也是提供给后世规避教训、借助经验的一座仓库，更是提醒后世少走弯路的反省场地，既有可资借鉴的经验，也有值得参考的教训。我们在做好现时语言规划的同时，更需要返回历史的记忆里去寻找出祖辈的经验和教训。这些历史的记忆最可靠的也是语言文字的记载。中国与中亚五国在历史上一直有互动，尤其是古代丝绸之路，我们由历史交往的点点滴滴，可以梳理汉语吸入的中亚语汇和汉语在中亚地区的传播，也可以为汉语言在中亚地区的继续传播提供可资借鉴的经验。对于如何打开各国之间的语言屏障，实现互联互通的愿景，我们认为在重视如何讲好中国故事的同时，也要善于听取理解其他国家的故事，进而讲述好世界故事。"让人们在人类语言文化的互鉴中实现文化共享、心灵互通。""语言教育和语言学习是实现语言互通的基本方式。"语言作为文化的载体，在文化的传播中有着重要作用。德国语言学家、民俗学家格林说："我们的语言就是我们的历史。"[14]"一带一路"互联互通离不开语言人才，既需要懂得沿线国家语言的中国人才，也需要沿线国家懂得汉语的外国人才。"建设'一带一路'沿线各国语言文化数字博物馆，这对人类语言文化的传承和'民心'的相融互通不无裨益"[15]，这是极好的建议。

　　在本书中，我们讨论的话题虽然是中国与中亚五国在"一带一路"互联互通中的语言文化障碍，但是不可能只局限于语言与文化。为什么这样讲呢？这就好比说要讲世界历史，它不是把全世界各个国家的历史总和简单加起来讲，也不是把世界各地风俗文化叠加之后或在语言的逐一翻译对比之后讲。我们要消弭文化障碍，就要借助文化的共同之处并使之最大化彰显，降低文化各自的特点，甚至在某些情况下弱化特点，以双方共有的人类文化史迹、互借的文字词语打通心理的隔膜，走进彼此的心理文化世界。所以，我们着重研究历史上的中国与当今的中亚五国所在区域的往来，反观与今天发生的相关话题。

　　本书的内容主要是探讨汉语与中亚五国语言在言语形式、亲属称谓与婚俗、交际语言、肢体表情语言等方面所用词汇的异同,通过这几个方面的语言词汇比较,或许可以预测我们彼此在经济贸易等交往中的困难与障碍,采取合适得体的方式以规避误解,最终实现顺利沟通、持续交往的目的。又因为这几个方面的言语现象往往貌似简洁,但是在各自运用时,人们习而不察,尤其是口头表达,常常不符合语法逻辑而又蕴含有文化元素,又是需要花费很大力气学习的。不过这些文化事项,是人类社会发展过程中各个族群社团所共有的,所以也是最容易沟通理解的。

语言反映着社会与变化,记录着社会大大小小的波动,尤其是语言中的词汇。词语敏感地反映着社会的价值取向、一个国家的制度形态、百姓的喜怒哀乐、事物的兴亡、科学技术的应用等等。正如德国语言学家雅各·格林所言:"我们的语言也就是我们的历史。"社会变化了,语言也会反映社会的变迁,最明显的是体现在语汇方面。比如我们现在的社会,流行语、网络语更替频繁说明了互联网的发展迅速,也说明了新传播技术的发达。又比如在日本、新加坡每一年年底都会选出一年使用频率最高的一个汉字词语,以记录即将过去的一年发生的最受关注的事情。在历史长河中,虽然语汇的增减消亡比不上如今网络时代的速度,但是一直在发生着。在我国东汉语言文字学家许慎的《说文解字》里,"牛部"49字在后世已经有许多不为人所识。其原因是"牛"在中国上古时期是祭祀仪式里的最重要的一种牺牲品。可是在春秋之后,以牛、羊、猪为主要祭品的仪式性的礼仪规范逐渐淡出社会,于是一些用于祭祀的"牛"类词语也就失去了使用价值。与之有关的"大牢""少牢"等词语也只是保留在古代文献中了,只有专业人士才能够理解它们的本义。法国语言学家约瑟夫·房德里耶斯在谈到词汇更迭的社会原因时以"马"的繁多称名为例。他说:"更换可能是由于马有不同的种,从事畜牧的民族必须一一加以区别。"[16]可是他紧接着质疑这一假设的合理性,"但这个理由是不充分的,因为狗也有不同的种,但狗的名称都稳定得多"[17]。最后他指出:"马的名称之所以差不多在任何语言里都已更换,那是因为马有多种用途:有乘马、挽马,也有耕马、战马。这些不同用途在不同的社会阶级里用特殊的词来表示。"[18]所以词语的增加、消亡或者词义的变化也是促成语言研究成为一门科学的重要因子。

人们在使用语言进行跨文化交际沟通时,在心理上就如同一名幼儿尝试着熟悉周围环境,用掌握不多的言辞与陌生人说话,总是怀有莫名的害羞或恐惧,常常处在忐忑不安、随时终止的状况之中。因为担心用错了对方语言中的一个惯用语、习语、俗语,或者担心使用的词还有其他义项,而被听者误会,担心自己违反了对方的礼仪或禁忌,影响了对方对自己的认可,担心冒犯了对方,不为对方所接受,最终阻滞了交际目标的达成。"习惯的偏见使我们形成了一种对于文化相当危险的消极态度"[19],而偏见又促成我们对言语的语音、语调,词的选用,句式的结构都极为敏感。交谈双方无论是言说者还是聆听者都是语言使用的主角,可能常常因为小小的词语错误,导致了表达初衷意愿的偏离,致使自由交流的通道出现障碍。所以,人们也会有意无意地自觉调整原有的言语表达习惯来适应需要进行交谈的人。这也是我们关心"一带一路"沿线国家中亚五国语言文化和我们中国汉语言文化的原因所在,同时这一问题也有利于人类语言科学的研究发展。

中国有句俗语,是"少见多怪",还有句俗语,是"见怪不怪"。从"少见多怪"到"见怪不怪",虽然只有两个词语共 8 个汉字(其实仅仅是 5 个汉字),却反映了一个人由不熟悉的文化过程到熟悉的过程,最后完全融入了这一文化氛围的交际现象。言语文化交流是消除误解的最佳途径,就如同 2000 多年前的古丝绸之路虽然已经逝去,但这一曾经兼容并蓄的文化交流带上有限的语汇却真实地流传了下来。在东西方首条丝绸之路,即首条文化交流带上一定有许多交流—误解—再交流的神奇故事,我们或许可以依据有限的文献资料中的语词再现

绪论

一部分他们彼此交往的故事。人们在交流过程中,无论是产生误解还是将误解消除,都要依靠我们人类的伟大发明——语言。语言学家们给语言的定义之一就是"语言是人类交际的工具"。但是我们应该知道,成功的交际是双向的,文化交流的内容在个体或群体之间一定是双方感兴趣的,也是双方所需要的,不可能一边倒,一定是平等互利的,是信息双赢的,不可能是单向输送,更不可能是在一方强迫之下进行的。依照约瑟夫·房德里耶斯的观点,语言可以划分为四类:第一类,一种生理的行为;第二类,一种心理的行为;第三类,一种社会的行为;第四类,世界各地在非常不同的时代以极不相同的形式出现的历史事实。[20]要做到有意义地交流,首先需要双方人民互相熟悉与了解,熟悉对方的行为方式,了解对方的心理行为和社会行为,学习对方的历史事实。只有在彼此充分了解的基础上,才可能做到"己所不欲,勿施于人"(《论语·颜渊》卷六、《论语·卫灵公》卷八),才能保障人员语言交流通道的长期畅通。

(一)中国与中亚五国关系概述

2002年1月,由中国对外翻译出版公司出版的《中亚文明史》(联合国教科文组织组织各国中亚学家合作撰写的一部著作)一书认为:"中亚"包括今位于阿富汗、巴基斯坦及苏联中亚五个加盟共和国境内的各个地区。这是对"中亚"的一种广义的解释。按照这种解释所划出的区域,在我国史书中是以"西域"称说的。而我国目前所讲的中亚五国,是指20世纪90年代先后宣布独立的哈萨克斯坦、乌兹别克斯坦、吉尔吉斯斯坦、塔吉克斯坦、土库曼斯坦五个国家。在汉语词汇中,古今的"西域"与"中亚"在地理跨度上有部分重合,即范围大小是不同的。古汉语中的"西域"范围是包括如今的我国玉门以西的广大地区,其中囊括了我国新疆地区及中亚五国等地。中亚五国与中国有3000多千米的接壤线,自古便有割不断的人员往来关系。而我国现在是将哈萨克斯坦、乌兹别克斯坦、吉尔吉斯斯坦、塔吉克斯坦、土库曼斯坦五国称为中亚地区,只是包括西到里海和伏尔加河,东到中国的边界,北到咸海与额尔齐斯河的分水岭,并延伸至西伯利亚大草原的南部,南到伊朗、阿富汗边界的这部分地区。之所以冠以"中亚"之名,是将亚洲的中部这一广大地区进行了缩略,是"亚洲中部"的简称。就如同亚洲的东部简称"东亚",亚洲的西部各国简称为"西亚",地处亚洲南部的国家,被简称为"南亚"。日常称说往往以简洁为要,这似乎在地理方位语义中更加突出。

"中亚"一词到底是地理属性的表达还是具有政治含义概念的称说,在世界学术界没有达成共识。但是中外学者一致认为,"中亚"一词的概念最早是由德国地理学家亚历山大·冯·洪堡于1843年提出的,但是对其所包含的区域范围历来存在着多种界定。给中亚区域范围划界有窄有宽。最狭窄的界定来自苏联政府官方的定义:仅指其下属的五个加盟共和国,即哈萨克、吉尔吉斯、乌兹别克、塔吉克、土库曼,可是在经济地位领域却将哈萨克排除在外。显然区域的划分考虑到了自然地理范围和政治经济领域两个方面。苏联的这一区域界定在国际上得到认可,也被广泛使用。但是在苏联解体后,已经独立的吉尔吉斯斯坦、乌兹别克斯坦、塔吉克斯坦和土库曼斯坦的领导人在塔什干举行会议,宣布中亚地区无论是从地理位置还是经济领域都应当包括哈萨克斯坦在内。从此之后,国际上视哈萨克斯坦、乌兹别克斯坦、吉尔吉斯斯坦、塔吉克斯坦、土库曼斯坦为"中亚五国"。由此,"中亚"是"中亚五国"的缩略语,所属区域概念的界定也被普遍接受。也就是说,"中亚,既是一个地理概念,又是一个文化区域概念"[20]。中亚五国地处亚洲中心,扼居亚洲和欧洲的陆上交通之要塞,是亚洲东部与欧洲甚至到非洲的必经之路,在历史上是东方文明与西方文明的交汇点,在21世纪也是东西方国家通过陆路进行贸易的物品聚集地。据统计,2012年,中亚五国共有人口6500万,GDP达到2987亿美元。

绪论

究竟是什么把我们六个国家联合到了一起,从而还有了一种共同的危机感、共同的愿景,以及相互的责任感?为什么说在"一带一路"建设中的互联互通是有利于我们中国和中亚五国这六个国家的整体进步与发展的?因为在这一地区,我们六国人民要共同迎接世纪的诸多挑战。首先是共同面临民族被分裂、团结被分化的极端反人类势力的威胁,要共同面临国家安全受到的极端势力威胁等诸多不安定因素的影响,其次是要共同面临国民经济发展因遭到外界势力的干扰而下滑的影响。[21]所以,要稳定,求发展,促和平是我们六国人民的共同愿望,是我们六国人民的共同心声。六国人民共同建设新丝绸之路经济带有助于我们彼此的繁荣昌盛,所以互联互通是我们六个国家的人民在文化交往、经济贸易往来中所恪守的基本原则。这就是按照对等原则,由每个国家的政府职能部门负责谋划对接,尊重每个国家人民的现实生存、尊重每一个民族在历史行进中形成的历史文化习俗,不但要善待自己民族的语言生活,也要相互尊重、相互学习,要拥有平等开放与包容学习的观念意识和坦荡胸襟,要学会解决争议,适应对方文化习俗,妥善处理交往中遇到的误解、困难和问题。

2013年的9月和10月,中国国家主席习近平在访问中亚五国和东南亚几个国家期间,连续提出共建丝绸之路经济带和21世纪海上丝绸之路经济带的重大倡议,得到了有关国家政府和人民的积极响应。同年11月,中国政府又在《中共中央关于全面深化改革若干重大问题的决定》中提出"推进丝绸之路经济带、海上丝绸之路建设,形成全方位开放新格局"的重大决策。在当年中央经济工作会上,"一带一路"已然成为特指"丝绸之路经济带"和"21世纪海上丝绸之路"的专有名词。2015年3月,《推动共建丝绸之路经济带和21世纪海上丝绸之路的愿景与行动》(以下简称"愿景与行动")公布后,这一战略决定得到了我国各部门、各地区和社会各界的热烈响应,不到一年的时间便形成举国参与"一带一路"建设的欣欣向荣的局面。

中国与中亚五国互联互通中的语言文化障碍问题研究

　　古今贸易方式的不同首先表现在旅程中。说起古丝绸之路,给我们的印象是:一些操着不同语言、穿着奇特服饰、赶着驮载不多货物但看上去疲惫不堪的骆驼或驴等运输工具的商旅们跋涉在荒漠之中的情境。可是穿梭于当今"一带一路"的商人们则是手牵拉杆箱或拎着一个时髦的公文包,西装革履、文质彬彬地出入不同的航站楼,行色匆匆地进出海关,来去自由的景象。古今丝绸之路上的商旅和文化传播者以及各级官员、普通旅行者,或许行为方式很不相同,但脸颊上的笑容依然相仿,因为发展经济、传播文化的目的相一致。

　　古代的丝绸之路到底是一条怎样的路? 依据丝绸之路出土的文献资料记述的只言片语分析,"所谓的'路'并非指涉一条确切的'道路',而是许多变动的、无标示的小径横亘在广袤沙漠与山峦之间"[22]。我们今天所言的"新丝路"之"路",也不是指铺设一条火车道、架设一座桥梁、开挖几条隧道或者修筑一条高速公路,让火车跑或者汽车行驶的"道路"。英国著名历史学家阿诺德·约瑟夫·汤因比(Arnold Joseph Toynbee)在他的历史巨著《历史研究》中评价中华民族的经验时说:"在过去二十一个世纪中,中国始终保持了迈向全世界的帝国,成为名副其实的地区性国家的榜样。""地区性国家的榜样",的确如此。汉唐时期,中华文化的影响不仅仅是周边国家,如东亚、东南亚、西亚、南亚和中亚,形成了以中国文化和中国文字——汉字的专有文化圈——汉字文化圈,甚至通过中亚地区将中华文化传播到了遥远的欧洲和非洲。时间来到21世纪,古老的中国,具有智慧天赋的中国人民,非常乐意将经济发展的红利与中亚五国人民分享,非常欢迎中亚五国人民搭乘中国经济发展的快车一同前进。中国具有中华文化本源,拥有来自古印度文明的佛教文化遗产,又兼具友好谦逊的民族特性,我们以经济贸易为需求,以文化智慧为纽带,借用"语言"这把人类共有的钥匙,努力完成互联互通的任务。要做到这一点,我们首先要认识自己的国家、了解我们中国,否则妄为中国人,更妄谈进行跨文化交往。人类社会的发展史是一部战争史,这一论断用于描述西方的历史进程或许是正确的,而轻率地来论说中国的发展则是与事实不完全相符的。中国的西汉时期,从最高统治者到平民百姓就已经形成了放弃用战争手段去实现稳定和平的思维方式了,希望各自能够安居乐业,甚至奢望老死不相往来,非常崇尚哲学家老子的"甘其食,美其服,安其居,乐其俗。邻国相望,鸡犬之声相闻,民至老死,不相往来"(《老子》第八十章)的理想社会。

中亚区域自古就是突厥民族繁衍生息的活跃地带。历史上的波斯、突厥、大食等都是中国古籍中常常出现的古国名称。历史上,这几个国家与古代中国或友善或交恶,不足为奇,这是人类社会发展过程中的常见现象。在其他区域的临近族群、国家也是如此,甚至进入21世纪近20年了,世界上的地缘经济结盟(经济共同体)、地缘政治结盟(政治共同体)在不同区域组建,但是同时地区冲突与战争的爆发也依然不断。在人类社会史上,族群势力的强弱时有交替,真乃"三十年河东,三十年河西"。比如,一般人的知识是唐朝是中国历史上最繁荣昌盛强大的一个朝代,可是唐朝开国皇帝李渊在创建大唐之前曾经有一段称臣于突厥的经历。足见在那一个历史时期,中国与这一区域的交往是非常密切的,也不会因为李渊在成为唐高祖之前曾经称臣于突厥,就在强大以后对突厥实行报复政策。据唐史记载,在近三个世纪(公元618年—公元907年)里,唐朝与西域各国相处的大部分时间段是很友好的,文化和经济贸易往来频繁,老百姓生活富足,物质多种多样,社会风俗也多姿多彩。那时的西域古国所活动的区域正是今日中亚五国的疆域范围。

在中国的秦汉时期,中国称这一区域活动的族群为胡人、匈奴人,在以后很长的时期里都是沿用了这些称谓。到了唐朝的唐太宗贞观时期,国富民强,自信包容,首都长安是世界的大都市。富裕充足的物质和丰富多彩的文化样式以及友好善良的民众吸引着周边所有国家的目光。大唐长安不仅是东亚各国达官显贵、文人商贾们争先恐后前往之地,也是西域各国人们向往、仰慕的"天国"。很多来到长安的西域胡人,惊愕于大唐文化的绚丽多彩和博大精深,许多人常年居住于此,乐不思蜀。他们入乡随俗,以有汉姓为荣,以穿华夏服饰、吃汉食饮汉茶为幸,诸蕃使者更是要娶华妇为妻为妾。唐长安是当时世界的文化中心和经济中心,真是"近者悦,远者来"。这些关乎世俗生活的记载足以证明了中国文化尤其是汉民族文化对中亚地区的深远影响。

  文化的交流与影响往往是双向的,每一个民族和每一个国家都或多或少地对人类文化做出了自己的贡献,对近邻国家人民的文化也一定有不同程度的影响。比如中国战国时期赵武灵王(约公元前340年—公元前295年)的"胡服骑射"改革,其基础就是赵国是当时与北方各民族交流最广泛最深入的地区。赵武灵王本人能言胡语,深谙胡人文化。在他的大力推广下,胡人的歌舞、医药尤其是语言得到了普及,推动了赵国中原文化与游牧文化的广泛融合,极大地提升了赵国的综合国力,一跃成为诸侯强国之一,并使后世了解到胡汉文化虽有不同,但是完全可以将两种文化有机结合,发挥其积极作用。人类文化不是由哪一个民族独自创造的,一定是人类共同体集体创造的。在当今,你是否知道我们春节时"老人要顶皮毡帽"的着装习俗也与胡人有关呢?自春秋战国开始,绝大多数来自于近东、中亚地区的胡人都以戴尖顶帽为特征,尖顶帽成为他们笼统的标志。[23]这种"胡帽"在唐初也是颇为盛行的,在大唐时期,"胡者汉帽,汉者胡帽"已成为普遍现象。《大唐新语》卷九亦有"胡着汉帽,汉着胡帽"的记载。胡帽"主要是指唐代及唐代以前由西北或北方非汉民族中传入,并在唐朝境内流行的皮帽或毡帽"[24]。《大唐新语》卷十云:"隋代帝王贵臣,多服黄纹绫袍、乌纱帽、九环带、乌皮六合靴。百官常服,同于走庶,皆着黄袍及衫,出入殿省。后乌纱帽渐废,贵贱通用折上巾以代冠,用靴以代履。折上巾,戎冠也;靴,胡履也,咸便于军旅。"又曰:"开元初,宫人马上始着胡帽,靓妆露面,士庶咸效之。天宝中,士流之妻,或衣丈夫服,靴衫鞭帽,内外一贯矣。"

在古代,服饰是一个民族有别于其他民族的重要标志之一,比如中华民族的上衣下裳制度,长期以衣襟的右衽与左衽(即衣服的前襟是向右掩还是向左掩)作为区别华夏与戎、狄、夷、蛮的外观标志。先秦文献《尚书·毕命》曰:"四夷左衽,罔不咸赖。"东汉人郑玄注曰:"言东夷、西戎、南蛮、北狄,被发左衽之。"《仪礼·士丧礼》亦有"北面左衽"的记载。古代中国有以"事死如事生"(《左传·哀公十五年》)为"礼"的观念,所以《礼记·丧服大祭》言曰:"小敛大敛,祭服不倒,皆左衽,结绞不纽。"孔子在谈论管仲是否知礼时也以衣襟的左右衽为标准,他说:"微管仲,吾其被发左衽矣。"(《论语·宪问》)谓其不知礼义与夷狄相同。宋代朱熹在《四书章句集注·论语集注》卷七中对孔子这句话的注释是:"被发左衽,夷狄之俗也。"朱熹在《四书章句集注·孟子集注》卷首《孟子序说》中也有"然向无孟氏,则皆服左衽而言侏离矣"句。《汉书·终军传》载:"票骑抗旌,昆邪右衽。"唐代著名训诂学家颜师古解释说:"抗,举也。右衽,从中国化也。"《太平广记》卷二八〇云:"我闻天宝年前事,凉州未作西戎窟。麻衣右衽皆汉民,不省胡尘暂蓬勃。"此类文字也见于《全唐诗》第八六八卷的"梦为吴泰伯作胜儿歌"。

著名的唐代僧人玄奘法师九死一生,长途跋涉,历尽艰难险阻,途经中亚广大地区,最终抵达天竺国(印度),撰写出《大唐西域记》一书。《大唐西域记》里记载了沿途的地理山川、树木花草、珍禽野兽、政治与经济制度、风土人情和宗教观念以及语言文化等,是我们了解中古时期中亚地区在经济、宗教、文化等方面与中国交往的珍贵文史资料。比如《大唐西域记》卷第一所记载的主要是从阿耆尼国(我国新疆焉耆)到迦毕试国(今阿富汗贝格拉姆)的事迹,即今天的我国新疆维吾尔自治区到中亚再到阿富汗的地势地貌、宗教文化、语言风俗等等。如"服则横巾右袒,首则中髻四垂,族类邑居,室宇重阁。宝主之乡,无礼义,重财贿,短制左衽,断发长髭,有城郭之居,务殖货之利。马主之俗,天资犷暴,情忍杀戮,氊帐穹庐,鸟居逐牧。人主之地,风俗机慧,仁义昭明,冠带右衽,车服有序。……通译音讹,方言语谬,音讹则义失,语谬则理乖。故曰'必也正名乎',……夫人有刚柔异性,言音不同。斯则系风土之气,亦习俗之致也。若其山川物产之异,风俗性类之差,……黑岭已来,莫非胡俗,虽戎人同贯,而族类群分,画界封疆,大率土著,建城郭,务殖田畜,性重财贿,俗轻仁义,嫁娶无礼,尊卑无次,妇言是用,男位居下,死则焚骸,丧期无数,黎面截耳,断发裂裳,屠杀群畜,祀祭幽魂,吉乃素服,凶则皂衣。""飒秣建国(唐言康国),周千六七百里,东西长,南北狭。国大都城周二十余里,极险固,多居人。异方宝货,多聚此国。土地沃壤,稼穑备植,林树蓊郁,花果滋茂,多出善马。机巧之伎,特工诸国。气序和畅,风俗猛烈。凡诸胡国,此为其中。"

《汉书·西域传》有"塞人"(萨迦),即"东与匈奴、西北与康居、西与大宛、南与城郭诸国相接。本塞地也,大月氏西破走塞王,塞王南越县度,大月氏居其地。后乌孙昆莫击破大月氏,大月氏徙西臣大夏,而乌孙昆莫居之,故乌孙民有塞种、大月氏种云"。唐颜师古曰:"塞,音先得反。西域国名,即佛经所谓释种者。塞、释声相近,本一姓耳。"《新唐书·艺文志》:"《西域国志》六十卷,高宗遣使分往康国、吐火罗,访其风俗物产,画图以闻。"康国、吐火罗国的位置在《新唐书》卷四三下《地理志》中有记载。原文是:"罽宾国在疏勒西南四千里,东至俱兰城国七百里,西至大食国千里,南至婆罗门国五百里,北至吐火罗国二百里。东米国在安国西北二千里,东至碎叶国五千里,西南至石国千五百里,南至拔汗那国千五百里。史国在疏勒西二千里,东至俱蜜国千里,西至大食国二千里,南至吐火罗国二百里,西北至康国七百里。"我们从中可以了解康国的近邻,也可以清楚吐火罗的周边环境。它们都在古丝绸之路上。

《博物志》卷三和《汉书》都记载了大宛国的宝马:"大宛国有汗血焉,天马种。汉魏西域时有献者。"大宛国的地理位置与风土习俗在《汉书·西域传》中均有记载。"大宛国,王治贵山城,去长安万二千五百五十里。户六万,口三十万,胜兵六万人。副王、辅国王各一人。东至都护治所四千三十一里,北至康居卑阗城千五百一十里,西南至大月氏六百九十里。北与康居、南与大月氏接,土地风气物类民俗与大月氏、安息同。大宛左右以蒲陶为酒,富人藏酒至万余石,久者至数十岁不败。俗嗜酒,马嗜目宿。宛别邑七十余城,多善马。马汗血,言其先天马子也。"孟康曰:"言大宛国有高山,其上有马不可得,因取五色母马置其下与集,生驹,皆汗血,因号曰天马子云。"

贵霜帝国与中国汉朝关系较为紧密,在班超平定疏勒王忠反叛时,贵霜王劝阻康居不要援助叛军,要帮助汉人班超平乱。"贵霜翎侯,治护澡城,去都护五千九百四十里,去阳关七千九百八十二里。"(《汉书·西域传》)贵霜国一直与汉通商。商业贸易促进了贵霜帝国与中国汉朝的文化交流,自然有利于汉文化的传播。[25] 贵霜帝国是由大月氏西迁至中亚建立起的王国,其疆域即当今的塔吉克斯坦、里海、阿富汗以及印度河流域的广大区域。

"突厥"一词,最早见于《周书·异域传》,"突厥者,盖匈奴之别种,姓阿史那氏。别为部落。……居金山之阳,为茹茹铁工。金山形似兜鍪,其俗谓兜鍪为'突厥',遂因以为号焉"。突厥最高首领称可汗,可汗妻子称可贺敦。"突厥"一词的当今意义是,具有突厥血统,语言是突厥语的古突厥人的后裔。他们主要居住在哈萨克斯坦、乌兹别克斯坦、吉尔吉斯斯坦、土库曼斯坦和土耳其、阿塞拜疆,以及中国的新疆地区。他们的圣地是哈萨克斯坦的突厥斯坦城。《周书·异域传》还载有突厥的习俗,"被发左衽,穹庐毡帐,随水草迁徙,以畜牧射猎为务","反叛、杀人及奸人之妇、盗马绊者,皆死"," 死者,停尸于帐,子孙及诸亲属男女,各杀羊马,陈于帐前,祭之"。

希腊历史学家波里比阿在论述从公元前 220 至公元 145 年的重大历史事件时说:"在今天这个时代,历史可说已成为一个有机整体。意大利和比利时发生的一切与亚洲和希腊发生的一切密切相关。"[26]这里的"有机整体"是"地区间的商业联结和文化联结"[27]。这一解释非常适合中国与中亚五国文化的往来。

(二)"互联互通"简述

中国国家主席习近平于 2013 年 9 月访问哈萨克斯坦期间首次提出了建设"丝绸之路经济带"的倡议。同年 10 月,习近平主席在访问印度尼西亚期间又提出了建设"21 世纪海上丝绸之路"的构想。丝绸之路曾是古代中国,途径中亚地区,连接欧洲通往非洲诸国的一条经济贸易、文化交往的繁荣友好的象征之路。2014 年 11 月,"加强互联互通伙伴关系"会议在北京召开。在"东道主伙伴对话"环节,中国国家主席习近平强调,"一带一路"和互联互通是相融相近、相辅相成的,并说"'一带一路'战略的实施从互联互通起步"。还形象地说"如果将'一带一路'比喻为亚洲腾飞的两只翅膀,那么互联互通就是两只翅膀的血脉经络"。中国国务院总理李克强,将横跨亚欧的出访作为 2014 年的外交收官之旅,互联互通亦成为与所到国的合作重点。中国现代国际关系研究院世界经济研究所所长陈凤英认为,基础设施的互联互通是"一带一路"建设的前提,只有疏通经络、畅通血脉,打通制约经济发展的诸多瓶颈,"一带一路"才能活起来、动起来。

在学术领域,学者、专家、官员更是从各自的视角对互联互通的政策、技术等等进行了解读、讨论和研究。截至 2015 年年底,"互联互通"的相关论文共有 16284 篇。

"互联互通"是政策沟通、道路联通、贸易畅通、货币流通、民心相通五大领域的缩略语。"互联互通"的含义从汉语词面一目了然:既要相互联络更要相互通达,其中互是互相、彼此的意思;联是连接起来,联合、联络之义；通是通达，无堵塞。互联互通用英文表示是 interconnection and interworking。在"一带一路"提出互联互通即"五通"之前，互联互通更多的是用于信息化领域。比如在美国的法律中，互联互通被专门定义为"47C.F.R.51.5"，即"两个或多个网络的链路，用于通信流量的双边交换"。互联互通是运营商的网络与不在该网络中的设备或设施之间的物理链路。该术语可以是指在某个运营商的设施和属于它的客户的设备之间的一个连接（设备间互联），也可以是两个（或更多）运营商之间的连接（网间互联）。管理者在电信市场中引入竞争所使用的重要工具之一，就是强制要求处于支配地位的运营商实现互联互通的需求。通信网络的连接畅通是一个国家政治、经济正常运转的技术保障。我们创造性地将该领域的这一术语以仿词手法运用于国家之间的合作领域，运用在"一带一路"新经济带的建设之中，并且已经被广泛认可和接受。

"一带一路"建设的关键是政策沟通、道路联通、贸易畅通、货币流通、民心相通等五大领域的互联互通。实现互联互通，首先是沿线国家政府之间的政策法令有交流与沟通，其次是需要加强公路、铁路、机场等基础设施的建设，像信息技术网络中的物理链路一样将相关国家无障碍地连接起来。有政策保障，有顺畅的交通，两国或多国人民之间的经贸才能够正常进行，作为等价物的货币也才能流通起来。从物质建设来说，实现技术上的无缝连接比较容易做到，可是要实现异质文化之间在心性情感上的互通则有诸多困难。这也是人类文化三个层次中的制度文化和心理文化在交往中的困惑。其实，第一层次的物质文化在继承交往中，如果停留在浅表层面，从肢体演示模仿尚为可行。但是，只要有语言解说，就会伴随理解，就会出现障碍。因为语言是人类发明创造的，它产生于生活，用于人与人之间的交流，记录人类的一切活动，又不断受到人类活动的影响。国家与国家之间若希望在更高的层面上进行交往，展示互动性文化的理解，则首先是用功于最基本的民族文化的了解与理解,其次才是在民间文化互相理解互相欣赏的基础上的政治互信、贸易互通。所以要实现"五通",其最基础的条件是要建立在语言互通的前提下,否则连基本建设项目公路、铁路、机场等有形的通道都可能随时会被关掉或废弃。

语言互通不仅是实现民心相通的根本保障,也是服务互联互通建设的重要支撑。在实施互联互通各项工作中,"重点解决'一带一路'复杂语言环境下的跨语言沟通障碍问题"[28],以"互联互通最终要落实在'民心相通'"上为目标,这就需要沿线国家的政府和人民共同架起各国人民之间的"心灵之桥"。

中亚五国哈萨克斯坦、乌兹别克斯坦、吉尔吉斯斯坦、塔吉克斯坦、土库曼斯坦属于"一带一路"沿线国家,是丝绸之路经济带的中亚。我们中国政府提出的"五通"是要在政策上与中亚五国沟通,在道路上与中亚五国联通,在贸易上与中亚五国畅通,在货币上与中亚五国流通,最终实现中国人民与哈萨克斯坦、乌兹别克斯坦、吉尔吉斯斯坦、塔吉克斯坦和土库曼斯坦五国人民的民心相通。丝绸之路经济带是在对等的条件下进行全方位交往,体现和平交流、理解包容、合作共赢的互惠互利的经济带,具有开放性和包容性。

德国地理学家费迪南·冯·李希霍芬(Ferdinand von Richthofen)1877年在其《中国——亲身旅行和据此所作研究的成果》(China, Ergebnisse eigener reisen und darauf gegrundeter studien erster band)著作中首次采用"丝绸之路"(德文是 die Seidenstrassen,英文是 the Silk Road)这一名称,简称"丝路"。1910年,德国的另一位历史学家阿尔马特·赫尔曼(A. Herrmann)则在其《中国和叙利亚之间的古代丝绸之路》一书中指出"我们应该把这个名称——丝绸之路的含义进一步一直延长通向遥远的西方叙利亚。在与东方古老的大帝国进行贸易的过程中,叙利亚始终没有与它发生过什么直接关系。虽然叙利亚不是中国生丝的最大市场,但是却是最大的市场之一。叙利亚主要依靠通过内陆

绪论

亚洲和伊朗的这条道路获得生丝"[29]。在书中,他根据新发现的文物考古资料完善了李希霍芬的观点,并且认为丝绸之路应该是指中国古代经由中亚通往南亚、西亚以及欧洲、北非的陆上贸易交往的通道。1938年,瑞典地理学家和探险家斯文·赫定(Sven Hedin)在1938年出版了《丝绸之路》(*The Silk Road*)。丝绸之路才成为指从中国古长安城出发经过中亚地区通往印度以及欧非经济贸易的路线的专有名称。至此"Silk Road"为中外学界广泛接受。

对于丝绸之路的理解,给出的概念还存有争议。但是一般认为丝绸之路是泛指历史上陆续形成的、以中国为起点的、遍及欧亚大陆甚至包括北非和东非在内的长途商业贸易和文化交流线路的总称。"今天我们理解'丝绸之路'时,不宜将其视为一个具体的空间现象,而是沿线各国共同认可的一个历史文化符号,其内涵可以归结为'和平、友谊、交往和繁荣'。"[30]斯文·赫定在其名著《丝绸之路》中说:"可以毫不夸张地说,这条交通干线是穿越整个旧世界的最长的路,从文化—历史的观点看,这是连接地球上存在的各民族和各大陆的最重要的纽带。"我们现在普遍认为丝绸之路是从长安西行经过河西走廊,穿越新疆,翻越帕米尔高原之后通往中亚、西亚和欧洲的商道。当时的标志性货品是中国的丝绸。

互联互通,是我们已经熟悉的"引进来"与"走出去"模式下的又一新举措。"引进来"是以"我们"为主动,稍微好办。既然进到我们这儿来了,就要遵守我们的法律法规,在很多情况下由我们说了算。可是"走出去"就不同了,我们必须按照目的地国家的政策法律行事,必须按照当地的民俗民规办事。比如工作时间与休息时间,我们中国与中亚五国很不一样。但是无论在我国本土还是前往其他国家,我们的入乡随俗的确是真理。我们的人才、技术、金融、产业、产品、游客等等,要走出国门踏进别人的国家里去,就得先与主人打招呼,进行自我介绍,详细或者简明扼要地说明来意。说得好了,言辞得体,"两情相悦",人家敞开大门,欢迎你进家门,否则给你吃闭门羹。如果糊里糊涂地在言辞举止上冒犯了人家,说不定被棍棒驱逐,或者对方采取泼水之法或者扫地之法将你驱离。这些情况都是与语言密切相关的。所以人与人、国与国之间的交流互通就是要看言语、文化的交流功效了。只有互相了解了,才能互相援助。

互联互通是 21 世纪在跨国模式下双方为追求共同发展,获得共有利益而采取的全方位合作。"互联",即互相联络、联系,较为容易做到;"互通",即彼此通达,在实施中会常常遇到困难。双方或许由于文化的差异、风俗的有别、信仰的不同使交流受到阻碍。风俗、礼仪、传统是文化个性,是共同认可和践行的公度性理念。[31]在交流遇阻的情况下,就需要语言这一人类发明的工具进行疏通,进行有效的人文交流。无论是古代的丝绸之路还是新提出的"一带一路",大多数人眼下看到的是经济合作,经济效益。可是,如果我们也将它作为"路"来比喻,那么经济合作只是短途,路途中的文化交流才是长途。古今之人是在短途上匆匆行走,抑或是在长途中艰难跋涉,语言都是一张通行证,是一座桥梁,是一只渡船。因为语言是制度文化,是文化现象,在政策沟通、贸易往来、网络合作、媒体传播等活动中最足以表现个性与共性,能够淋漓尽致地表现人性,是打开彼此心灵深处奥秘的一把钥匙。

(三)研究范围

我们进行研究不能是就概念解释概念,不能将"一带一路"做政治化的论说。我们需要吸取对外传播的教训,不能井底之蛙似的一厢情愿,要有文化自觉和文化自信,但是要力戒文化自大、盲目乐观,需要做扎扎实实的工作,口号式的交流不可能讲好中国故事,更不可能使其他国家的民众了解我们,并进而理解我们。比如互联互通中的民心相通,说起来很容易,但是在跨文化表述时,如果违背了对方的文化习俗,引起很深的误解又如何能够实现这一目标?而这种因为言辞举止引发的误会也是有可能发生的。这样的交流结果,与我们的初衷相背离。

在经济、贸易、教育、文化、旅游等领域的合作,有学者以为可以借助机器语言。语言是人类为自己创造的第一项交流工具,是集一切准语言的集大成者。然而,在真实交际中,人们还苦于"无法言说",恼于"说不清道不明"的窘境,在跨文化交际中,又如何能依靠人类的新发明——机器!

"一带一路"构想的一项重要内容,在于推进国家间和地区间的基础设施的互联互通。而要实现这种互联互通,除了清晰地界定中国目前和规划中的基础设施建设项目,还需对"一带一路"沿线国家提出的相关项目有全面和深入的了解。这是实现互联互通的重要前提。这种了解又是要依靠语言来完成。

语言学界就"一带一路"愿景和规划中语言可以发挥的沟通与认同作用,开展了广泛的讨论和课题研究。教育部国家语委还就"服务国家'一带一路'战略,语言互通促进'五通'的实现",组织研制以课题为支撑的《推进"一带一路"建设语言规划研究行动方案》。2015年,配合"一带一路"愿景和行动,宁夏大学语言规划与语言政策研究所和江苏师范大学语言能力协同创新中心还分别及时推出《"一带一路"国家语言状况与语言政策》(第一卷)(社会科学文献出版社)和《"一带一路"沿线国家语言国情手册》(商务印书馆)两本内容丰富的反映"一带一路"国家语言国情和语言状况的实用专著。[32]这些工作和研究成果都很好地在语言层面推进和解答了相关问题。

比如"一带一路"建设所需要的语言服务问题,有学者指出语言服务主要是指"一带一路"有关国家的语言和汉语的人才培养、储备,国家语言服务和语言人才培养应急体系,语言技术(智能手机、短信微信、电子邮件、PPT、翻译软件等)平台,以及向我国和有关国家的政府、企业、社会机构及家庭、个人等提供各种包括语言规划、语言咨询、语言教育、语言翻译、语言技术支撑等的语言服务。[33]但是在我们所要进行的工作中,一定会出现语言文化障碍问题,是我们无法避开的难题。因而,我们希望尝试讨论这一问题。

（四）研究途径与解决的难题

研究途径以语料(书面和口语)分析和实地调查(中亚五国来华留学生的作业)为主。搜集具有相同与不同文化传统的各种语言材料,通过语言间的比较和分类进行研究,以学术精神研究消解语言文化障碍。

本书需要解决的难题是:

一、语言和文化障碍是多方面的。语言本身与物理学、生理学和心理学均有联系,如音高、音强、音长、音色;语言又是文化的载体,是记录文化的符号,具有体现民族性、宗教性、文化习俗观念的特点;语言又自成体系,如语言词汇,词汇的语义概念、语法形式,社会生活中的语用原则和规律等多个领域。语言还分属于个人领域和社会领域。所以,我们首先需要梳理清晰中亚五国的语言、文化与环境的历史与现状。

二、从中外文献资料中,搜集古代中国与中亚五国所在地区的历史往来记述,找出传播出去和引进的词语。

三、从我国各行各业与中亚五国互联互通的交往事务中,检索出存在的语言文化障碍问题,进行归类。

四、运用人类普世价值观,以学术精神客观分析障碍问题产生的原因并且尽可能消解交往中出现的障碍,以给出具有实践意义和理论价值的建议。

我国与周边近邻国家在语言中存在着大量跨境语言现象,也是构成"一带一路"沿线的中亚五国语言研究具有一定难度的背景。这里面有个人与个人文化层面的转型、个人与某一阶层的文化转型等问题。

(五) 研究目标

"语言是了解一个国家最好的钥匙。"(引自习近平总书记出席全英孔子学院和孔子课堂年会开幕式时的讲话)因为语言是文化的载体,只有透彻理解了一个国家的通用语的内涵,才能算是初步理解了该国的文化。因为世界上只有很少几个国家是由单一民族组成的,国民所操持的言语也很少是同一种语言,而往往是由多个民族组成的"大家庭",除了民族的不同,各地民众的言语也存在着南腔北调。因此,我们要努力从人类文化同质化特点出发,落实在族群文化异质化上,即从文化普遍价值出发,以文化的多元性与个性视角进行比较,找出消弭误解的办法。如果解决不了横亘在中亚五国和中国人民面前的语言障碍,将会大大降低彼此应收到的实际效益。因为语言的障碍,会妨碍中亚五国与中国政府之间和民间的交流。因此,寻求有效地克服彼此间的语言障碍的办法,已成为我们六个国家政府与教育工作者的迫切任务。

人类迈入文明的门槛后,生活方式也由野蛮逐渐走向文明,在一些地区比较早地发生了根本性改变,这些地区的文化也随之走出了原来的单一性,出现多元文化,人们有了包容意识。由于在21世纪之前,世界许多国家和地区交通极为不便、互联网新技术也没有普遍推开,比如在中国和中亚五国。文化的传播途径除了传统的族群迁徙外,也只不过是在造纸术发明后,渐渐依赖信件、书籍向四周传播,再到20世纪,有了现代传媒手段和技术,也不过是在发达国家通过电报、电话、报纸传播而已。所以极为珍贵的传播者大多是从个人好恶角度传播异族文化,如16世纪来到中国的传教士。当今全球一体化,"互联网+"的传播媒介方式以极其迅速和高保真的新式传播技术扩散着人类的发明与创造,使我们意识到人类创制的文明本来就是多元化的。

为了充分了解人类文化的多元性,我们借助古文明丝绸之路上的

中国与中亚五国互联互通中的语言文化障碍问题研究

中国与当今中亚国家所在区域的交往史,回溯远离我们将近2000年的他们之间的往来,从历史事件、语言交汇、文化互溶的"俗"闻中,以及出土的实物来看他们是如何搭建中西文化经贸往来桥梁的,分析不同区域的人民是如何对人类社会进步做出贡献的,努力从他们的智慧中寻找良方,借鉴之,以帮助我们解决遇到的问题和困惑,尝试从语言文化的角度破解互联互通中一些"联而不通"的难题。

注　释:

[1][美]爱德华·萨丕尔:《语言论——言语研究导论》,陆卓元译,陆志书校订,商务印书馆1985年版,第20页。

[2][美]爱德华·萨丕尔:《语言论——言语研究导论》,陆卓元译,陆志韦校订,商务印书馆1985年版,第16页。

[3]关于俄罗斯的微笑,如果你对俄罗斯人微笑,那可能不太算是无礼的行为,但如果他们没有对你报之以微笑,也不要觉得他们没礼貌。虽然对待朋友很热情,但俄罗斯人不会对陌生人微笑或与他们交谈,尤其是在城市里。因此,不要把一张没有笑容的脸当成不友好的表示。(《游客容易触犯的文化禁忌》,载2017年2月4日《参考消息》)

[4]《借鉴历史经验创新合作理念　让"一带一路"建设推动各国共同发展》,载2016年5月1日《人民日报》。

[5]邢福义:《文化语言学》,湖北教育出版社1990年版,第11页。

[6]邢福义:《文化语言学》,湖北教育出版社1990年版,第11页。

[7][德]海德格尔:《在通向语言的途中》,孙周兴译,商务印书馆2005年版,第154页。

[8]《借鉴历史经验创新合作理念　让"一带一路"建设推动各国共同发展》,载2016年5月1日《人民日报》。

[9]《习近平主持中共中央政治局第三十一次集体学习》,来源:新华网,2016年4月30日,网址:www.xinhuanet.com/politics/2016-04/30/c_1118778656.htm。

[10]《"中国是打开未来的钥匙"—哈萨克斯坦掀起汉语热》,载2016年5月11日《参考消息》。

[11][意]罗马诺·普罗迪:《共建新丝绸之路》,载《北京大学学报》2016年第1期。

[12][美]爱德华·萨丕尔:《语言论——言语研究导论》,陆卓元译,陆志韦校订,商务印书馆1985年版。

[13][法]伏尔泰:《风俗论》上册,梁守锵译,商务印书馆2009年版,第84页。

[14]转引自邢福义主编:《文化语言学》,湖北教育出版社1990年版,第68页。

[15]聂丹:《"一带一路"亟需语言资源的互联互通》,载《学术前沿》2015年第11期。

[16][17][18][法]约瑟夫·房德里耶斯:《语言》,岑麒祥、叶蜚声译,商务印书馆2011年版,第268页。

[19][美]爱德华·萨丕尔:《萨丕尔论语言、文化与人格》,高一虹等译,商务印书馆2011年版,第257页。

[20][法]约瑟夫·房德里耶斯:《语言》,岑麒祥、叶蜚声译,商务印书馆2011年版,序第3—4页。

[21]马大正、冯锡时主编:《中亚五国史纲》,新疆人民出版社2005年版,第1页。

[22][美]芮乐伟·韩森(Valerie Hansen):《丝路新史:一个已经逝去但曾经兼容并蓄的世界》,吴国圣、李志鸿、黄庭硕译,麦田出版社2015年版,第14页。

[23]王辉:《甘肃发现的两周时期的"胡人"形象》,载《考古与文物》2013年第6期。

[24]吴玉贵:《中国风俗通史·隋唐五代卷》,上海文艺出版社2001年版,第133页。

[25]马大正、冯锡时主编:《中亚五国史纲》,新疆人民出版社2005年版,第13—14页。

[26][27][美]L.S.斯塔夫里阿诺斯(Stavrianos, L. S.):《全球通史》(上),吴象婴等译,北京大学出版社2006年版,第287页。

[28]聂丹:《"一带一路"亟需语言资源的互联互通》,载《学术前沿》2015年第11期。

[29]马成俊、于晓陆、王雪:《论撒拉族在丝绸之路经济带建设中的作用》,载《广西民族大学学报》(哲学社会科学版)2015年第4期。

[30]刘卫东:《"一带一路"战略的认识误区》,载《国家行政学院学报》2016年1期。

[31]邹广文:《论文化的普遍价值与个性发展》,载《清华大学学报》(哲学社会科学版)2004年第6期。

[32][33]黄行:《语言保障先行》,载2016年1月5日《中国社会科学报》。

第一章　中亚五国

今天世界各国的经济贸易和各层次的文化交流范围十分频繁与广泛。人们从电视新闻、互联网上常常能够看到国家之间贸易数量的惊人增长,而潜伏在这些不断变化的数字下面的是一个令人头疼的问题,那就是贸易中的语言文化问题。其实,这一问题已经越来越引起人们的重视了。我们与中亚五国在建设互联互通中,少不了政府之间、行业之间、百姓之间的交往与协作,而所有的活动是要以语言为基础,所有愿景和规划的实施,都要以语言沟通为前提。无论是金融、贸易、基础设施建设,还是教育文化旅游的交流互访,都要运用语言表达意愿和获取信息。只有语言实现了相通,才能谈及经贸往来、文化交流、文明互鉴、民心相通。[1]

中亚五国是建设"一带一路"内陆通道丝绸之路的核心地区,我们与中亚五国曾经经历过的交往、词语中的交互是我们当今需要研究借鉴的。中亚五国是多民族多语种的地区,这五个国家均有自己的国家语言又有自己的官方语言,还有族际语言或者通用语言。我国与中亚五国都有跨境语言,主要是哈萨克语、吉尔吉斯语(在我国是柯尔克孜语)、乌兹别克语(在我国是乌孜别克语)、维吾尔语、塔塔尔语、土尔克语以及东干话(陕西方言)。我们在与中亚五国交往时,如何运用这些语言,怎样减少语言上的误会,以保证顺畅完成任务,是很需要认真对待研究的。比如,在中亚五国要展示我们的产品,就会有广告,就会有广告语言。广告语言如何表述，哪些产品不适合在这一地区出现等等是需要认真考虑的。再比如，我国人民前往中亚工作或者旅游，在与他们国民交谈时，就有了谈话语言，有工作用语，以及同事之间的言行举止，就餐时也会有就餐行为与就餐用语，这些与国内都有所不同。谈话的话题、谈到的事物，哪些是需要回避的，这些都需要有知识的储备，绝对不能信口开河，不能想到什么就说什么，不懂什么就问什么。中亚五国是一个多民族和穆斯林众多的地区，在这一地区，人们的主要宗教信仰是伊斯兰教。中亚地区伊斯兰文化有一千多年的历史。语言是人类文化世界的记录，只有掌握了他族的语言文化，才可能了解他族崇尚的与禁忌的，才能使交往沟通的意愿向下进行。

第一节　中亚五国的地理历史简况

"中亚"是中央亚细亚或亚洲中心地带的简称，是一个与"东亚""西亚""南亚""东南亚""东北亚"等地理名词相对应的地理术语。具体地貌和气候是：在阿尔泰山和天山山脉以北，地势较高、多高原，属于山地气候，气候较干燥；其他地区，分布着平原、丘陵与沙漠，气候干旱少雨，属于温带、亚热带沙漠气候。中亚五国缺乏注入外海的河流，传统生产主要是畜牧业，牲畜以羊、马和骆驼为主，是著名的卡拉库尔羊的原产地，农产品中的豌豆、蚕豆、棉花、稻米、葡萄、苹果等也很著名。中亚五国的矿产资源丰富，有色金属、石油、天然气的储量巨大。中亚五国的总面积约400万平方千米。

"中亚"一词所指的范围，学者们历来都有不同的看法。根据联合国教科文组织最初的规定，中亚的范围西起里海，东到大兴安岭，北自阿尔泰山、萨彦岭，南至喜马拉雅山。全部或部分属于中亚地区的国家有七个，即阿富汗（北部）、中国（新疆、西藏、青海、甘肃河西走廊、宁夏、内蒙古）、印度（西北部）、伊朗（北部）、蒙古国、巴基斯坦

第一章 中亚五国

(北部)和苏联下属的五个加盟共和国(哈萨克、乌兹别克、吉尔吉斯、土库曼、塔吉克)。苏联解体后,关于"中亚"所指的范围仍引起广泛争论。一些学者提出将中亚地区分为广义的中亚和狭义的中亚。广义的中亚是:东到蒙古国东境和内蒙古东部;南始伊朗和阿富汗的北部,印度、巴基斯坦西北,包括新疆、甘肃河西走廊等的中国西北地区;西起里海,包括哈萨克斯坦、乌兹别克斯坦、吉尔吉斯斯坦、土库曼斯坦和塔吉克斯坦五国;北达西伯利亚南部米努辛斯克、克拉斯诺亚尔斯克一带。狭义的中亚以阿姆河和锡尔河西河流域为中心,苏联解体后,这一区域的哈萨克斯坦、乌兹别克斯坦、吉尔吉斯斯坦、土库曼斯坦和塔吉克斯坦五国政权已形成一个比较共同的政治文化区域,因而,狭义中亚一般来说是指中亚五国。

历史上,生活在这一片土地上最初的族群主要是突厥人。中亚五国民族众多,如哈萨克斯坦有131个民族,乌兹别克斯坦有130多个民族,吉尔吉斯斯坦有90多个民族,塔吉克斯坦有120个民族。相比较而言,土库曼斯坦是民族较少的国家,但是也有40多个民族,大部分民众信仰伊斯兰宗教,逊尼派人数比较多,语言大多属于突厥语族语言与伊朗语族语言。中亚五国的历史有许多共同点,比如它们基本上都是在不断迁徙的过程中形成的,已经形成了一个共同的宗教政治文化经济区域。1992年,我国新疆科技卫生出版社出版的《中亚五国手册》对"中亚"是这样解释的:"'中亚'(中亚细亚)意为亚洲的中部地区……。现包括5个独立国家:哈萨克斯坦(南部)、乌兹别克斯坦、土库曼斯坦、吉尔吉斯斯坦、塔吉克斯坦(均加入了独联体)。这个内陆区域的范围是西到里海和伏尔加河,东到中国的边界,北到咸海与额尔齐斯河的分水岭,并延伸至西伯利亚大草原的南部,南到同伊朗、阿富汗的边界。"中亚的东部与我国新疆维吾尔自治区相邻;南部与伊朗和阿富汗接壤;北边与俄罗斯相连;西边是里海,与俄罗斯、阿塞拜疆相望。

中国与中亚五国互联互通中的语言文化障碍问题研究

德国地理学家亚历山大·冯·洪堡(1769—1859,Alexadner von Humboldt)认为"中亚的地理范围西起里海,东达兴安岭,南自喜马拉雅山,北至阿尔泰山"[2]。英国学者加文·汀布里(Gvain Hambly)则认为"中亚最重要和最显著的地理特征,是它完全隔绝来自海洋的影响"[3]。他认为中亚是一个地理概念,可是又很难给出一个精确的定义。[4]而美国人D·希诺尔说:"'中亚'从根本上说是一个文化概念。"[5]但是,我们现在将哈萨克斯坦、塔吉克斯坦、吉尔吉斯斯坦、乌兹别克斯坦、土库曼斯坦称为中亚五国已经成为共识,所以,我们不再讨论它们的地理属性。

历史上,中亚地区生活着众多民族,当今中亚五国也都是多民族国家,文化具有多样性和复杂性。这里是民族语言文化不断碰撞和融合之地。这一地区地处东西交通要道,历史上就是东西方经济、文化交流必经之地,具有重要的战略地位。

哈萨克斯坦,横跨欧亚两个洲,位于亚洲中部,西濒里海,北部与俄罗斯相邻,东部和中国接壤,南部与乌兹别克斯坦、吉尔吉斯斯坦、土库曼斯坦接壤。在中亚五国中,哈萨克斯坦的国土面积比较大,有272.49万平方千米,是世界上最大的内陆国家。国土面积比整个西欧还大很多。地势比较平坦,多为平原和低地,但是多为沙漠半沙漠,占国土面积的60%。农耕区的小麦产量很高,近几年,小麦出口量占世界市场总量的5%,排在小麦出口大国的第七位。哈萨克斯坦境内石油、天然气、黄金等矿产资源储量丰富,依据2015年11月的最新统计,其中的铀储量约占世界总储量的19%,成为"铀库"之国。

吉尔吉斯斯坦位于中亚东北部,是中亚的一个突厥语系内陆国家。吉尔吉斯斯坦的北部与哈萨克斯坦接壤,西南部是乌兹别克斯坦,南部和塔吉克斯坦接壤,东部与我国新疆维吾尔自治区接壤。国土面积19.9万平方千米,东西长,南北短,分别是900千米和410千米。地貌以山地为主。

第一章 中亚五国

乌兹别克斯坦位于中亚腹地,领土面积44.89万平方千米。境内由129个民族构成。主体民族是乌孜别克族,其他主要民族是塔吉克族、俄罗斯族、哈萨克族、卡拉卡尔帕克族、鞑靼族、吉尔吉斯族、土库曼族、乌克兰族、维吾尔族等。

土库曼斯坦位于中亚西南部,是一个内陆国家。其东南部国土与阿富汗接壤,南部与伊朗接壤,西面是里海,与阿塞拜疆、俄罗斯隔海相望,北部以及东北部与哈萨克斯坦和乌兹别克斯坦相邻。境内有世界上最大的沙漠之一——卡拉库姆大沙漠。该沙漠大约占国土面积的80%。全国总面积49.12万平方千米,总体而言,地势较为平坦。土库曼斯坦在中亚仅次于哈萨克斯坦,是中亚的第二大国。阿什哈巴德是国家首都所在地,也是国家政治、经济、文化和科研中心。土库曼斯坦位处亚洲大陆的中心,是典型的温带大陆性气候,是世界上最干旱的地区之一。夏季的阿什哈巴德气温常在零上四五十度,因而别称"地狱之火"。土库曼斯坦全国总人口接近700万,是一个多民族国家,共有120多个民族,90%以上属于土库曼族裔,截至2014年年底,有大约2800名华人在土库曼斯坦。

塔吉克斯坦首都是杜尚别,主体民族是塔吉克族,其他民族有塔塔尔族、俄罗斯族、乌克兰族、白俄罗斯族、亚美尼亚族等。境内的锡尔河、阿姆河、泽拉夫尚河都是古代丝绸之路必经之地。塔吉克斯坦地处山区,境内山地和高原占总面积的90%,其中约一半在海拔3000米以上,因而有"高山国"之称。塔吉克斯坦全境属典型的大陆性气候,春、冬两季雨雪较多;夏、秋两季干燥少雨。高山地区随着海拔高度的增加,大陆性气候加剧,南北温差较大。塔吉克人大多信奉伊斯兰教,属逊尼派。塔吉克斯坦的西部和北部分别同乌兹别克斯坦、吉尔吉斯斯坦接壤,东邻我国新疆维吾尔自治区,南与阿富汗相连。

独立后的哈萨克斯坦、乌兹别克斯坦、吉尔吉斯斯坦、塔吉克斯坦地处欧亚大陆的接合部,与中国为邻,其中哈、吉、塔三国与中国有共同的边界3300多千米。而土库曼斯坦南与伊朗相邻,东南与阿富汗接壤,东北面是乌兹别克斯坦,西北面是哈萨克斯坦,西面是里海,其面积为49.12平方千米,是仅次于哈萨克斯坦的中亚国家。中亚五国均为多民族国家,其主体民族有哈萨克族、乌孜别克族、吉尔吉斯族、塔吉克族、土库曼族以及当地的鞑靼族、俄罗斯族、亚美尼亚族等其他民族。中亚五国的各民族在中国新疆维吾尔自治区均有跨境民族、跨境语言。中国的维吾尔族、哈萨克族、柯尔克孜族、塔吉克族、乌孜别克族、俄罗斯族、回族、蒙古族、朝鲜族等,在中亚各国也属于跨境民族、跨境语言文化。因此,研究中亚五国的语言文化也有助于对我国这几个民族的历史文化做深入的研究。

20世纪末,中亚五国宣布独立以后,五国政府都奉行民族复兴政策。所谓民族复兴,实际上主要是振兴占国家人口总数绝对优势的民族语言和文化,也就是主体民族的语言和文化,提高主体民族在国家的政治地位和复兴主体民族的历史和文化传统。为此,独立后的中亚五国在宪法中均规定了主体民族语言作为国语,国家总统候选人的必要条件之一是通晓国语,目的是确保总统由本国主体民族的人出任,同时也在国家的政治、经济和文化等各重要职能部门确保主体民族的绝对领导地位。中亚五国政府希望以各自的主体民族为中心重新书写国家的历史,所以都大力弘扬主体民族的语言和历史文化。比如哈萨克斯坦的国名便来自其主体民族哈萨克族。1991年独立后,政府把民族复兴当作巩固国家独立的一项重要任务来进行。为此,纳扎尔巴耶夫总统提出,如果在哈萨克斯坦实现所有人在法律面前平等,"那么当地民族——哈萨克人的利益在某些场合下有特殊的保留也是适宜的,正如在许多国家所存在的那样。这涉及民族语言和文化的复兴,恢复与散居国外的哈萨克人的精神和其他方面联系,为迁离哈萨克斯坦的人重返祖国创造必要的前提等",在这种思想指导下,哈萨克斯坦政府制定了发展哈萨克语言文化,复兴哈萨克民族历史文化,鼓励境外的哈萨克人回归,树立哈萨克人主体民族意识的一系列政策。而乌兹别克斯坦总统卡里莫夫在论述乌兹别克斯坦民族复兴问题时也曾说,国家独立之初的一项国策就是"恢复我们的先辈在许多世纪创造的非常丰富和宝贵的精神和文化遗产","缅怀历史,恢复民族、故乡和国土的客观和真实的历史面貌,在复兴和增强民族自我意识或曰民族自豪的过程中占有重要地位"。

一个民族生活的自然环境特征、气候类型特征与所形成的语言形态和文化类型、文化特色密切相关,而一个民族的文化深受其生活的气候和自然环境的影响,尤其是词语。中亚五国均为内陆国家,气候干旱,保留了草原文化的特点。

第二节 中亚五国的历史

中亚五国在宣布独立之前都是苏联加盟共和国成员,在1991年12月13日发表声明,以创始国的身份加入独联体(独立国家联合体。苏联解体后,由部分原苏联加盟共和国协调成立的一个国家联盟,属区域性政治组织,总部设在白俄罗斯首都明斯克,工作语言为俄语。国家元首理事会是独联体的最高机构,通常每年召开两次会议)[6]。

英文将"中亚"拼写为 Central Asia,对应于俄文中的 Центральная Азия。现在的乌兹别克斯坦、吉尔吉斯斯坦、土库曼斯坦和塔吉克斯坦四国是1924年在原来中亚地区的突厥斯坦、布哈拉、花剌子模三个共和国基础上经过重新划界形成的。[7]突厥斯坦也被译为"土耳其斯坦",位于锡尔河下游右岸平原,在哈萨克斯坦南部城市奇姆肯特州。它是中亚最具有历史价值的古代城市,曾是中亚手工业和通商贸易中心。布哈拉是塔吉克斯坦的一座历史名城,具有2500多年的历史,是中亚最古老的城市之一。苏联加富罗夫的《中亚塔吉克史》提到:"公元前一世纪末,中国人试图寻求当时实力上升到较高阶段的花剌子模,作为自己反对匈奴的同盟者。"[8] 花剌子模的俄文写作 Хорезм,乌兹别克语写作 Xorazm,英文是 Xhwarezmia 或 Chorasmia,当时的活动范围主要是在今日的中亚西部,即乌兹别克斯坦和土库曼斯坦,公元1231 年被蒙古帝国所灭。

苏联考古学家托尔斯托夫依据阿姆河下游的塔扎巴格雅布文化遗址推测:在公元前 1500 年—前 1000 年,来自欧亚大草原上的"安德罗诺沃人"沿着阿克恰河,穿过花剌子模,可能南下进入今日的土库曼斯坦、伊朗和阿富汗等地。之后花剌子模文化广泛分布于塔什干草原和周边山麓地带、撒马尔罕、吉尔吉斯、费尔干纳盆地等区域,泽拉夫善河下游等广大地区也受到该文化的影响。[9] 在公元前 550 年至公元前 330 年间,波斯阿契美尼德王朝(前 550—前 330)兴起,逐渐强盛并统治了中亚地区。阿契美尼德王朝也称第一帝国,是古波斯地区第一个把版图扩张到中亚及西亚大部分地区的君主制帝国,也是第一个横跨欧亚三洲的帝国。在公元前 330 年被马其顿所灭。几经战乱后,在公元 999 年,喀喇汗王朝又统治了整个中亚,一直到公元 1212 年。喀喇汗王朝是由突厥民族建立的一个国家,活动区域主要位于我国新疆西部和中亚地区。在公元 1121 年至公元 1124 年,中亚的统治者又成为喀喇契丹。喀喇契丹是契丹人耶律大石建立的国家,即西辽。其都城是虎思斡鲁朵,在今日吉尔吉斯斯坦的托克玛克东南的布拉纳。在政权更迭的历史进程中,对中亚历史文化上影响最大的统治者则是帖木儿大帝(1336—1405)。公元 1370 年至公元 1405 年,在位长达 35 年。帖木儿出自蒙古巴鲁剌思氏部,是帖木儿帝国的奠基者。帖木儿的孙子乌鲁伯格在公元 1411 年至公元 1449 年统治着中亚的广袤区域。

中亚五国在历史上的生活方式是逐水草而居,主要属于游牧生活,文化主要呈现为草原游牧文化特质。他们生活于辽阔的大草原,主要是畜养马、牛、骆驼、绵羊和山羊等食草动物,依靠畜养多种动物

第一章　中亚五国

为生。马是他们的主要交通工具和运输工具,所以关于马的词汇非常丰富,如马勒、马嚼子、马鞍和马镫是他们在役使马的过程中发明的。他们的生活习俗也多与马有关,比如他们喜爱喝马奶、吃马肉。所立刑法也与马有关,如果有人偷盗了别人的马匹,抓住后将被处死。依据考古专家们的发现,大约在公元前2100年—前1700年,哈萨克斯坦草原已经有了8—12根轮辐的两轮轻快马车。

中亚地区在公元7世纪以前,是中国和西方商贸、文化交往的桥梁。人类历史上,往往在商业之路上总是伴随着各种文化的传播,有物质方面的,也有精神领域的。世界三大宗教之一的佛教就是由"丝路"来到中国的。佛教发源于印度,佛教正是借助于丝绸之路的开通由文化使者传入了中亚地区,传入了中国。汉朝最初的佛教中心洛阳也正是来自西域的大批商人的聚居地。在公元7世纪,中国的造纸技术和缫丝技术传入中亚,至今丝也是中亚五国的主要出口商品。也就在公元7世纪时,穆斯林宗教控制了中亚,丝绸之路逐渐消失。商路似乎暂时废弃,但是文化的种子已经被播撒在新土地上,并结出了绚丽多彩的花朵,有的已经修为正果,或成长为参天大树。

哈萨克斯坦有125个民族,除哈萨克族外,还有俄罗斯族、乌克兰族、乌孜别克族、日耳曼族、鞑靼族、朝鲜族、维吾尔族、东干族、吉尔吉斯族、车臣族等。以哈萨克族为主体,占总人口的39.7%,俄罗斯族是第二大民族,占总人口的37.8%。哈萨克在1991年12月16日宣布独立,更名为哈萨克斯坦,首都阿拉木图,1997年首都改迁到阿斯塔纳。努尔苏丹·纳扎尔巴耶夫就任第一任总统。1992年3月3日,哈萨克斯坦加入联合国。俄语中的"Средняя азия"也是"中亚"的意思,但在原苏联时期,从经济区域划分上并不包括哈萨克斯坦。独立后的哈萨克斯坦,应该是俄文中的"Центральная Азия"。哈萨克斯坦的首都阿斯塔纳市在冬季的日常气温为零下四五十度,有"白色坟墓"之称,是世界第二寒冷的首都。哈萨克斯坦国家统计署公布,截至

2015年1月1日,哈萨克斯坦总人口中,哈萨克族占64.6%,俄罗斯族占22.3%,乌孜别克族占3%,乌克兰族占1.9%,维吾尔族占1.4%,鞑靼族占1.2%,日耳曼族占1.1%,其他民族占4.5%。哈萨克语是哈萨克斯坦的国家语言,属于突厥语族。俄语和哈萨克语同为官方用语。哈萨克斯坦以信仰伊斯兰教中的逊尼派为主,占到全国人口的69%。

在公元751年,哈萨克被称为怛逻斯(Talas)。我国唐朝称其为怛逻斯,玄奘在《大唐西域记》卷一中对该城有记载:"素叶城西行四百余里至千泉……千泉西行百四五十里,至怛逻斯城,城周八九里。诸国商胡杂居也。"[10]中亚古代民族不断迁徙,在迁徙中相互融合,逐渐发展成文化特色非常鲜明的一个民族群体。哈萨克民族也正是在历史迁徙与其他文化的不断融合中形成的,如乌孙、康里、阿兰等部落在中国汉代文献中已有记载,说明这些古老部落是构成哈萨克民族的重要组成部分。真正意义上的哈萨克民族是在公元16世纪形成并确立的。[11]"大"在哈萨克语中是"古老"的意思[12],与我国陕西关中称呼父亲是"大"一致。白帐汗国可汗兀鲁斯的孙子月即别部宗王八剌1423年自立为汗,成为哈萨克汗国的始祖。1456年,八剌汗之子克烈汗和贾尼别克汗,在蒙兀尔可汗的支持下于1469年将阿布海儿汗击毙,该年被认为是哈萨克汗国建国之年。直到1480年,由克烈汗之子巴兰都黑继承汗位后,统一了哈萨克各部,哈萨克汗国才最终建立。哈斯木汗在位期间,以哈萨克部落的宗法世袭制度与习惯法为依据,同时参照了伊斯兰的某些法规,制定了《哈斯木汗法典》,这是哈萨克第一部法典。16世纪初,近代意义上的哈萨克民族才真正形成。头克汗是哈萨克著名的可汗,他于1680年至1718年在位。期间,他再次统一了哈萨克各部,并制定了《七项法典》,也称为《头克法典》。

乌兹别克斯坦有130多个民族,除乌孜别克族外,还有俄罗斯、卡拉卡勒帕克、塔吉克、吉尔吉斯、土耳其、鞑靼、土库曼、阿拉伯、犹太、

第一章 中亚五国

朝鲜、乌克兰、维吾尔、东干等族。1991年9月1日,乌兹别克宣布独立,首都是塔什干。9至11世纪,以突厥人、东伊朗人为主要组成部分的乌兹别克民族形成,建立了喀喇汗国、伽色尼王朝等。乌兹别克民族的俄语文字语音是y3ðekoro。其语音与14世纪至16世纪在钦察草原生活的游牧民族"月即别"相同,乌兹别克民族便由"月即别"得名。16至18世纪,乌兹别克人建立了布哈拉汗国(乌兹别克语写作 Buxoro Xonligi),1512—1920年,又建立了希瓦汗国,到16至17世纪,又有强盛的浩罕汗国控制着这一区域。他们的生活方式由游牧逐渐向定居转化。17世纪末,他们主要聚居在河中地区,这一地区便被称为乌兹别克斯坦。

  1709年,乌兹别克明格部在费尔干纳建立了浩罕汗国,首都为浩罕。此外,核心地区还有安集延、马尔吉兰、纳曼干,主要是集中在费尔干纳盆地。费尔干纳盆地是乌兹别克浩罕汗国的发源地和核心地带,历史上,费尔干纳在丝绸之路上曾扮演过很重要的角色。乌兹别克斯坦的费尔干纳不仅是连接东西方的要道,也是通向文明古国波斯、印度、埃及和罗马的纽带。乌兹别克斯坦在18世纪至19世纪中叶分属浩罕、希瓦和布哈拉三个汗国。三个汗国共有人口300多万,以定居生活为主,主要属于乌兹别克斯坦人和塔吉克斯坦人,也有少量的土库曼斯坦人和哈萨克斯坦人。乌兹别克斯坦有许多古老城市,如塔什干、撒马尔罕、布哈拉、安集延,其中塔什干是中亚最重要的政治、文化中心。撒马尔罕则在公元273年至公元769年之间已经是中亚地区联通中国与伊朗及其欧非一些国家的贸易、政治、文化交汇中心。当然撒马尔罕与中国也是最重要的贸易伙伴。我们都知道丝绸是由中国传到中亚地区的,但是当今费尔干纳盆地的丝绸业却举世闻名。在费尔干纳,丝绸、制陶、木雕等还完全是传统的手工业制品。自19世纪,棉花便成为乌兹别克斯坦最重要的经济农作物之一。

  撒马尔罕(乌兹别克语写作 Samarqand 或 Самарканд)是一块肥沃

45

的土地。CamapkaHд 就是由 Camap "肥沃"和 kaHд "土地"组成。在公元前7世纪已经有居民了,属于粟特人的先祖。粟特人原是生活在中亚的阿姆河与锡尔河一带的古老民族,他们的语言属于中古东伊朗语。粟特人擅长经商,从我国东汉时期开始,在丝绸之路上往来于中国与欧洲,一直持续到我国宋朝。根据英国探险家马尔克·奥莱尔·斯坦因(Marc Aurel Stein,1862—1943)在敦煌、吐鲁番等地发现的信札以及我国史书《晋书》等的记载,说明在公元4世纪早期,有一支粟特族群从撒马尔罕迁徙到了我国的中原地区,分别居住在洛阳、长安、兰州、武威、酒泉、敦煌等地。在大英博物馆有一个属于公元313年或公元314年的包裹,是由中国吐鲁番寄往撒马尔罕的邮包,其中一封写在纸上的信件明确写着"送往撒马尔罕",这是一封平民信件。[13]公元4世纪到公元6世纪,差不多有200多年,由撒马尔罕迁徙到吐鲁番定居的粟特人占了外来移民的绝大多数。即使在公元712年伊斯兰宗教掌控了撒马尔罕之后,迁徙人数也没有下降。

乌兹别克斯坦的经济支柱是农业。主要农作物是大麦、小麦、黍、稻、高粱、豌豆、玉米、绿豆,芝麻、洋麻、棉花、桑蚕等则是重要的经济作物。蔬菜瓜果种植业在国民经济中也占有重要地位,主要是胡萝卜、皮芽子、南瓜、苜蓿等,其中葡萄很有名。羊、马、骆驼是主要的畜牧业经济支柱,其中羊的出口量很大,羊羔皮在国际社会很受欢迎。他们的织布、造纸、丝绸质量很好。世界上最好的纸是由撒马尔罕制造的。布哈拉制造的马刀、小刀、铠甲、盾牌、头盔在世界享有盛名。据《明史》记载,帖木儿帝国是14世纪世界强国之一。"撒马尔罕即汉罽宾地,隋曰漕国,唐复名罽宾,皆通中国。元太祖荡平西域,尽以诸王、附马为之君长,易前代国名以蒙古语,始有撒马尔罕之名。去嘉峪关九千六百里。元末为之王者,附马帖木儿也。"(《明史》卷三百三十二《西域传》)乌兹别克斯坦建有国立帖木儿博物馆。1995年联合国教科文组织通过决议,庆祝帖木儿诞辰660周年。同年12月26

日,卡里莫夫总统宣布1996年为帖木儿年。1996年3月14日,乌兹别克斯坦政府通过决议,建立国立帖木儿家族史博物馆。同年10月18日,帖木儿家族史博物馆正式开馆。

吉尔吉斯斯坦有90多个民族,吉尔吉斯族是主体民族。除吉尔吉斯族外,还有俄罗斯、乌兹别克、乌克兰、日耳曼、鞑靼、塔吉克、东干、维吾尔、朝鲜等族。占人口比例比较大的是土著人、吉尔吉斯族、乌孜别克族和俄罗斯族,分别是72.2%、14.3%和7.8%。70%的国民信仰伊斯兰教,属于逊尼派。吉尔吉斯斯坦是一个多民族、多语言的国家。吉尔吉斯族是中亚历史最悠久的民族之一。1990年12月13日,阿斯卡尔·阿卡耶夫宣布吉尔吉斯为吉尔吉斯斯坦共和国,首都是比什凯克。吉尔吉斯语是国语,吉尔吉斯语和俄语同为官方语言,两种语言的地位平等。但是当吉尔吉斯斯坦与非独联体国家交往时,所有国家文件、外事文本一律采用吉尔吉斯语言文字,只有在和独联体国家的交往中,才采用官方语言文字。吉尔吉斯族的生活习俗和语言文字与我国的柯尔克孜族基本相同。"КыргызТили",汉语翻译为"柯尔克孜"。柯尔克孜族是我国五十六个民族之一。吉尔吉斯语属于阿尔泰语系突厥语族东匈语支的吉尔吉斯——克普恰克(Qypchaq)语族。曾经采用突厥卢尼克文记录语言。这种文字也被称为古吉尔吉斯碑文或叶尼赛文,该文字早已失传。叶尼赛文是公元7至10世纪突厥、回鹘、黠戛斯等族群使用的一种拼音文字,主要通行于鄂尔浑河流域、叶尼塞河流域以及我国新疆、甘肃一些地方。吉尔吉斯民族在信奉伊斯兰宗教后改为使用阿拉伯字母拼写记录自己民族的语言。1924年在阿拉伯字母的基础上又创制了吉尔吉斯文字,但是在1928年又改用以拉丁字母为基础的吉尔吉斯文,1940年则转用斯拉夫字母。现在吉尔吉斯人仍然使用以斯拉夫字母为基础的吉尔吉斯文。由记录语言文字的多次转变也可得知吉尔吉斯斯坦处于多个文化的交汇点上。

大约在公元10世纪，吉尔吉斯人由叶尼塞河流域迁徙至天山地区。曾经的西突厥统治中心就在今天的吉尔吉斯伊塞克湖西北的托克马克（古代碎叶），但是根据历史学家的考证，15世纪至16世纪是吉尔吉斯民族形成的初创期，在此期间，现代民族共同语基本形成，直到18世纪初，这一民族才真正形成。他们主要活动在中亚的天山一带。[14]其实，吉尔吉斯斯坦早在公元前2世纪就曾经以国家体制出现过。在公元7世纪末8世纪初，这一区域组建的国家被视为中亚强国之一，到了公元9世纪中期，便以吉尔吉斯斯坦为国家名称，形成了强大的游牧帝国。从1870年至1880年，这一区域成为俄罗斯帝国的一部分。到了1991年，吉尔吉斯宣布脱离苏联，成为拥有独立主权的国家，1993年，正式以吉尔吉斯共和国为国家名称。

西汉史学家司马迁的《史记》中记有"鬲昆""隔昆"，是汉文献对中亚吉尔吉斯的最早记录。《汉书》里也称吉尔吉斯是"鬲昆""隔昆"，这是 Qirghiz 的音译。在以后的汉文文献中如《周书》《北史》，对 Qirghiz 又有过多种译文，如"契骨""纥骨氏"，此外，还有"艰昆""结骨""护骨""居勿""纥扢斯""黠戛斯""黠戛司""纥里迄斯""吉利吉思""乞儿吉斯"等。"黠戛斯"是唐朝对吉尔吉斯人的称名。在清朝，中国人又称吉尔吉斯人为"布鲁特"，意思是"高山居民"。吉尔吉斯著名的英雄史诗《玛纳斯》中吉尔吉斯人也以"布鲁特"自称。《玛纳斯》共有8部，20余万字，主要是讲述吉尔吉斯族的一家子孙共八代人奋勇拼搏、创造美好生活的故事，歌颂了吉尔吉斯民族不畏艰险的精神。1935年，中华民国新疆省政府则以"柯尔克孜"称呼居住在我国新疆地区的这一民族，一直沿用至今。[15]

土库曼斯坦有40多个民族，除了土库曼族（Turkmen people），还有乌孜别克、俄罗斯、哈萨克、亚美尼亚、乌克兰、阿塞拜疆、鞑靼等族。1991年10月27日，总统亚佐夫和土库曼最高苏维埃宣布土库曼共和国独立，国名为土库曼斯坦，首都是阿什哈巴德。土库曼斯坦法律规定土库曼语是官方语言,但是俄语是通用语言。境内的土库曼族和乌兹别克族信奉伊斯兰教,属于逊尼派,尊奉哈乃斐教法学派。俄罗斯族信奉东正教,占人口总量的9%。

土库曼是"突厥人的地区"之意。土库曼的先民可以追溯到古代操伊朗语的达哈·马萨盖特人、萨尔马特·阿兰人和古代马尔基安纳、花剌子模等国的一部分居民。他们是讲突厥语族语言民族中最早信仰伊斯兰教的民族之一。据史书记载,1040年至1150年,土库曼人建立了塞尔柱克王朝。希瓦汗阿布哈奇,1644年至1663年在位期间,用突厥语写了一部《土库曼世系》,是土库曼人的历史著作,有很高的史料价值。土库曼人在11世纪中叶建立起了强大的塞尔柱克王朝,但是在13世纪被蒙古人征服。15世纪初期,居住在里海东岸的土库曼部落已经开始了定居生活,农业生产繁荣,但是依然有一部分还是从事畜牧业生产,整体经济得到了发展。16世纪前后,是土库曼民族形成的重要时期。[16] 17世纪至19世纪,土库曼人由于自然环境的改变,东西方贸易通道的变化和战争原因,开始了漫长的迁徙。最终大部分土库曼人定居在现在的区域,并形成了土库曼民族的主体。到了18世纪末19世纪初,土库曼民族把从事农耕者称为"乔穆尔",从事畜牧业的劳动者被称为"恰尔瓦"。土库曼的骆驼和卡拉库姆大尾细毛羊是世界上同类动物中的优良品种,尤其是"阿喀尔——捷开"这种马,身高适中,是著名的良种马。[17] 汗血宝马——阿哈尔捷金马是土库曼斯坦的国宝。

土库曼斯坦自然资源极为丰富,主要是石油、天然气、有色金属等。土库曼斯坦的主要农作物是小麦、大麦、水稻、高粱、黍子、芝麻、苜蓿、绿豆、棉花,也种植葡萄和桑树。长绒棉的质量是世界上最好的。土库曼的农具分别是带铁铧的木犁"阿玛奇",木耙"玛拉",铁锹"辟里",铁镰"奥拉克"。木钵叫"索基",是榨取芝麻油的原始工具。[18]

土库曼斯坦的一些古代城市在中国历史文献中都有记载。比如《史记》《汉书》和《后汉书》中对帕提亚（Parthia，前248—224）的记述。中国史书中的"安息"国就是"Arsac"的音译。"安息"即西方史书中的"帕提亚"。胡振华在《丝绸之路经济带背景下的民族文化交流——中国与土库曼斯坦国的历史交往》一文中指出：由于创建帕提亚国的国王姓阿尔萨克（Arsac），因此西方文献便把帕提亚的前四代国王都分别写作阿尔萨克一世、二世、三世、四世（ArsacⅠ、Ⅱ、Ⅲ、Ⅳ）。该文说：而我们史书则把国王的姓名当成了国名，把 Arsac 采用音译方式写成"安息"。这是因为古代汉语没有 r 音，在遇到 ar 音时即译为 an，用汉字"安"表示。而"息"在古代汉语中读音也与现代汉语语音不同，不是 xi，而是读作 siek，于是用"息"来翻译 sac。所以西方史书中的"帕提亚"其实就是我国史书记载的"安息"，是同一个国家。[19]安息人在丝绸之路西段进行贸易，中国丝绸是最昂贵的贸易物品。土库曼斯坦马雷市北边有一座具有4000多年历史的城市——古梅尔夫城。古梅尔夫城是中亚地区丝绸之路沿线最古老、保存最完好的绿洲城市，1999年被列入《世界遗产目录》。古梅尔夫城、撒马儿罕和巴格达之间，是丝绸之路上的交通要道。梅尔夫（Merv）在东汉时期称为木鹿，在隋时称穆国，《元史》里写作马雷。据史书记载，公元97年，中国汉朝大将甘英曾经到过土库曼斯坦的马雷。唐人杜环在其《经行记》[20]中对马雷的风土人情也有较详细的描述。[21]在联合国教科文组织南非德班（Deban）第29届会议上被列入世界遗产名录的库尼亚—乌尔根奇（kunya-Urgench，古代称作乌尔根奇）在班固的《汉书》中有记载。中国的回族就是成吉思汗在1222年攻克乌尔根奇后，将一部分工匠发配到中国各地，他们被称作"回族工匠"，这些人是中国回族的一部分先民。[22]

塔吉克斯坦全称塔吉克斯坦共和国，首都杜尚别。塔吉克斯坦地处中亚东南部，国土面积有14.31万平方千米，是中亚五国中面积最小的国家,东部与中国新疆毗邻,南部和阿富汗接壤,西边是乌兹别克斯坦,北边邻国是吉尔吉斯斯坦。天山山系、阿尔泰山山系和帕米尔高原横亘于吉尔吉斯斯坦的北部、中部和东南部,约93%的国土是山地,有"高山国"之称。塔吉克斯坦有120个民族,其中塔吉克族占总人口的80%,其他主要民族是乌兹别克、吉尔吉斯、土库曼、哈萨克、俄罗斯、鞑靼、乌克兰、日耳曼、朝鲜、犹太等族。1991年9月9日,塔吉克斯坦宣布独立,首都杜尚别。塔吉克斯坦矿产资源丰富,品种齐全,储量巨大。石油、天然气、银、锑等资源非常丰富。

中亚地区最古老的土著居民是塔吉克民族。他们对中亚地区的经济文化做出过巨大贡献。[23]塔吉克人建立了萨曼王朝(Sulala Samaniyya,875—999),其王号称"艾米尔"(Amir)。公元9—10世纪,塔吉克民族逐渐形成了。塔吉克人,属于东伊朗人,与波斯人的祖先西伊朗人虽然在人种和语种上有亲缘关系,但有自己的历史文化,是独立发展起来的。他们大部分居住在泽拉夫善河流域的布哈拉和费尔干纳的浩罕汗国各地,一部分居住在希瓦汗国和哈萨克汗国奇姆肯特等地。[24]16世纪,"基什拉克尼申"一词出现,用于表示乡村居民,居住的村庄则被称为"基什拉克",原有的城市居民被称为"沙赫尔尼申"。"基什拉克尼申"作为城市居民"沙赫尔尼申"对立称谓的出现说明在16世纪游牧民向定居民过渡进程的加快。[25]

塔吉克境内有一座古老城市——彭吉肯特(Panjakent)。彭吉肯特位于塔吉克斯坦共和国西部泽拉夫善河畔,距离撒马尔罕60千米。根据考古发现,彭吉肯特是丝绸之路上的一座重要城市。它建于公元5世纪初,到公元7世纪,城市规模发展到最大,但是在公元722年被阿拉伯军队攻陷,公元780年荒废。彭吉肯特位于今日的中国和撒马尔罕之间,商队要从此经过。他们使用粟特语,tym(旅馆)便是借用汉语"店"而来。[26]粟特语是伊朗语中一种古代东方语支,随着粟特人活动范围的不断扩大,粟特语一度成为中亚地区的一种通用语言。在当时的彭吉肯特,经贸货币结算使用中国的方孔铜钱。考古工作者已经发现这一地区出土的铜钱上有的铸有汉字。

中亚五国物产、资源丰富。哈萨克斯坦、土库曼斯坦境内的石油和天然气蕴藏量大,是全球很有能源开发前景的地区之一。乌兹别克斯坦境内金的蕴藏量巨大,农产品棉花质量上乘,被誉为"白金之国"。哈萨克斯坦被誉为"中亚的粮仓"。从古至今,这一地区一直处于东西方的交通要道上,是历史上丝绸之路的中段。在《史记》《汉书》《后汉书》等早期的汉文史书中已经对这一地区的自然、人文概况做了较为详细的介绍。[27]

西域流通的货币是金银币,如我国新疆吐鲁番以西都是用银币或金币进行结算,而内地使用五铢钱结算。五铢钱是汉武帝元狩五年(前118)开始铸造发行的一种圆形方孔货币,钱币上铸有小篆"五铢"二字。《汉书》记载:"自孝武元狩五年,三官初铸五铢钱,至平帝元始中,成钱二百八十亿万余云。"(《汉书·食货下》卷六)五铢钱流通时间约为四百多年,几乎是整个西汉与东汉时期。"铢"是古代一种重量单位,一两的二十四分之一为一铢。所以五铢钱轻重较为合适,易于流通,符合当时社会经济发展的状况。依据出土文书可知,在公元692年,"二枚银币值六十四枚铜钱"。[28]

注 释:

[1] 吴跃龙:《推进"一带一路"语言沟通是基础——江苏师范大学校长华桂宏教授谈语言智库建设》,载2015年12月13日《文汇报》。

[2] 王治来:《中亚史纲》,湖南教育出版社1986年版,第1页。

[3] [英]加文·汗布里主编:《中亚史纲要》,吴玉贵译,商务印书馆1994年版,第3页。

[4] 加文·汗布里主编:《中亚史纲要》,吴玉贵译,商务印书馆1944年,第1页。

[5] D·希诺尔:《什么是中亚》,载《民族译丛》1986年第1期。

[6]《独立国家联合体》,来源:人民网,2001年2月16日,网址:www.people.com.cn/GB/guoji/209/1998/2441/200/0216/397734.html。

[7] 马大正、冯锡时主编:《中亚五国史纲》,新疆人民出版社2005年版,第188页。

[8] [苏]加富罗夫:《中亚塔吉克史》,中国社会科学出版社1985年版,第82页。

[9] 王治来:《中亚史纲》,湖南教育出版社1986年版,第15页。

[10] [唐]玄奘:《大唐西域记》,季羡林等校注卷,第177页。

[11] 马大正、冯锡时主编:《中亚五国史纲》,新疆人民出版社2005年版,第55页。

[12] 马大正、冯锡时主编:《中亚五国史纲》,新疆人民出版社2005年版,第61页。

[13] [美]芮乐伟·韩森:《丝路新史:一个已经逝去但曾经兼容并蓄的世界》,李志鸿、吴国圣、黄庭硕译,麦田出版社2015年版,第146页。

[14] 马大正、冯锡时主编:《中亚五国史纲》,新疆人民出版社2005年版,第110页。

[15] 马大正、冯锡时主编:《中亚五国史纲》,新疆人民出版社2005年版,第105页。

[16] 马大正、冯锡时主编:《中亚五国史纲》,新疆人民出版社2005年版,第123页。

[17] 马大正、冯锡时主编:《中亚五国史纲》,新疆人民出版社2005年版,第127页

[18] 马大正、冯锡时主编:《中亚五国史纲》,新疆人民出版社2005年版,第110页。

[19] 胡振华:《丝绸之路经济带背景下的民族文化交流——中国与土库曼斯坦国的历史交往》,载《民族文化研究》2015年第2期。

[20]《经行记》是我国最早的一部关于中亚、西亚的游记。作者杜环(生卒年不详),京兆万年(今西安市)人,是唐代第一位到中亚、西亚地区的旅行家。

[21] 胡振华:《丝绸之路经济带背景下的民族文化交流——中国与土库曼斯坦

国的历史交往》,载《民族文化研究》2015年第2期。

[22]胡振华:《丝绸之路经济带背景下的民族文化交流——中国与土库曼斯坦国的历史交往》,载《民族文化研究》2015年第2期。

[23]马大正、冯锡时主编:《中亚五国史纲》,新疆人民出版社2005年版,第29页。

[24]马大正、冯锡时主编:《中亚五国史纲》,新疆人民出版社2005年版,第140页。

[25]马大正、冯锡时主编:《中亚五国史纲》,新疆人民出版社2005年版,第141页。

[26][美]芮乐伟·韩森:《丝路新史:一个已经逝去但曾经兼容并蓄的世界》,吴国圣、李志鸿、黄庭硕译,麦田出版社2015年版,第159页。

[27]胡振华:《中亚与中亚研究》,载《中央民族大学学报》(哲学社会科学版)2005年第5期。

[28][美]芮乐伟·韩森:《丝路新史:一个已经逝去但曾经兼容并蓄的世界》,李志鸿、吴国圣、黄庭硕译,麦田出版社2015年,第128页。

第二章 语言、文化与环境

语言、文化与环境有着天然的联系,但是由于"各民族的分隔是自然演进的必然结果"[1],所以各民族生活的自然环境不同则语言上会出现差异,文化习俗上也表现出很大的不同。要想和一个民族打交道,就需要学习这个民族的语言,在学习这个民族语言的过程中也常常是在了解学习这个民族的文化。德国哲学家海德格尔有一句名言:"语言是存在的家园。"洪堡特认为,民族语言与民族文化有不可分的关系。社会制度、宗教信仰、职业、亲属关系等等会影响语言习惯,反之,语言对这些东西也有或多或少的影响。[2]这应该是对海德格尔诗性的注释。法国作家都德(1867—1942)的《最后一课》是很著名的一篇小说,它反映的便是语言和民族生死存亡密切相关。这也是语言的某些方面是与国家的语言政策密切相关的缘由。语言在文化中扮演着非常重要的角色。它一方面是一种物质象征符号,另一方面又是民族文化中重要的精神象征符号。语言既达意又表情。习近平主席在哈萨克斯坦首谈丝绸之路经济带时提出"五通"。实现"五通",首先需要语言互通。

什么是语言,什么是文化,不同领域不同的专家学者都从各自专业角度给出了合适的定义。语言是人类社会发展的维系媒介,是一种文化样式,具有多重属性。而人文性是语言的一种重要属性,而且是一种普遍属性。因为语言之间存在着许多的共性。个性差异是由语言生存的自然环境、社会制度背景、历史文化变迁或者宗教信仰等的长期差异引起的。语言的人文性是指"语言结构体能通过自身的存在状态、分布范围、活动单位、变化方式等各个方面表现出它所赖以生存的民族文化生态环境中种种因素的属性"。[3]当我们谈论语言时,是关注某一语言的构成特点呢,还是关注语言的共性——有什么作用?关注点不同则得出的结论也会不同。人们学习一种新语言,如果是为了它的全球性,如英语,那么就会花工夫去掌握这门语言的语音、词句结构,是一种工具性质的学习;假如是为了了解这种语言所承载的文化、历史的特殊性,那么在努力掌握这一种语言的各要素的基础上一定会被它所记录的文化深深吸引。所以出发点不同,给语言的定义阐释也就不一样。而关于文化的定义则更多了。比如,1871年英国人类学家爱德华·伯内特·泰勒爵士曾给文化下过一个著名的定义:"包括知识、信仰、艺术、法律、道德、风俗以及作为一个社会成员所获得的能力与习惯的复杂整体。"[4]爱德华·伯内特·泰勒爵士认为,文化是习俗以及包括作为社会成员的个人获得的其他任何能力与习惯在内的一系列规范性综合体。我们认为泰勒给文化下的定义比较全面,囊括了其他学者为文化所下的定义。那么概括起来就是如美国人类学家克鲁柯亨所言的:"整个环境中由人所创造的那些方面,既包含有形的也包含无形的。所谓'一种文化',它指的是某个人类群体独特的生活方式,他们整套的'生存式样'。"[5]邢福义先生赞同广义的文化定义,认为"把文化看作是为社会成员共同拥有的生活方式和为满足这些方式而共同创造的事事物物,以及基于这些方式而形成的心理和行为"。[6]所以,广义的文化可以分为"物质文化、制度文化和心理文化三个层次"[7]。所言甚是,当人类有了语言、能够创造发明,尤其是走向文明后,物质文化和心理文化便伴随而生。制度文化应该是有了国家机器,需要有相应的管理制度后产生的。人类是一种群居性高级动物,彼此需要协作、往来,在物质层面是最易沟通的,物质交流中以物言词,物物交换容易明白,显而易见,即使是陌生的事物也容易认知学习。但是制度层面的各项就不是能听清语音就可以模仿说出那样简单了,需要一个了解的过程,久而久之,或许也有一部分能够理解并接受。只有心理层面的文化,由于其隐性的特质,语言在很多时候显得无能为力,是最不容易为其他民族了解认可的,也是最易造成误解的。比如中国文化中的"礼""孝""仁"在其他语言中没有对应的语词,很难准确翻译出它原有的含义。原因正如德国语言学家洪堡特所言:"人通过活动从自身之中创造语言,人又通过这种活动把自己置于语言的统治之下。每种语言都在该语言的民族四周画了一个圈子,只有你进入另一个圈子时,才能跳出这个圈子的范围。"所以,虽然人类的交际方式在有了语言符号以后,足以表达思想和情感,但也是常有"词不达意"的无奈时刻。文化的表层物质到它的中层风俗制度再到它的里层心理,语言都有彰显。在不同民族之间由于文化进程、宗教信仰、审美情趣等的迥异,再加之阐释言语上的区别,人们之间的交流产生出许多麻烦、障碍是在所难免的现象。

汉语言和中亚五国语言有着各自语言的发展轨迹,也有着语言发展的普遍规律。我们在全面深入的交往中,一方面要真切了解对方的语言,熟知对方语言的特点和反映的文化内涵,另一方面也可以借助人类语言的共同性质,利用语言交流工具的功能,探寻语言的普遍结构,从而揭示语言文化发展的规律。在交往中,接近知其然也知其所以然,才算理解了对方的语言文化特点,才可以说实现了交往的目的。语言是人类最重要的交际工具,那么,我们不可忽视人的作用,即人在交往过程中的所有创造和活动。人类在有后世宗教信仰之前,都会有对自然的崇拜。如对太阳、月亮、高山、河流、火等的崇拜。在对自然崇拜敬仰的一些仪式中,有些部分高度一致。塔吉克人认为水是一位女神为了人类的福运而违背了天神的旨意,被天神惩罚后流出的泪水。哈萨克人将高耸入云的大山称为"腾格里"。在汉语里,水神和山神早已有之。水神之物还有水龙王,山神之物,还有皇帝向天帝行大礼的封山仪式。词的最初意义反映了古代人的社会生活和传统观念。正如吕叔湘先生说的"不同的语言使用于不同的社群。不同的社群对于万事万物的分别部居各有自己的一套,相互之间有同有异,这一切都反映在他们的语言里"。(吕叔湘:《由"rose"和"玫瑰"引起的感想》)

　　人类社会的特点之一就是人员彼此的接触,有接触就有机会运用语言交流与词语借鉴,就是说语言接触,在语词方面会出现类似经济社会的"等价物"词语,在互有影响下进入原来的词汇系统。语言的词汇系统是一个动态系统,随着人类社会的变化,有的词进入词汇系统中,有的则淘汰出局或沉寂在系统的深层。比如我国上古社会,农业生产和畜牧业生产都很重要,有关"马"的词语也很多,但是随着农业生产的地位凸显,表示马的年龄、马的毛色、马的肥瘦以及奔跑的速度等词语逐渐消亡了。可是中亚地区,一直是畜牧业生产经济占主导,关于"马"的词语还是很丰富。再比如,英美国家有一种面包里夹一根香肠的食品叫"hot dog",汉语直接翻译为"热狗",没有问题。中国人不可能把"热狗"理解成与狗有什么关系,当然也不会拒绝品尝,"热狗"一词也就可以堂而皇之地走进汉语词汇系统。但是在信仰伊斯兰宗教的国家,由于宗教教义的规定,是不可以吃狗肉的,于是一定排斥与"dog"有联系的词语,也不会接纳"hot dog"这个词进入他们的语言词汇系统中。因此,每一种语言都会有一定数量的借词,但是所借对象是有选择的。

　　历史上的中国和历史上的中亚地区在民间的交往从未中断,我们从双方的过境民族和过境语言便可知晓,而政府官方层面的交往也有过非常频繁的时期,甚至曾经也有过近似的崇拜信仰。依据考古发现,内蒙古草原的阴山岩画中有一个人跪着,双手相合,高高举过头顶,头顶前方是太阳图案。这显然是一幅膜拜太阳的图画,是对日神的崇拜。又从古史典籍中发现,中国汉代皇帝和在中亚地区活跃的匈奴王都有拜日祭日的各种记载,都有修建祭日坛的礼俗。在中国文化中有着敬天祈雨的习俗,如《周礼·大宗伯》称:"以槱燎祀司中、司命、风师、雨师。"又《山海经·海外东经》中称"雨师"为"屏翳",《山海经·大荒北经》:"蚩尤作兵伐黄帝,黄帝乃令应龙攻之冀州之野。应龙畜水,蚩尤请风伯、雨师纵大风雨,黄帝乃下天女曰魃,雨止,遂杀蚩尤。"《风俗通义·声音》中称"雨师"为"玄冥",并转引《春秋左氏传》说:"共工之子,为玄冥师。"《春秋左氏传·昭公元年》的原文是"昔金天氏有裔子曰昧,为玄冥师"。"雨师"是司雨之神。在屈原《楚辞》中把"雨师"称作"蓱",说明中国有崇拜雨神的信仰。而这种信仰习俗在《突厥语大辞典》中也有记录,是关于古代维吾尔人祭拜雨神的记录。古代维吾尔人宰杀牛羊后,取出腹中的结石,给起了一个名字,叫"砟答"。人们认为这种结石具有呼风唤雨的魔力,所以用"砟答"向老天爷祈求雨雪。这种用"砟答"祈求风调雨顺的信仰也在中亚地区广泛流行。他们把雨神尊称为"雅新腾格里",也当作天神崇拜。哈萨克人也有近似的信仰习俗。他们每一年在春雷之后的第一场春雨时,以男子脱帽淋雨的方式感谢天神,同时向苍天祈祷在一年中能够再降新雨。历史上,在中国和中亚地区,不仅民间都有向苍天祈雨的习俗,而且对于执行这一仪式的人都有共同的要求,即品德高尚,祭祀前必须从内心到外表干净、纯真。在中国,最著名的是商汤王代表民众沐浴更衣祈雨的故事,而在中亚地区则流行艾沙(Eysa)求雨遇到贤者的故事。

语言是文化和社会的产物。在词汇系统中,留有现实世界与人类生活经验的聚合和分类，成为文化领域的组成分子。在大多数语言里，男性和女性所使用的言语是有区别的，虽然这些区别在一般情况下并不会阻断彼此的交流，但是会在交流中出现障碍。比如在汉语里，女性一般不能在公众场合谈论与性有关的话题，否则会被认为粗俗、不雅。除了词语，在语音、拼写规则、句式结构等方面，各种语言也都有彰显自己文化的要素。比如中国历史悠久，文化具有继承特点，所以词语有古今之别，语音有古今之别，句式结构有古今之别，书写方式与字形结构也有不同，这些内容都有传承和创新。文字笔画大多数是在减少，变得更容易记住；句子结构受西语句式的影响比古代句子长，谓语和宾语的位置也有改变；书面语和生活中的口头表达趋向一致。可见，文化对语言的影响主要表现在社会生活中常见事物的名称上。在祈雨敬日的习俗上，中国与中亚地区有接近之处，是因为中国古代主体文化集中在黄河流域，与中亚地区一样远离大海。近似的自然环境孕育了相近的原始信仰。

对语言的崇拜出现在各个民族中。在中国，不但有崇拜有声语言的传说，更有对文字敬畏的传说。相传黄帝的史官仓颉看见了地上的兽蹄鸟爪的痕迹，灵感生发，便模仿着造出了文字。仓颉在造字的时候，突然"天雨粟，鬼夜哭"。

认为语言有超能力、有神力的观念也反映在圣经旧约《创始纪》第二章：上帝用泥土造了个人，给他起名叫亚当。上帝耶和华把用泥土做成的各种各样的东西，上至飞禽，下至走兽，都摆在亚当面前让他命名。这样，亚当就给世界万物都起了名字。

同样，伊斯兰教《古兰经》里也有对语言敬畏的记述。"古兰"，英文是 koran，阿拉伯语写作 qur'an，本义是"书、讽读、背诵"。一名穆斯林在做五功时的首功便是"念功"。新生儿听到的第一段话就是清真言，它将伴随其一生。在人类社会的进程中，语言是令人崇敬令人生

第二章 语言、文化与环境

畏的,具有一种无边的法力。因为语言是人类交际的工具,所以这种神力又被赋予了心目中的神。这神在基督徒心目中是"上帝";在佛教徒心中是佛祖,要言说"阿弥陀佛""菩萨"等;而在伊斯兰教中则是"真主""安拉"。人们认为反复诵念这些名称语汇,便能使神与其同在,并给他们以保佑、安慰,同时会带来吉祥。语言也可用来惩罚邪恶,这就是各种语言共有的"咒语"。在大洋洲,一个造船人,为了杀死木头里的虫子,用斧子轻轻敲打木材,口中念着杀死蛀虫的一种咒语。在中国民间流传着用针刺扎仇人的替代物木偶或布偶,口中念着让其暴死或身患重疾一类的咒语。在中亚五国也有这种利用"符咒"复仇的故事。德国哲学家卡西尔在其《语言与神话》一书中指出:"每一种符号形式最初都必定是从一个共同的神话母体中解脱出来的,全部精神内容,无论它们多么真实地表现出各别的系统化国度以及各自的'原则',实际上无一例外的都是因其以此方式产生并获得了基础,从而才为我们所认识的。理论的、实践的和审美的意识,语言的和道德的世界,共同体和国家的基本形态——所有这些最初都和神话—宗教的概念过程牢牢地联结在一起。"[8]

中国人的先祖对自然界植物的命名一定与中亚五国的不同。语音不同,记录的文字符号不同,所表达的深层寓意也不同,但是所言说对象物是相同的。比如,在哈萨克斯坦首都有一尊神杨树(bjterek)的雕塑,表示连接天与地。[9] 在中国文化中,杨树由于树干笔直挺拔,也被用来象征人正直与坚韧不屈,但是没有哈萨克以杨树具有"表示连接天与地"的寓意。中国的牡丹花、竹子等植物也都有独特的寓意。所以美国语言学家沃尔夫说:"我们研究自然界是按照我们本族语为我们指出的方向来研究的。从现象世界中分离出来的范畴和形式,我们并没有把它们当作这些现象中的一种显而易见的东西。恰恰相反,呈现在我们面前的世界是千变万化的印象的洪流。这些印象正是由我们的意识所组织起来的,这种组织工作主要是借助于铭刻在我们意识中的语言体系来进行的。"由于中国与中亚五国的历史传承不同,所以各自的语言传统、语音系统和说话习惯、处事方式也多有不同。语言的发明,本来是为了人类成员之间能自由交流。什么是自由呢?德国哲学家叔本华在《伦理学的两个基本问题》中有明确的论述。原文如下:

> 自由的概念,相应于这一切障碍可能具有的性质,可以分为三种完全不同的类型:自然的自由、智力的自由和道德的自由。
>
> 1. 自然的自由(physische Freiheit)就是各种物质障碍的不存在。
>
> 2. 智力的自由,就思维而言是自愿的,还是不自愿的。
>
> 3. 道德的自由,它实际上是自由意志的决定。

在同一个国家,存在通用语和方言,通用语又有书面语和口语之别,有的语言这种分别不明显,而有的语言区别很大。在中国,通用语是汉语普通话,同时各地方言和民族语言也是人们日常生活中的交际语言。古代汉语,完全是书面标准语体,主要出现在典籍文献中。自1919年,白话文运动兴起后,书面语和口语的区别缩小了,印刷的书籍语体和人们日常生活交流的言语很接近,但在词语的选用和句子的表达上终究是有区别的。中国的书面语往往要求语句完整、语法规范、用词得当。口语则常常能够依据语境、人物、话题等自由灵活变化,或缩略含蓄或繁杂夸张,不知道前因后果、不明白谈话内容者,有时甚至听不明白交谈双方话语的真实含义。正是"一头雾水""丈二和尚摸不着头脑"。而在中亚五国,由于近代和当代的政治原因,独立之前通用语是俄语。在20世纪末期独立后,中国五国各国民族意识上升,强调民族独立自主,首先是强化了民族语言在社会一切活动中的应用。对于中亚五国人民来说,20世纪90年代的独立建国是一次大的社会变迁。一般来说,社会变迁一定会引起文化变迁。社会现象的变迁首先反映在社会语言的交流形式方面,比如语言各要素中的词语、语音语调和句子结构。在中亚五国,由于几十年来都是采用俄语作为通用语进行交流,中老年群体已经习惯使用俄语书面语的表述方式,突然改用民族语来表达还有个适应的过程。在用语言交际时,或许还需要交叉使用两种语言,需要频繁转换语码;这些国家民族语的书面语言教育时间不长,在教学质量与学习效果方面都需要加强,而年轻一代运用民族书面语的书写能力更有待提高。按照布龙菲尔德的观点,无论是书面语还是口语都有其标准。他在论说"复杂的言语社团"时,划分出了五种言语类型:

(1)书面标准语。用于最正式的交谈和写作中(例如:I have none);

(2)口头标准语。这是特权阶层的语言(例如:I have't any 或者 I have't got any——在英国,只有用南部"公学"的语音和语调来说才行);

(3)地方标准语。在美国可能和上述第(2)种话没有区别,是"中产"阶层的人说的,和(2)十分接近,但各地区略有出入(例如:I have't any 或者 I have't got any;在英国是用跟"公学"标准语不同的语音和语调说的);

(4)次标准语。跟(1)(2)(3)有明显的不同,在欧洲各国是"中下"阶层的人说的,在美国除了说上述(2)(3)两种的人以外几乎都说这种话,因地区而不同,不过没有那种十分突出的地区差别(例如:I ain't got none);

(5)地区方言。这是社会上最没有地位的人说的;在美国很少见;在瑞士,其他阶层也用它作家庭的语言;几乎各个乡村都不一样；它的种类很复杂，往往彼此都不能理解，说（2）（3）（4）三种话的人更听不懂它（例如：a hae none）。

各种语言现象，在中国和中亚五国也或多或少存在着。如果语言接触频繁，尊重对方，耐心倾听，那么无论是同一个语言团体或不是同一个语言团体的人，都是可以结合语境，借用语言进行交流的。任何一种文化只有借助合适的语言才能传播开去，才能永葆活力，而不为人类前进的脚步所遗弃。

语言是人类共有的文化产物，同时又有着显著的民族性。语言具交际功能，可以对中国和中亚五国人民甚至人类的福祉和进步起到积极的促进作用。熟悉语言交流的技巧，不但有助于克服我们交往中的障碍，而且可以发挥语言的促进作用。了解语言差异的社会象征意义，掌握言语表达的正确性，对于了解对方社会文化的心理态度的发展具有关键作用。惊异于它们的神奇，认为语言具有魔力，将它们作为崇拜的对象——语言拜物教。人类在创造了语言之后又创造了文字。在某些情况下，语言和文字又为人类所不解。在中国历史上，传说当仓颉创造出文字后，发生了"天雨粟，鬼夜哭"的事情。德国语言学家卡西尔说："只要某个专职神在意识中形成，它总要被赋予一个专用的名称，这个名称自然是从产生这个神的特殊活动中衍化出来的。"[11] 佛教的《阿弥陀经》告诫人们说："若有善男子、善女子，闻说阿弥陀佛，执持佛号，（念佛名）若一日、若二日、若三日、若四日、若五日、若六日、若七日，一心不乱，其人临终时，阿弥陀佛与诸圣众，现在其前，是人终时，心不颠倒，即得往生阿弥陀佛极乐国土。"伊斯兰教的《古兰经》要求穆斯林们念诵清真言："除安拉外，别无神灵；穆罕默德是安拉的使者。"旁人听到了，便能知道他已经是一个穆斯林了。"清真言"伴随每一位穆斯林度过一生，他们出生时听到的声音首先是清真言，临终前也一定要反复诵念，如果身患重病不能念诵，则要请至亲或身旁的人代为念诵。[12]人类社会生活中有着种种的语言拜物现象,在中外神话和文学作品中,人们把自己的诸多愿望赋予自己所创造的语言,希望借助语言以实现心中梦幻的各种神奇的力量。如在《西游记》和《封神演义》中都有体现:叫人的名字就可以把此人的魂魄招去。《西游记》中的唐僧念咒语收紧孙悟空头上的紧箍咒,使他头部疼痛难忍。《封神演义》第三十六回有一段描写,是黄飞虎说张桂芳这个人的。说"与人会战必先通名报姓。如末将叫黄某,正战之间他就叫'黄飞虎不下马更待何时',末将自然下马。"在第三十七回,说姜子牙辞别元始天尊下山,元始天尊告诫他说:"此一去,但凡有叫你的,不可应他。若是应他,有三十六路征伐你。"果真当姜子牙行在路上时,申公豹在后面叫他,起先不应,后来应了,结果如元始天尊之言,引来了三十六路征伐。优美动人而又凄凉委婉的爱情作品《梁山伯与祝英台》中,当祝英台对着梁山伯的坟墓祷告之后,埋葬梁山伯坟墓忽然在大风暴雨中裂开。同样,阿拉伯民间故事集《天方夜谭》(即《一千零一夜》)中的"阿里巴巴和四十大盗"的故事中也用语言启开秘藏宝藏石门的情节。中国古老的传说故事与《天方夜谭》的语言都有神性。《天方夜谭》又名《一千零一夜》,"天方"是中国古代对阿拉伯的称呼。故事来源于波斯故事集《赫左儿艾夫萨乃》和伊拉克的阿拔斯王朝(750—1258)时期流行的故事和埃及支马立克王朝(1250—1517)时期流行的故事。成书在公元八九世纪之交。在这一历史阶段,中国早已与中亚、近中东地区有了比较广泛的交往了。《阿弥陀经》里也有关于语言具有神力的告诫:"若有善男子、善女子,闻说阿弥陀佛,执持佛号,(念佛名)若一日、若二日、若三日、若四日、若五日、若六日、若七日,一心不乱,其人临终时,阿弥陀佛与诸圣众,现在其前,是人终时,心不颠倒,即得往生阿弥陀佛极乐国土。"这些语言神力故事惊人近似或许是中国文化与其他民族文化接触的成果,是相互接触后衍生的。

或许人类将语言文字用于一切祝福和诅咒中的做法本来就拥有相同的遗传因子。正如吕叔湘所言的"说话（以及写文章）是一种社会活动，语言是社会活动的产物；文字是语言的化身"[13]。

在中国，各族人民都有崇拜自然的民俗信仰，如对水的崇拜。在原始信仰中，人类对水的崇拜最为古老也最为直接。万物生长靠太阳，可是万物也都必须依赖水而存活，水自然而然成了人类社会顶礼膜拜的神物。一人得道鸡犬升天的俗语似乎也可以用在对水神的膜拜上。在民间，除了直接崇拜水以外，生活在水中的鱼、龟以及臆想出来的蛟龙都被看作水神的替代物。这类记载常常出现在文献典籍之中。司马迁在《史记·秦始皇本纪》中记载："始皇梦与海神战，如人状。问占梦，博士曰：'水神不可见，以大鱼蛟龙'为候。"早在西安半坡的彩陶文化时期，人们已经有了敬仰水神的宗教意识，出土的人面鱼纹彩陶盆就是见证物。中国境内的塔吉克族，相信一位女神造福人间时，得罪了天神而受到惩罚，泪水不断成为水源。由此，他们崇拜坚固高高悬起的冰川慕士塔格峰，尊称该峰为"冰山之父"。塔吉克斯坦境内的古代粟特人也有自己的信仰。《酉阳杂俎》卷四记载："突厥事祆神，无祠庙，刻毡为形，盛于皮袋，行动之处，以脂酥涂之。或系之竿上，四时祀之。"祭祀形式与他们的生活习俗一致。

语言文字可以传递文化，对民族具有凝聚作用，所以从有国家以来，统治者或曰政府都很重视语言政策。1898年，马建忠在《马氏文通·后序》中言："所以群今人之意一者，则有话；所以群古今人之意者，则惟字。"语言文字的文化传递功能的重要性，东汉许慎也在《说文解字·序》中有深刻阐释。他说："善文字者，经艺之本；王政之始，前人所以垂后，后人所以识古。"汉代中外文化交流频繁，除了朝鲜半岛、越南、日本外，最引人注目的是与今日的印度和中亚地区的交流。而与中亚地区的往来得力于丝绸之路的开通。中国文化受到最大影

第二章　语言、文化与环境

响的也是经由丝绸之路的西佛东来。佛教中的许多词语融入汉语词汇系统,在语音方面,汉代语言文字学者在梵文字的影响下,发明了以反切代替原来的直音。到了三国时期的魏,经学家孙炎首次将反切用于《尔雅音义》的注音。王力先生给予的评价是"(这是)中国语言学史上值得大书特书的一件大事","证明了汉族人民善于吸收外来文化并结合汉语特点来为中国服务"。[14]

我们在学习一种语言和传播自己民族语言之前,了解对方和自身的语言政策是有必要的。语言政策是人类社会群体在言语交际过程中根据对某种或某些语言所采取的立场、观点而制定的相关法律、条例、规定、措施等。哈萨克斯坦社会语言学家苏莱曼诺娃(Э. Д. СулейМеноВа)则认为语言政策"是(一个国家)民族、社会和文化政策的组成部分,是国家调整与社会语言关系相关的活动范畴。语言政策也指发展社会语言关系的战略方针,该方针通常在宪法和国家专门法规中得到强化。与其他政策一样,语言政策的中心内容是权利问题及权利的获得、构筑和应用"[15]。对语言的控制和相关政策的制定是现代国家政策中一项十分重要的内容。在国际交往中少不了语言文化层次的交流,因而对于语言政策的研究也是语言学者的重要使命。中国和哈萨克斯坦共和国、吉尔吉斯斯坦共和国、塔吉克斯坦共和国、乌兹别克斯坦共和国、土库曼斯坦共和国都制定有各自的语言政策,我们建设"一带一路"经济带,要在国家语言政策的法律框架内行动,同时也要结合全球化的国际背景。每一个民族或者居住于某一区域的群体在认识自然界和人类社会的历程中形成自己的文化传统,人们在社会生活交往时会通过各种方法手段交流对客观世界的认识。中国与中亚五国等由多民族组成的国家,需要在国家统一官方语言的基础上发挥方言或少数民族语言在文化世界发展变化中的作用,使得我们的人民在运用语言进行文化传播交流时也能自主顺畅地将自己民族或者生活的地区对客观世界的反应传播出去。

在向外传播语言文化之前,了解对方的语言状况更是必不可少的一项工作。语言状况指一个国家或地区的语言构成、语言关系、语言地位与功能,以及政府管理语言采取的语言政策等情况。[16]因为语言政策是公共政策的重要组成部分,影响着语言状况。因此在建设推动我国与中亚五国"五个互通"中,关注"一带一路"的语言状况,才能有针对性地解决语言文化引发的误解误会。语言具有国家职能的特性。语言的国家职能是指:"作为国力强弱的重要标志,语言既是软实力,也是硬实力;作为维护国家安全的战略武器,语言既是防御屏障,也是进攻利器;作为信息技术的处理对象,语言是新兴科技的引擎,更是经济转型、产业升级的助推剂;在治国理政方面,语言既是文化传承、道德感召的载体,也是维护社会公正的工具,对外是展示国家形象、处理国际关系的润滑剂。"[17]"语言是人类社会特有的产物,在个人、社会和国家三个层次上发挥着不同的功能。对个人而言,语言是思维工具;对社会而言,语言是交际工具。在全球化和信息化的今天,语言不仅仅是交际的工具,更是创造经济价值和社会效益的宝贵资源。"[18]语言会随着社会的变动而变动,而语言中给事物的词汇和语音以及组合方式远比制度或者政策稳定。任何一个民族的语言使用习惯都是一代一代人继承而来的,是其重要的文化习惯,是不容易为外部力量所改变的。在交际往来中,我们应该彼此尊重这些习惯。

对于语言的制度特性,国家语言政策对于国家统治的重要性方面,孔子早有精辟的论述。《论语·子路》云:"子路曰:'卫君待子而为政,子将奚先?'子曰:'必也正名乎!'子路曰:'有是哉,子之迂也!奚其正?'子曰:'野哉由也!君子于其所不知,盖阙如也。名不正,则言不顺;言不顺,则事不成;事不成,则礼乐不兴;礼乐不兴,则刑罚不中;刑罚不中,则民无所措手足。故君子名之必可言也,言之必可行也。君子于其言,无所苟而已矣。'"孔子认为用词不当不应该出现在礼制上。又《论语·子路》中记载孔子回答定公的发问:"一言而可以兴邦,有诸?"孔子对曰:"言不可以若是其几也。人之言曰:'为君难,为臣不易。'如知为君之难也,不几乎一言而兴邦乎?"曰:"一言而丧邦,有诸?"孔子对曰:"言不可以若是其几也。人之言曰:'予无乐乎为君,唯其言而莫予违也。'如其善而莫之违也,不亦善乎? 如不善而莫之违也,不几乎一言而丧邦乎?"孔子论述了社会政治环境对言语行为的制约。

中亚五国都经历过以其他民族语言为该地区主要语言的历史,如20世纪的俄语。这是一种被动式的跨语言文化交流。当中亚五国宣布独立后,均就国家的语言政策进行了专门立法。中亚五国人民均有提升各自主体民族语言地位的强烈愿望和要求,政府顺应民意,从法律层面彰显体现保护主体民族语言和其他民族语言的社会重要性。为语言专门立法的目的在于"通过立法确定国家官方语言和标准语及其使用,确定某些语言在本国的法律地位,规定各民族语言的关系,确保各民族的语言权利和公民个人的语言权利,减少或防止语言矛盾与冲突,从而使语言更好地发挥其交际功能"[19],为语言立法与中亚五国的历史相关,也有助于厘清民众的困惑。比如,吉尔吉斯在苏联解体之前的1989年9月23日,通过了一部《国家语言法》,宣布吉尔吉斯语为国语,俄语为交际语。1991年,吉尔吉斯斯坦政府又颁布了《关于确保国家语言在吉尔吉斯斯坦领土上发挥作用的措施》的法令。法令中的"国家语言"即指1989年颁布的《国家语言法》中的"吉尔吉斯语为国语",显然这是为进一步加强吉尔吉斯语的国语地位而再次发布的命令。时隔两年,在2001年的《2000年至2010年吉尔吉斯共和国国家语言法发展规划》十年期语言规划出台。2004年2月12日,一份新的《国家语言法》在议会上通过。这部法律再次宣布吉尔吉斯语是国语,重申了吉尔吉斯语在国家的地位。新《国家语言法》规定,国家公民在每一个阶段的教育都应当以吉尔吉斯语为基本学习语言,各类教育机构的授课语言要使用吉尔吉斯语,军队、政府机构、媒体等都应以吉尔吉斯语为工作语言或媒介语言。2007年10月23日,并以全民公决的形式通过了《宪法》中第五条专就语言问题做出的规定。在2010年7月2日,生效的新《宪法》第10条和第16条又再次重申了2007年10月23日《宪法》中第五条相同的原则。吉尔吉斯斯坦在独立后的近20年时间内,先后颁布了《国家语言法》(1989)、《关于确保国家语言在吉尔吉斯斯坦领土上发挥作用的措施》(1991)、《2000年至2010年吉尔吉斯共和国国家语言法发展规划》(2001)、新的《国家语言法》(2004),尤其是2007年和2010年两度在国家《宪法》中对吉尔吉斯语作为国语的法律地位做出了明确规定。由此可见,吉尔吉斯斯坦独立后,对民族语言问题的重视程度。吉尔吉斯斯坦政府从国家层面,以法律为准绳对国家主体民族语言不断地进行着提升、巩固。

语言虽然是整个人类共同创造的,但由于各个族群长期生活的自然环境不同,生活习俗有别,他们认识客观世界的观念也产生了或大或小的区别。如中国人的观念体现在对语言的崇拜、语言与社会的关系、语言交际能力和功能的重视,在进行沟通时,注重言辞技巧的使用,崇尚委婉表述个人情感意愿,开门见山直来直去式虽不完全排斥但也不会受到欢迎。在各种语言生活实践中都有着重视趋吉避凶和对姓名的避讳习俗。趋吉避凶是每一个民族都有的习俗。比如,汉语常常利用同音字谐音取义。在伊斯兰宗教里,有一个贝克塔希派,他们把真主、自然人、语言中的语音、文字建立联系,"认为表现真主形象的是人的脸部,作为人的标记的是语言,而语言又是以阿拉伯文的28个字母来表达,这些字母包含了关于真主、人类和永恒的一切神

第二章 语言、文化与环境

秘"[20]。所以,我们在异质文化之间进行交流时,应该秉持入境问禁、入乡随俗的原则。一定要尊重和理解对方的文化习俗和语言禁忌,以便顺利地完成预期的交往。我们解决语言沟通的障碍是一项非常重要的工作。世界上没有哪一种语言不能被异族理解,也没有哪一种语言不能被他族人民学习和掌握。习以为常的言语形式和所运用的词语是能够确定社会已经存在的事物。语言是可视的具象,可感知的现象。李明宇认为语言不仅仅是交际工具,还是"社会语言权利问题"[21]。语言问题不仅是一个国家的内部问题,也是在国际交往中必须注意的跨语言交流问题,更是首要问题。

在世界历史上,"丝绸之路"是一个著名的世界文化符号。其实历史上从来没有一条单一的连续具体的丝绸之路,有的只是东西方之间一连串的贸易市场。有的是考古发现的文字材料和文物材料,宗教文化传播以及中亚地区与古老中国之间文化互动的迷人故事。相比之下,这些商路上传播的思想、技术和艺术图案则具有更大的意义。芮乐伟·韩森(Valerie Hansen)在其《丝绸之路新史》一书中记述了希伯来语祷文的例子。芮乐伟·韩森在书中说:"敦煌藏经洞文书共约四万件,其中绝大多数为汉语或藏语文书。梵语、粟特语、回鹘语、于阗语、希伯来语等其他语言的文书引起学者极大兴趣。因为若没有这些文书便无法得知敦煌有其他民族存在。这件藏经洞中唯一的希伯来语文书是一篇十八行的祷文,每句都引自《圣经·诗篇》。这件被多次折叠放入小袋子中的文书很可能是当作护身符被人从巴比伦带到中国来的。"我们可以推测:里面一定有互通语言的智慧者。爱德华·萨丕尔说:"语言通过三种方式受到影响:在主题或内容,即词汇上受到影响;在语音系统,即在构词中起作用的声音系统受到影响;在语法形式,即在言语中使用的形式程序以及逻辑或心理类别上受到影响。"[23]他又说:"一种语言的词汇最能够清楚地反映说话者生活的自然环境和社会环境。"[24]一种语言中词汇的概念意义和观念意义,词汇意义的磨损或附加意义的有无都与自然环境和社会环境保持一致。

　　文化,我们这里主要指通俗文化。通俗文化里的减缩口语很多,尤其是在日常口头交际时,这在各种语言中都存在。在实际交际中,有时可能语言是指称真实事件,即直接叙述;但有时可能是一种隐喻,即采用了一定的修辞方式。困难的是不同语言的隐喻或者说语言意义的转移是不同的,如果将甲种语言里的某一个词语在语句中的转移意义直接套用到乙种语言里,可能很容易引起误解。比如,汉语在说到能支撑一个平面物体的东西时,如支撑椅子面或桌子面的木棍或金属棍棒,就可以说成"腿",椅子腿或桌子腿。可是,在俄语中则不行。俄语的[no′ga]"腿"不用于椅子或桌子的腿。[25]不同民族,语言词语也会有不同的特殊意义。比如数目字,中国人喜欢双数,成双成对是吉祥数字,3、6、9三个数字也是很吉利的数字。俗语有"三六九朝上走"。单数中的5、7被认为是不好的不吉利的数字,但是也不尽然。传统上有五方、五色、五味,当代有些人员住房楼层的选择上也迷信"上八下七"的说法。由于20世纪,中国南方,尤其是广东地区首先进行了经济改革,最先富裕起来,其方言粤语也得以流行全国。它们方言中在说到数字"8"时,语音接近汉语普通话(中国通用语)的"发"的语音。"发"又有"发财"之意,所以,数字"8"也自然受到了特别的喜爱。无论什么号码,都喜欢里面有"8",以至于有人愿意花很大一笔钱购买含有几个"8"的数字用于车牌。但是中亚五国,保留有自己的文化观念,对数字有自己的好恶。他们不喜欢"13"这个数字。"从文化哲学的视角来看,文化是有层次的,从外而内,大体可分为物态文化层、制度文化层、行为文化层和精神文化层。不同的文化层次由于价值密度不同,对外来异质文化的抗阻力也不同。一般而言,物态文化层面价值密度最小,文化抗阻力最弱,其对异质文化的吸纳、融合也较

第二章 语言、文化与环境

为容易。但是,文化层次越往纵深延伸,其对异质文化的拒斥力便越大,乃至于到精神文化的核心层次,由特定民族历经悠久历史所蕴化出来的价值观念、审美情趣、思维方式等因素已经积淀成为民族文化心理结构,是最稳定、最难改变也是最难与异质文化沟通的。"[26] "换言之,其他国家和地区的经济利益需求才是推动古代丝绸之路发展的动力。而在当前推进'一带一路'建设的过程中,国内舆论显然存在夸大中方单方面推动能力的倾向,致使人们常常忽略其互动性的本质特征。"[27]

在中国,汉语普通话是全民的交际共同语,而在中亚五国,各主体民族的语言是官方语言,俄语也是族际交际语言。汉语言与中亚五国语言在常用词领域具有一致性与独特性。常用词一般是人类日常生活中的用语,如吃喝拉撒睡。按照人的生物特点可以分为男性和女性,两性之间在某些方面的用语是有区别的,只不过有的明显,有的不明显。如德语、日语是有性别区分的,汉语在语法表象上没有,但在实际用语中还是有的。在中国,一些粗俗的言辞男性可以使用,而女性绝对不可以使用。即使表示赞美之词,男女也有别。如英俊、帅气用于男性,妩媚、娇柔用于女性。再比如,家庭是每一个社会最基本的细胞,亲属称谓存在于每一个民族中,但又有其特殊性。语言是人与人之间最直接明了的交际工具。语言词汇往往蕴含有民族文化或历史文明的基因。

中国和中亚五国的人民都是历史上适应性很强的族类,也是利用自然环境最有效的族类。古代中国和古代中亚地区的人民互相接触,扩大活动范围,相互融合,在融合中推动这一地区的文化发展。中亚五国,人们在族际之间交往、买东西、举办宴会时,习惯上还是使用俄语。中国与中亚五国之间存在跨境民族,即在我国56个民族中,有这五国的跨境民族。我国跨境民族使用的语言文字是本民族语言文字还是国家通用语和文字,值得研究。了解在国内边境地区,跨境民族之间的词汇是否完全相同,汉语言文字的传播和接受现状又是否好于其他地区。这对构建融通中外的国家对外话语体系的对策是极富建设性意义的。人员的往来,促进了双方文化的接触,文化的接触又增加了语言的借用乃至自然融合。当然文化在接触传播中也悄无声息地对语言产生着巨大影响,如经古丝绸之路,佛教词语大量进入汉语词汇系统。公元前1世纪,佛教传入中亚,又继续东传到中国。在公元1世纪,中亚的贵霜帝国和中国的汉帝国文化上相互影响,欧亚大陆文明相连接。从人员往来的现象来看,是文化影响着异国人民之间的深层交流。仔细分析的话,首先是落实到语言上。正如邢福义先生所言:"语言对于文化的影响,首先就表现在它对文化世界的影响。作为人类社会的最重要的交际工具和最重要的思维工具的语言,在文化世界的建构,文化世界的传承以及文化世界相互碰撞交融等方面,发挥着其他因素难以替代的作用。"[28] 传统中国,重视语言的伦理社会功能,当今依然有这样的倾向。

第一节 中亚五国的语言、文化与环境

言语方式体现着一个民族的哲学思维模式,词语和句式结构反映了一个民族对客观世界和主观世界的基本理解。比如阿訇(波斯语音译,意思是老师或学者)和毛拉(伊斯兰国家或地区中对人的一种敬称,也是伊斯兰教职称谓)是神职人员的称谓。再比如汉语词"村长""鹰""湖""新"音译的话分别是"巴依""沙辛""库里"和"扎吉德"。"扎吉德"一词始于20世纪初,专指新的教学方法,用于国民教育方面,近似于中国的新文化运动,后来也用于社会改革。1905年,对塔吉克人和乌兹别克人称为"Capt",音译为"萨尔特"。在中亚地区,语

言和文字有的是相合的,而有的却是分离的,这一特点,需要我们注意。

在古代,生活于中亚地区的族群由于自然环境和战争,经常由一地迁徙到另一地,导致没有恒久的唯一一种语言持续下来。所以"在中亚语言的改变是常态,语言的延续则不是"[29]。公元5世纪末,中亚地区战争不断,进入一个大动荡时期。政治更迭,统治者为争夺贸易通道的控制权,穷兵黩武。在这样一个族群众多的区域,哪一个族群成为地区霸主,哪一个族群的文化与民族语便成为主流和强势语言。公元8世纪,中亚地区的官方语言以阿拉伯语为主。公元11世纪至公元13世纪,又转而通行波斯文和阿拉伯文。20世纪20年代末,中亚五国属于苏联,开始文字改革,将突厥文阿拉伯字母拉丁化,20世纪40年代,又完全改用俄语。社会政治环境影响着独立前的中亚五国,也左右其语言。在苏联解体前夕,中亚各国已经开始重视恢复民族语言的工作,都颁布了语言法,在宪法中确立了主体民族语言的国语地位,将俄语降为族际交际语。这一规定在俄罗斯族群中引起不安。统计数字表明,哈萨克斯坦622万俄罗斯人中只有0.9%的人能够流利掌握第二语言哈萨克语。1995年通过的哈萨克斯坦新宪法虽然没有明确赋予俄语为第二国语的地位,但规定在国家组织和地方机构中,俄语和哈萨克语一样可平等地正式使用。在乌兹别克斯坦、土克曼斯坦和塔吉克斯坦,母语的使用比哈萨克斯坦和吉尔吉斯斯坦两国更广泛,但俄语在这些国家当中也可以广泛使用。中亚五国的双语教育经历,决定母语是独立后的官方语言,但是政治上的俄语影响不可能在短期内消除。要展示一个民族的独特性和了解一个民族的特质,只有通过这一民族的语言才能正确地理解该民族的思维模式和其传统的民俗文化。

中亚地区民族众多,世居民族即五个共和国的主体民族和俄罗斯民族是构成中亚五国的主要民族成分。居住生活在中亚地区的各民族都有着自己的民族语言,在 20 世纪,官方语言和教育语言全都是俄语。由于政治原因,在哈萨克斯坦,爷孙之间几乎不能使用民族语进行对话。哈萨克斯坦总统纳扎尔巴耶夫撰文指出:"主体民族的语言(指哈语)未在国家机关里使用,成了生活的'厨房'的语言了。几乎有30%的哈萨克人要么一般不讲哈萨克语,要么就掌握得很差。爷爷已经不能用母语同自己的小孙子谈话了。"

在中亚地区,居民多为突厥语民族,也有中亚学者称其为突厥斯坦。操突厥语族语言与伊朗语族(其主要方言区是古代的波斯语)语言的民族人数较多,其次为操斯拉夫语族语言的人。中国古代文献记载的安息语(Parthian)、粟特语(Sogdian)、塞卡语(Sakian)属于中世纪的伊朗语。中亚五国中操突厥语族和伊朗语族语言的各民族和东干族都信仰伊斯兰教,多数属逊尼派,也有部分塔吉克族属什叶派。1991 年苏联解体后,中亚五国分别独立,成立主权国家。但是仍与俄罗斯保持着密切联系,截至 2013 年,除了土库曼斯坦之外的四个国家均为"独联体"(CIS)的成员。何俊芳在其《中亚五国的语言状况》一文中指出:"除乌兹别克人、哈萨克人、吉尔吉斯人、土库曼人、塔吉克人和卡拉卡尔帕克人等原住民族外,在这些共和国中还居住有众多其他外来民族。这种多民族分布格局致使中亚地区的语言状况历来呈现出复杂的局面。"[30]文章认为"大部分民族的语言主要是作为区域性的方言存在和使用的,而族际间的交往一般是通过消极、双向的双语和混合的方言进行的。该地区有文字的各民族除使用本民族文字外,还使用阿拉伯文、波斯文和俄文等。该地区的民族教育体系是由教会学校、清真寺附属小学,用阿拉伯语及波斯语教学的宗教学校和用俄语教学的俄罗斯中学、实验中学等组成的。俄语在该地区行使着官方语言的功能。所有国家机构如行政管理、司法、财政和其他部门的工作语言都是俄语。除用俄语出版定期的刊物和文献外,俄语还被用于交通和通信方面。俄语也是当地族际交往的主要工具。"原因是"苏维埃政权建立初期,原住民族乌兹别克人、哈萨克人、吉尔吉斯人、塔吉克人、土库曼人、卡拉卡尔帕克人的语言与俄语一起开始比较广泛地使用于他们的社会政治、大众媒介、教育、科学和文化生活中"。在"苏联解体后,中亚地区的社会和政治格局开始发生变化。由于语言使用情况的变化是缓慢进行的,因此,自20世纪80年代末期以来在中亚地区形成的语言状况至今并没有太大的变化"。[31]可见,语言的实际状况并不是随着政治环境的改变而立刻改变的,某一种语言在一定的社会环境里的强弱变化是有一个时间过程的。

中亚五国地处内陆,自然地理环境属于内陆草原模式,草原文化特征突出。关于草原和草原动物的语言词汇比其他地区丰富。但是农业种植类和海洋、水产类的语言词汇明显缺乏。中亚五国的宗教权力至高无上,个人又较为散漫,语言均为字母文字,多音节词语,富于想象力。现代中亚突厥语是在古代突厥语的基础上发展而来的,从汉语借入的词语较多。比如塔吉克斯坦"茶"的发音叫"猜尔",跟中国"茶"字的发音相近似。

大约在公元722年,伊斯兰征服了撒马尔罕,波斯语逐渐取代了粟特语,伊斯兰教取代了祆教[32]。中亚五国的宗教信仰主要是伊斯兰宗教,这方面的语言词汇很多,对此广大民众的认知基础好,而对于佛教、道教和儒家学说陌生,甚至没有认知基础,学习使用有关语言词语时很困难。伊斯兰教的影响遍及文学、哲学、艺术等社会科学,而且极为显著地体现于意识形态。16世纪上半叶,大毛拉(又称卓·哈珊尼)马赫杜木·艾札木精通神学,对伊斯兰《古兰经》进行了注释,成为著名的神学家。他属于叶纳黑什班德僧团。[33]

哈萨克斯坦由于政治原因,语言政策有三次大的变动,前两次不是主动行为,第三次是独立行为。第一次是在苏俄时期,执行语言本土化政策;第二次是在斯大林时期,语言执行俄罗斯化政策;第三次是在哈萨克斯坦独立后,宣布将哈萨克斯坦语作为唯一国语的政策。1989年9月22日,哈萨克斯坦共和国正式颁布的《哈萨克苏维埃社会主义共和国语言法》对"语言"进行的界定是:"语言是一个民族最伟大的财富和不可分割的特征,民族文化的繁荣和作为历史上形成的稳定的人们共同体的民族本身的前途与语言的发展及其社会功能的扩展具有必然的联系。"显然,哈萨克斯坦的语言政策是把本国主体民族语言放在首位,以民族文化认同对语言性质进行的阐释。所以1989年9月28日,哈萨克斯坦在颁布的《哈萨克共和国语言法》中规定哈萨克语为国语,俄语为族际交际语。1995年8月通过的哈萨克斯坦共和国宪法中又一次明确规定哈萨克斯坦国语为哈萨克语。1997年7月颁布的《哈萨克斯坦共和国语言法》再次明确规定了国语为哈萨克语。1995年8月哈萨克斯坦共和国在通过的第二部宪法中则对关于语言的条款进行了修改,但是依然明确规定:在国家组织和地方自治机构中,俄语和哈萨克语一样,平等地正式使用。规定了俄语也是官方语言和教学语言。1996年2月28日,哈萨克斯坦总统纳扎尔巴耶夫在题为《新世界中的新哈萨克斯坦》的当年的国情咨文中,提出要分阶段落实"三位一体语言"的文化项目,同时指出,哈萨克语是国语,俄语是族际交流语言,英语是顺利进入全球经济一体化的语言。[34]

哈萨克语属阿尔泰语系突厥语族西匈语支克普恰克语组。哈萨克语的方言差别较小,多表现在语音、词汇方面,其标准语是在东北部方言基础上发展起来的。[35]哈萨克信仰伊斯兰教后使用阿拉伯字母,1929年改用拉丁化文字,1938年又改用斯拉夫字母,至今使用以斯拉夫字母为基础的文字。哈萨克斯坦共和国独立后,在语言政策的指导下,一些地方专有名称由俄语改回历史原有的哈萨克语。如哈萨克斯坦和我国边境小镇德卢日巴（Дружба），俄语的意思是"友谊"，现改用哈语表示"友谊"的名称是"多斯特克"（Достык）。[36]在哈萨克语词汇中，第二人称代词有相当于汉语词汇的"你"和"您"，分别写作 sen 和 siz。疑问词"吗"与汉语语音相同，写作"ma"。在哈萨克语汇中，畜牧业的词最多。哈萨克语的借词主要是来自阿拉伯语词、波斯语词和俄语词，尤其是科学技术方面的术语多是从俄语借入的。独立后的哈萨克斯坦国越来越重视中文教学，汉语学习与英语学习的需求差逐渐减小，如哈萨克斯坦总统的女儿正在学习汉语，副总理纳扎尔巴耶娃在 2016 年 2 月曾说，哈萨克斯坦的孩子除了学习哈萨克语、俄语和英语外，还应该学习汉语。[37]"语言是人类最重要的交际工具"已经是人类社会的共识。

1992 年 10 月，努尔苏丹·阿比舍维奇·纳扎尔巴耶夫在第 47 届联合国大会上说："今天常常遇到把少数民族的权利与民族自决权直到建立独立国家的权利混为一谈，如果坚持这一立场，世界上就会出现数千个小国家。"他认为国际社会应看到少数民族的权利和明确这些权利的标准，"否则将会在民族自决权的掩盖下怀疑任何多民族国家的完整性和统一，分裂主义将永无止境"。为此，哈萨克斯坦政府在新宪法中已取消了关于民族自决权的提法。在反对民族自决权的同时，哈萨克斯坦政府提倡民族文化的多元性，在此基础上实行民族文化自治，现已建立了 100 多个民族文化中心，以发展各民族语言文化，保持各民族风俗传统和民族特征。

乌兹别克斯坦共和国（乌兹别克语写作 o'zbekiston Respublikasi）1990 年 6 月通过了《主权宣言》，宣布乌兹别克语为国语。1992 年 12 月，乌兹别克斯坦政府通过了独立后的第一部宪法，其中规定，乌兹别克语是乌兹别克斯坦的国语。目前在乌兹别克斯坦，从小学就开始用乌兹别克语教学，大多数人在日常工作、生活中是使用乌兹别克语的。

俄语的社会地位下降,各大学把俄语列为外语课程,并要求乌孜别克族大学生必须学习乌孜别克语。乌孜别克语(Uzbeg)属于阿尔泰语系(Altaic)突厥语族(Turco－Tartar)西匈语支噶逻禄语组,与维吾尔语非常接近。乌孜别克语的数词、人称代词、指示代词、疑问代词、否定代词的语法意义与维吾尔语基本上近似,只是语音上略有不同。此外,动词的式、态、时、人称等语法形式以及形动词、副动词、助动词、不完全动词及不定式等形式也都与维吾尔语基本上一致。乌孜别克语中的连词也与维吾尔语的基本一致,但是在语音上有差别。乌孜别克语与哈萨克语、吉尔吉斯语在某些词语的意义上也有近似之处,如乌孜别克语的"qændæj"是"什么样的"意思,该词的语义和哈萨克语、吉尔吉斯语表示"什么样的"语义相似。乌孜别克语有三大方言群,分为西北(克普恰克)、西南(乌古斯)和东南(噶逻禄或察哈台)三个方言群,东南方言群是乌孜别克标准语的基础方言,塔什干语音是标准音。乌孜别克族在历史上曾经长期使用以阿拉伯文字为基础的文字,1929年采用拉丁化文字。在1940年以前,使用"察哈台文",之后一直采用以俄文字母为基础的文字。乌孜别克斯坦语和俄语同为官方语言,刊物采用乌孜别克斯坦文字和俄文。

乌孜别克斯坦共有134个民族,是一个多民族多语种的国家。其中乌孜别克族占78.8%,塔吉克族占4.9%,俄罗斯族占4.4%,哈萨克族占3.9%,卡拉卡尔帕克族占2.2%,鞑靼族占1.1%,吉尔吉斯族占0.7%。其他民族是土库曼、乌克兰、维吾尔、亚美尼亚、土耳其等。有90%以上的人口信奉伊斯兰教,是一个政教分离的国家。乌孜别克斯坦也是中亚地区人口最多的国家,是该地区第一军事大国。

撒马尔罕是乌孜别克的一座古老城市,也是古丝绸之路上的商品集散地之一,与中国有频繁的贸易文化交往。当时的居民属于粟特人,为古代世界文化的传播做出了重要贡献。芮乐伟·韩森(Valerie

第二章 语言、文化与环境

Hansen)对古代居住在撒马尔罕的原居民粟特人有较为详细的描写。原文如下:

> 粟特人是丝路文化的诸多贡献者之一。他们是住在今日乌孜别克大城撒马尔罕或附近的一个族群。中国与粟特人家乡粟特地区的贸易在西元五〇〇至八〇〇年间达到顶峰。出土文书载有姓名的商人大多来自撒马尔罕或是他们的后裔。他们说著一种被称作粟特语(Sogdian)的伊朗系语言,许多人遵从古代伊朗先师琐罗亚斯德(活动于西元前一千年前后,希腊文称作 Zoroaster)的祆教教义,他教导人们说实话乃是至高无上的美德。[38]

今日的乌孜别克斯坦国也有相当数量说伊朗语的族群。乌孜别克斯坦首都塔什干保留有 16—19 世纪的宗教建筑。塔什干的巴拉克汗经文学院和布哈拉的大礼拜寺都是著名的伊斯兰宗教建筑物。其中阿不都拉二世时期建筑的一所经学院的高大拱门上刻有《古兰经》。经文的字母大而醒目。1920 年 9 月 7 日,由列宁签署,建立了国立塔什干大学。

在乌孜别克斯坦的东部还有一座古老的城市——费尔干纳。今天生活在乌孜别克的费尔干纳山谷的居民,是公元前 200 年左右分裂的月氏中大月氏的移民后裔,小月氏依然留在故土中国甘肃境内。[39] 布哈拉在泽拉夫尚河三角洲,是具有 2500 年历史的古丝绸之路的重镇之一。布哈拉是乌孜别克斯坦的第三大城市,如今已成为中亚的文化中心。公元 17 世纪前后,从中国运出的大量丝绸、布匹、瓷器、大黄、茶叶等商品主要是通过布哈拉再转运到莫斯科和西欧。费尔干纳、撒马尔罕和布哈拉还是中亚地区的伊斯兰宗教中心。

吉尔吉斯斯坦主张和平中立的外交。吉尔吉斯斯坦国家领导人说,奉行"和平中立"的外交政策是有历史原因的。因为在过去若干世纪内,吉尔吉斯斯坦一直处于"丝绸之路"两端的中间点,长期受东西方文化的熏陶和影响,和平中立思想在吉尔吉斯斯坦人们的意识中早已根深蒂固了。[40] 1989 年 9 月,吉尔吉斯通过了《吉尔吉斯苏维埃社会主义共和国国语法》,规定吉尔吉斯语将在社会政治生活的各个领域起到国语作用。1993 年 5 月,在通过独立后的第一部宪法中,重声了吉尔吉斯语是吉尔吉斯斯坦的国语。2000 年 5 月,吉尔吉斯斯坦通过的《官方语言法》中规定,俄语为吉尔吉斯斯坦的官方语言,官方语言受国家的保护,国家机关为使官方语言发挥作用并为发展创造必要条件。2003 年 2 月,吉尔吉斯斯坦又通过了新的宪法草案,在该草案中再次确定国语为吉尔吉斯语,同时确定俄语作为官方语言使用。2004 年 4 月,阿卡耶夫总统再次强调,在吉尔吉斯斯坦,俄语会受到坚决保护,俄语和吉尔吉斯语将永远共同存在。[41]

吉尔吉斯语属阿尔泰语系突厥语族东匈语支吉尔吉斯·克普恰克语组。吉尔吉斯语有南、北两个大方言区,当今的标准语是在北部方言的基础上发展起来的。在文字使用的历史上,吉尔吉斯记录民族语言的文字符号经历过几次大的改变。早期是使用突厥文字记录语言的,到了 1924 年,苏维埃政府正式订正颁布了以阿拉伯文字母为基础的吉尔吉斯文字母表,但是从 1928 年开始使用以拉丁字母为基础的新文字,在 1941 年又改用以斯拉夫字母为基础的吉尔吉斯文,一直使用至今。吉尔吉斯语汇中以畜牧业方面的词语义项区分最为细致,模拟词语特别丰富,分为声音模拟词和形象模拟词。[42] 吉尔吉斯语与哈萨克语有很多的同源词。吉尔吉斯是一个多民族、多种宗教信仰的国家。除了主要的伊斯兰宗教外,东正教、基督教和犹太教也拥有一定数量的信奉者。如今俄语仍然是各民族之间最重要的交际工具,是吉尔吉斯人学习俄罗斯及世界其他民族语言和文化的媒介语言。

吉尔吉斯斯坦北部的托克马克是古代的碎叶城,在当时是西突厥的首都,是古代东西方交通要道。玄奘西天取经(唐贞观初期公元627—649年)曾经抵达此地,据考证,唐代大诗人李白出生于此地。生活在吉尔吉斯的东干人是我国的回族同胞。首都比什凯克,汉语翻译为"伏龙芝"市。

塔吉克斯坦是一个多民族国家,境内有80多个民族。塔吉克斯坦国民的绝大部分信仰伊斯兰教,穆斯林人中以逊尼派为主。塔吉克斯坦有1387千米长的边界线与阿富汗接壤,因而阿富汗的多年内战对塔吉克也产生了很大影响。独立后的塔吉克斯坦在1994年11月通过了第一部宪法,其中规定塔吉克语是塔吉克斯坦的国家语言,俄语是族际交际语言,也是在国际事务中使用的语言。但在塔吉克斯坦,俄语作为"族际间交流用语"的地位仅仅体现在宪法中。1999年公布的塔吉克斯坦新宪法再次重申了这一规定,但同时指出语言的多样性。宪法对多样性的阐释是"所有居住在共和国境内的民族和部族,有权自由使用其母语"。塔吉克斯坦是中亚五国中唯一主体民族是非突厥族系的国家,塔吉克语属于印欧语系的伊朗语族,与波斯语实为同一种语音,都是在波斯古典文学语言的基础上发展起来的。塔吉克语词中有较多的俄语借词,音节结构分为开音节和闭音节形式。历史上的塔吉克语文字有过几次变更,早期采用以阿拉伯字母为基础的波斯文字,1930年改用拉丁字母拼写自己的语言,1940年又改用斯拉夫字母来记录。

塔吉克人是中亚的土著居民,也是最古老的民族。他们大部分居住在泽拉夫善河流域的布哈拉和费尔干纳的浩罕汗国各地,一部分居住在希瓦汗国(花剌子模汗国,位于今咸海南)奇姆肯特(今哈萨克斯坦南部一座城市,即南哈萨克斯坦州首府,邻近乌兹别克斯坦边界)等地。塔吉克语在16世纪依然是通用语言,属于官方语言,但是在经学院要用阿拉伯语进行教学。在塔吉克斯坦,80%以上国民信奉伊斯兰教,大多数是逊尼派,但是居住在帕米尔[43]一带的国民属什叶派的伊斯玛仪支派(Isma'iliyya,是伊斯兰教什叶派主要支派之一,也称七伊玛目派)。其他宗教是基督教、犹太教、巴哈伊教和东正教等。

土库曼斯坦于1992年通过了独立后的第一部宪法,其中规定土库曼语是土库曼斯坦的国语。[44]同时宪法规定,宗教组织与国家教育系统相分离。在土库曼,大多数人是伊斯兰教逊尼派信徒,伊斯兰文化在社会生活中占有重要地位,人们的言语举止严格地遵循伊斯兰教义。土库曼语属阿尔泰语系突厥语族西匈语支乌古斯语组,与土耳其语、呷高乌孜语、撒拉语较近。土库曼语分为两大方言群,由中、西、东部形成的一个方言群,另一个是与伊朗交界的南部方言群。土库曼族的标准语是在中部阿哈尔-特金方言的基础上发展起来的。在16—18世纪,土库曼社会结构曾经是以封建宗法制和血亲氏族制相结合的氏族部落社会。最高统治者是"汗王",其他部落首领是由"伯克""酋长""族长"组成。这些首领均为部落大会民主选举产生。社会有职业军人,职业军人不仅占有大量财富,而且拥有一定份额的土地,叫作"阿特雷克"。塔吉克语的"腾格"是赋税,"几凡"是各个官员,"阿尔鲍勃"是族长。[45]"艾米尔"是最高统治者的称谓。俄语有koiiiЧИ一词,音译是科什奇,意思是劳动农民协会。巴依的意思是农牧主,苏丹是头目的意思。塔兰奇即维吾尔族,东干即回族。阿吾勒的意思是村。巴斯马奇原来是突厥语,意思是强盗,在历史上,也有被移植为"侠士"之意。土库曼语中的数词、代词与土耳其语的相近。但是自反代词"z"与土耳其语的"kendi"不同。土库曼语言在1927年以前采用阿拉伯字母书写,1928年改用拉丁字母书写,1940年起使用西里尔字母,1993年又恢复使用拉丁字母。1996年土库曼斯坦开始使用以拉丁字母为基础制定的新的土库曼字母表。土库曼斯坦共和国规定,从2000年起在国家机关中使用新的土库曼字母。[46]

第二章 语言、文化与环境

中亚五国政府依据国际社会环境和本国社会实际,以复兴主体民族的历史文化传统,主张使用自己民族语言的同时,也已经注意到倡导文化多元化与实行民族文化自治并行的重要性。在乌孜别克斯坦、塔吉克斯坦及土库曼斯坦,街道上的指示牌一般都用当地语言或英语标注。

为了阅读方便,我们将中亚五国的官方语言、国家语言以及所属语族、语系以列表的形式呈现如下:

国家名称	官方语言	国家语言	语族	语系	语支
哈萨克斯坦	哈萨克语、俄语	哈萨克语	突厥	阿尔泰	克普恰克
吉尔吉斯斯坦	吉尔吉斯语、俄语	俄语	斯拉夫	印欧	东斯拉夫
塔吉克斯坦	塔吉克语(俄语为族际交际语)	塔吉克语	印度、伊朗	印欧	伊朗
土库曼斯坦	土库曼语(俄语为通用语)	土库曼语	突厥	阿尔泰	乌古斯
乌孜别克斯坦	乌孜别克语(俄语为族际交际语)	乌孜别克语	突厥	阿尔泰	葛逻禄

中亚五国的官方语言分属阿尔泰语系和印欧语系,语族分属突厥、斯拉夫印度和伊朗。所以在古"丝绸之路"上从事商旅活动和文化传播的人主要是操阿尔泰语系语言的民族。我国史书中多有突厥族群的历史记录,属于斯拉夫语族的俄语也是我国学者和学校教学比较熟悉的一种语言,只在面对塔吉克语时困难多一些。但是塔吉克语在我国属于跨境语言,所以也有解决的办法。所谓的跨境语言是语言的社会变体之一,是"分布在不同国度的同一语言"[47],也就是说,同一语言分布在不同国家,是一种语言变体。

中亚五国语言政策的共同点是在宪法中明确规定国内主体民族的语言是国语,与俄语均为官方语言。只有吉尔吉斯斯坦的国语和官方语言是俄语。中亚五国的民间交际语言主要是各自的民族语言,俄语也是通用语言和族际语言。英语和汉语(中文)是学习的主要外语。

第二节 汉语言的语言、文化与环境

汉语普通话是中国人民通用的交际语,也是国家的官方语言。在中国大陆以外地区,也有称为国语的,如台湾地区。新加坡以及东南亚华人聚居区域则称其为华语。汉语是有着悠久历史的一种古老语言,是人类社会发展中唯一从未有过间断的语言。依据考古专家们的考证,生活在中华大地的人群在八九千年前已经进入新石器时代。在新石器时代,除了我们熟悉的仰韶文化、龙山文化和红山文化外,还有一支北方草原的细石文化族群。殷商时期的甲骨卜辞里屡屡出现的鬼方、土方,西周铭文记载的猃狁、东胡,到后来的汉晋时期被称为匈奴、鲜卑,唐宋时期的契丹和女真。他们是匈奴、通古斯族裔。他们基本上生活在长城外,但又一直与中原地区发生战争、融合。所以语言有差异也有借用,有分化也有融合。用来记录汉语言的文字很独特,不是字母文字,是方块汉字。方块汉字的特点是形音义相结合,具有跨时代、跨地域的特质,不受语音挟制。同一个汉字形体结构,不同时代、不同地区的人虽然写法相同、理解相同,但读音却可以完全不同。这就是说,看得懂看不懂是关键,而听得懂听不懂则无关大体[48]。汉语词汇中有着不同于其他语言的词汇,如丰富的量词。汉语量词很独特,对不同的事物用不同的量词,很精确。即使用于表述动物数量时,量词与动物种类的搭配也有严格区别。比如牛、羊、猪可以共用量词"头",但是马只能用"匹",骆驼的数量也多用量词"匹"。量词"匹"又被用于表示丝绸、布料的数量。二者之间是否与"古丝绸之路"主要贸易货品丝绸与运输工具马、骆驼有关联,则不得而知。

中国文字,主要是指汉字,与世界上最早产生的古苏美尔文字、古埃及文字等几种古文字一样都是表意体系文字。虽然中国古代就存在许多个方言区,有"雅言"和"方言"之别,但是中国文字(古汉字)具有超方言的特点,起到了稳定社会、人员沟通的纽带作用。这就是当其他语言文字走上记音的字母文字之路时,中国语言中的语音和文字继续进行内部调整,以适应社会生活的变化,一直沿着形音义相结合的模式在前行,成为世界语言中独一无二的、没有中断过记录其语音和文化的符号系统。饶宗颐先生在《符号·初文与字母——汉字树》中说:"汉字具有形与声二者的规范化的成就,而且与文学上的形文、声文密切结合,形成不可分割的共同体,故不需要字母。"他在书中引用《论语·述而》"子所雅言,诗书执礼,皆雅言也",借助宋人叶梦得的解说,认为执礼如执射、执御之例。又以郑玄的注释"读先王典法,以正读其音"进一步为佐证,说明"古代有正言,方言之分,王朝使用之雅言,与侯国不同。雅言之雅,犹夏也"。饶宗颐先生最后说:"由于古代万国林立、方言复杂。欲统一语言已不容易;至于进行语言化,用语言代替文字,更谈不到了。汉字无法走上字母道路,理由在此。而文化传统过于深厚,更无此必要。"[49]所言甚是。中国的古代文字直到当下使用的现代汉字,一直是汉民族记录汉语言的书写符号,也是中国历史文献书写采用的文字符号。在中国历史上的西汉时期,被周边外族称为汉国人说的语言是汉语,写的文字是汉字,于是"汉语"和"汉字"名称沿用至今。其实,早在夏、商、周三代时期,已经有了成熟的文字体系,依据书写材料被后世称为甲骨文、金文,再后来又有篆文等。汉字有极显著的表意特点,同时也兼顾了语音。汉字还是一种视觉、听觉和触觉兼顾的文字体系。所以,在中国历史上的元朝和清朝这两个非汉族政权统治下,统治者采取的语言政策都是双语双文。但是,最后大部分却又与汉语汉字融合了。我们从汉语词汇中来自中亚五国的借词可以了解双方的文化接触。

中国人很早就关注到语言和思维、社会的关系,并有一批早期的哲学家对语言发表了卓有智慧的见解。孔子从维护周礼的立场发出,发出"名不正,则言不顺"(《论语·子路》)的警示。在我国著名历史学家、哲学家朱谦之校释的《老子校注释》中,俞正燮认为"道,可道,非常道;名,可名,非常名"是老子对言词与文字的关系进行的阐发。他说"老子此二语,'道''名',与他语'道''名'异;此言'道'者言词也,'名'者文字也"。朱谦之赞成俞正燮的解释:"谦之案:俞说是也。"战国时期的墨子说:"举,拟实也。言,出吡也。"(《墨子闲诂·经上》)揭示了语言具有交际之功能,并且指出在交际过程中,对语言的心理解读过程是不同的。他说:"言也者,诸口能之出民(孙诒让按:名)者也。民(孙诒让按:名)若画虎也。言,谓也,言犹石(孙诒让按:名)致也。"(《墨子闲诂·经上》)指出了语言的符号性和指称性。墨子的《经上》篇是最早的语言学理论篇章。儒家荀子的《正名篇》也是一篇语言学思想论文。荀子在《正名篇》中论证了词的概念意义与语言思维的关系,指出语言是人类抽象思维的工具。以"名—实"为一组辩证对象,阐述了语言的社会约定特性和民族性。他说:"异形离心交喻,异物名实玄纽。贵贱不明,同异不别,如是则志必有不喻之患,而事必有因废之祸。……凡同类、同情者,其天官之意物也同,故比方之疑似而通,是所以共其约名以相期也。"又曰:"刑名从商,爵名从周,文名从礼,散名之加于万物者,则从诸夏之成俗。曲期,远方异俗之乡,则因之而为通。"所以,各种事物的名称都是依照以前的习俗与各方面的共同约定,人们就依靠这些名称来进行交流。他认为制度文化是从上一届统治者那里继承而来的,可是物质文化和心理文化反映在语言层面,却是有明显的民族特质的。一个民族的文化传统,与人们生活的地域自然环境相关,语言也具有这一区域的环境特点。在他的《儒效》篇中还有例可循:"居楚而楚,居越而越,居夏而夏,是非天性也,积靡使然也。"

殷商甲骨文是中国目前最古老的文字,汉语属于汉-藏语系。中国的文字环境随着政治历史的变化,在词义方面有变化,在用字方面也有忌讳。如一些社会关系称谓语,"老爷""小姐";如秦时的焚书坑儒,如清朝的"文字狱",用字冒犯了皇帝而被杀头等。虽然不能说文字就是语言,文字只是记录语言供人们阅读的符号。但是,就汉字形体结构而言,它的确不同于其他语言的文字,不同于其他作为语言记录的符号,它的形体具有反映事物一定概念的性质。正如法国语言学家约瑟夫·房德里耶斯所言:"汉语是没有曲折变化的语言,比其他任何语言都更适宜于采用表意文字。"[50]汉字在发展中,只是由于书写材料的变化或随着社会发展中事务性活动的变化而文字字数在增加,字体结构在变化,但大部分是形变而神不变。在小篆之后,书写的顺序和位置基本未变,基本词语的数量也没有增加很多。汉字形体是可以从结构规则上进行拆分组合的,通过它可以分析追溯3000多年前的某些社会文化。汉字形体结构具有文化回应效果,突出了视觉功能,是一种可视性文字。汉字形体结构在与语音结合时,便凸显其内在精神,因而使用者需要结合前后言语进行整体的感性和理性双重的概念分析,不可以孤立地听音取义或望文生义。

中国文化是世界各地少有的在传统毫不间断的情况下延续至今的文化,又是一个很重视文字表情达意作用的文化,具有连续发展的文明特点。虽然在发展中曾经遭受过多次侵扰,但是没有造成本土文明的中止。从殷商青铜文明开始,中国本土文化总是能在危机中与外来文化相结合,保留自身文化并最终影响外来文化,使之趋同。如在中国有不少佛家寺院、伊斯兰建筑和基督教堂建筑物,但是从皇宫到民居,还是广泛呈现富有中国建筑文化特色的建筑。历史上的中国自商周开始,便与中亚地区曾经的居住族群有过毗邻而居,有过交互与摩擦,双方文化常常处于互动模式,互相借鉴、分享语言对自然界的认知、对人类世界的评判,欣赏语言文化对行为举止的反映。

殷商的甲骨卜辞,主要功能是占卜吉凶祸福。它所反映的是商代人非常看中"吉凶祸福"的观念习俗。对于趋吉避凶、祈福禳灾的文化习俗,中国人一直保持至今。在文字构形、字音、词语运用、文字修辞方面都以语言的这一功用为先。汉字的形体结构不但从视觉角度给读者以帮助,而且从触觉出发给读者以体验。汉语中的常用词往往也是常用字,早期形体与当代形体没有明显区别,基本意义也没有改变。如人、水、牛、木、网等。20世纪,加拿大原创媒介理论家马歇尔·麦克卢汉(Marshall McLuhan,1911—1980)说:"我们正在退出视觉的时代,进入听觉和触觉的时代。"(We are moving out of the age of the visual into the age of the aural and tactile)[51]但是值得思考的是:汉字的形体结构早就解决了人类对语言的视觉、听觉和触觉有机结合的难题,并且在语言文字的实践中一直坚守着视觉、听觉和触觉三要素并行,即传统意义上的形、音、义相结合的特点。汉字不仅是视觉性的文字符号,也是听觉性和触觉性的文字符号。每一个汉字结构不仅是一种结构,而且都富有寓意,如礼、毓、老、教、学、孝等。有的有宗教意义,如祭祀二字、宗祖二字;有的有社会构成意义,如男、女、父、母、子、孙;有的有关爱意义,如保、友;等等。当然更多的与生活行为方式、生产方式等等相关。

从文字层面而言,甲骨文和金文是文字;从语言层面来说,甲骨卜辞和青铜器上的铭文是书面语。字形结构和卜辞、铭文反映了商周时人的思考轨迹,展示了人与自然的关系。我们在阅读它们时,能够从中观察到商周文化物质层面的种种景象,可以此为基点进一步深入到当时的风俗与心理层面,并有助于我们了解当时社会的价值系统,进而帮助我们理解文化的本质特点。比如汉语字"庙"。中国的庙宇是古代天子、诸侯和大夫祭祀祖先的处所,在古籍文献中均有记载。《礼记·祭法》言:"天下有王,分地建国,置都立邑,设庙祧坛墠而祭之。"东汉儒学大师郑玄注曰:"庙之言貌也。宗庙者,先祖之尊貌也。"《左传·桓公二年》正义引用《白虎通义》云:"宗者,尊也;庙者,貌也,象先祖之尊貌。"何休在《公羊传·桓公二年》的注中有这样的注释:"庙之为言貌也,思想仪貌而事之。"因

第二章 语言、文化与环境

为"庙"与"貌"音近,是同源词,又因为祭祀之场所的景象,于是汉语言将祭祀神灵祖先的场所称作"庙"。这便是汉语词"庙"的命名理据。从哲学层面分析,说明中国古人已经注重人与神的情感交流,但又不完全将精神寄托在神灵那里,而是也同时寄托在祖先的庇佑上。这正如孔子所言"祭如在,祭神如神在"。(《论语·八佾》)在汉语言词汇里,与祭祀无法分开的还有"祝"字。古人认为,需要神灵或祖先的祝福和庇护,一定得以言语为主要媒介。如"燮"字,《说文解字·又部》"燮"下注释是:"和也。从言从又炎。""又"在初期表示手的意思,所以段玉裁在《说文解字注》中说"言与手皆所以和之"。燮,表示用言语调和之义。因此,"祝"是祭祀中的一项关键活动,不但要有丰盛的祭祀牺牲品,还要有真诚的"祝"辞,祝词是人神沟通交流的桥梁。《尚书·无逸》的疏云:"以言告神谓之祝。"告的内容和方式也不可小觑。因为在古文字中,"祝"与"咒"为同源词。所以东汉的伟大语言学家许慎在《说文解字·叙》中提出了文字的产生为"王政之始"的观点,是非常深刻的,也揭示了文字、语言在中国社会的意义。无论何种宗教文化也不会影响中国文化中对祖宗神灵的敬仰和崇拜。

中国人自古奉行"前事不忘,后事之师"的信条,深信历史具有"资治通鉴"的功能。所以中国文化语言中实用理性的词语远远超过了宗教观念性词汇。中国先民为事物命名本着实用的原则,如汉语中"史""事""士""男""农",它们词义彼此相关联。"史",指史官,史籍,是大家具有的共识。甲骨文中有形体,是史和事的最初形体,像是一只手握着或许是笔一类的工具进行书写,故《说文解字》对"史"的解释是:"史,记事者也。"《礼记·玉藻》记载:"动则左史书之,言则右史书之。"揭示了"史"词的取名理据,同时说明了"史"的社会功能,即在于记事记言。从语音学来讲,"事"和"史"属于山床旁纽,之部叠韵,为同源词。《说文解字》对

"士"做如下解:"士,事也。"清代说文四大家之首段玉裁在《说文解字注》中进一步阐释:"士事叠韵,引申之,凡能事其事者称士。"东汉史学家班固在《白虎通》中亦言:"士者,事也,任事之称也。"当"任事之称"语义移植到"男子用力在田"时,就是"男"一词的命名理据。因为"士,古以称男子,事谓耕作也。""男"与"农"亦有词源关系,汉语性别名称"男"也是与"农事"相关的。所以古人给"男"造出的字形是🤚,以农具耒(𠄌)和田(田)组合,表示用力在田间耕作的人是"男"。所以《说文解字·男部》"男"字下曰:"丈夫也,从田从力。言男用力于田也。"

　　古汉语书写的词语主要是单音节词,是表意文字。古代汉语中的常用词汇基本上也是当代汉语的常用词汇,它们的字形结构在甲骨文、金文、大篆、小篆、楷书中差不多,变化幅度很小,即使过去了几千年,如今还是能够通晓其语义的。天南地北、古往今来,阅读汉语文字时的障碍比起字母文字来说要小得多。如对大自然中的植物、动物以及我们人类身体的称说词语之文字构形,木、林、草、果、水、山、川、雨;牛、羊、马、猪、鱼、虎、犬;人、女、男、目、手、足、心、口、齿等。我们人类的早期劳作和创造发明,生活习俗,甚至改造社会的各种活动,原始宗教与信仰,等等,也可以实现见字明义,如射、井、坎、宫、门、祖、宗、祭、酒、族、黍、麦、祖、鬲、车、旅、旗、追、逐、斗、巫、舞、疾、病、梦等等。汉字字形结构在当时犹如当代的电子媒介,面对人类信息量的激增,采用了压缩信息数量,凸显重要信息源的方式,所以,我们依然能够调动已有的认知储备,解读距离我们3500年前左右的信息本义。中国的古典著作言语简洁,形象概括,大多是采用人们熟悉的自然物象来比喻说明社会人生哲理,与系联思维模式一致,用具象式的说解方法去解释周围的一切。是一种非常经济的语言模式。

　　德国伟大的哲学家、语言学家洪堡特对汉字汉语的关系以及分析汉语为何没有走向字母化道路的原因有着很精辟的分析。他说:

第二章　语言、文化与环境

　　那些能读会写的中国人在说话甚至思维的时候,脑海中也出现了字符。倘若真是如此,那就很难否认汉字对汉语口语有极大的影响。这种影响一般说来表现在,把注意力从语音以及语音与概念的关系上面引开。由于人们并没有像在象形文字里那样用一个真实物体的图像来代替语音,而是根据概念关系选择了一种约定符合,精神就必然转向概念。汉语的语法也正是这样做的:它拒绝使用词缀和曲折形式,因此减少了言语中语音的数量;它使精神几乎在每个音里面都觅得一个可以独立成为对象的概念。

　　那些对汉语未采用拼音文字感到惊讶的人,只不过是注意到了汉字可能带来的不便和困惑,但他们似乎忽略了一个事实:在中国,文字实际上是语言的一部分,它与中国人从自己的观点出发看待一般语言问题的方式方法密切关联。[52]

　　中国的语言与记录该语言的文字符号——汉字,是完全符合中国人的思维习惯的,它能很巧妙地记录中国人的精神思考。汉民族是一个善于将大自然的万事万物与人类自身情感联系起来思考的民族,擅长把客观与主观互为象征,互相比拟。所以记录下来的所谓书面语句不可能采取纯语言学的理论尤其是纯粹结构主义语言学理论去分析。离开了人类活动、交流语境,结构语言学的纯理论分析方法对汉语构词和语句组合无法自圆其说。

　　在人类文明史上,汉字显得十分独特:这一套书写系统的基本结构原则自商朝以来未曾改变过。一如埃及的象形文字,汉字由象形符号(一个字代表一种事物或意义)演化成表意表音符号(一个字代表一个读音),它具有超越时间和空间的非凡能力。所以当甲骨文在 19 世纪末被重新发现的时候,中国的学者们几乎立刻就能对其中的个别文字加以认读。公元前 2000 年,近东地区的闪米特部落把埃及的象形文字转化成人类的第一套字母体系。字母书写系统比表意表音符号更具灵活性，因为字母可以把一个音节细分为更小的单位。这使拼写系统用于不同的语言乃至方言变得更加容易。例如，英语书写者可以此区分读音正规的"what"与带有伦敦腔的"wot"。汉字是唯一未被弃用或被转换成字母的古老的表意表音符号，导致人们所读和所写之间往往存在巨大的差异。清人阮元指出，"文字通过语言而标指天地万物，给天地万物命名的正是有声语言"，"有声语言与天地万物的关系，正是推求文字与古代文化的前提"[53]。"语言的发展是经过新质要素的逐渐积累，旧质要素的逐渐衰亡来实现的"[54]。

  佛教在西汉末东汉初由印度传入中国，到了隋唐佛教发展极盛。唐代密宗学僧、翻译家慧琳（疏勒国人，俗姓裴）为了帮助人们更容易阅读佛教经义，编写了佛学词典《慧琳音义》（即《一切经音义》）。书中所载语词，反映了佛教文化对汉语的影响。元朝（1271—1368），是中国历史上首个由非汉族人建立的统一帝国，定都大都（今北京市）。蒙古族是统治阶层，于是有许多蒙语词汇融入汉语词库，语音也发生了一些变化。如北京的"胡同"，源于蒙语"gudum"。元代音韵学家周德清的《中原音韵》一书，对语音的变化做了全面研究。他在《自序》中说："韵共守自然之音，字能通天下之语。"他的音韵学理论，为近代普通话语音奠定了基础。书中审定的音能够帮助我们了解那个时代的语音，也可以帮助我们了解借词的音读。"早期的所谓梵汉对音（隋唐以前）大多是经过加工如吐火罗等中亚语言的中介而辗转传入的，虽然在音值上与梵音有些出入，但仍不失为一项重要的资料。"[55]我们今天的普通话语音之源头应以《中原音韵》为代表。

  21世纪电子媒介的使用，正好与汉字尤其是古汉字的形体结构与古代汉语言形式相契合。电子媒介压缩信息是一种趋势（麦克卢汉：《理解媒介——论人的延伸》第12页），而2000多年前古汉语的句子模式和记

第二章　语言、文化与环境

录该语言的文字笔画结构,也正是一种压缩信息后的信息再现。中国文化,主要是指汉民族文化,是历史进程中多民族逐渐融合形成的。如在元代,统治者将人划分为四等:蒙古人、色目人、汉人、南人。其中"汉人"是指生活在北方的汉人、女真人、契丹人和高丽人。从元朝统治者对"汉人"的归类也可以看出,历史上的汉文化是多种民族文化的融合。汉人文化的心理暗示以形象为主,思维特征是重形象、重具体、喜欢联想。最典型的成果就是从未消失的汉字。汉字的形、音、义完全体现了汉语的特征,以听觉、视觉和触觉的交集正好映像出意义。

《论语·子路》有"名不正……则民无所措手足"。《荀子·正名》有"名无固宜,约之以命,约定俗成谓之宜,异于约则谓之不宜。名无固实,约之以命实,约定俗成,谓之实名。名有固善,径易而不拂,谓之善名"。历史上有雅言、官话、国语、通用语、普通话,说明中国人一直重视语言的社会公用性。中国文化中的语言修辞观是联想与自然相合。西汉经学家刘向在《说苑·善说》中曰:"……故辞不可不修,而说不可不善……"指出说话的技巧性、得体性的重要。《论语·述而》中的"雅言"即指说话得体性、通用性。《论语·乡党》有"朝,与下大夫言,侃侃如也;与上大夫言,訚訚如也"。《论语·宪问》的"人不厌其言",《墨子》(附录一卷)云:"多言无益?唯其言之时。"说明言的多寡要适合交流时的语境。《荀子·非相》亦曰:"言而当,知也,默而当,亦知也,故知默犹知言也。故多言而类,圣人也;少言而法,君子也;多言无法,而流湎然,虽辩,小人也。"《老子·德经》云:"知者不言,言者不知","信言不美,美言不信"的论述。中国古代哲人孔子、老子、墨子、荀子等都有对"言"的表述方式、言语与语境的切合、言语数量多寡、句式用词组合得体性均有评说,都很重视语言的得体性和通用性,关注的是语言的社会文化功能。

第三节　中国与中亚五国在全球一体化语境下的关系

中亚五国地处欧亚大陆腹地,其中吉尔吉斯斯坦、哈萨克斯坦、塔吉克斯坦三个国家与我国接壤,有3300千米的共同边界,是中国和俄罗斯以及欧洲、中东地区等国家进行经济贸易、文化交往的快捷通道。中亚五国人才资源丰富,国民受教育程度普遍较高,因而,在全球一体化语境下我国与中亚五国的合作将有广阔前景。在平等互利、互谅互让、友好合作进行交往时,语言的沟通起到不可替代的作用。国家之间的语言关系会随着时代的变化而发生改变,这是人类社会发展的必然。因为人类社会在发展,技术在改变,自然环境在变化,人类的活动范围、活动内容、活动方式也随之发生变化,文化的各种情形也随之不断发展变化,则语言势必也处于不断发展变化之中。

现在是互联网(互联网+)时代,语言间的互动愈发频繁,语言表述适合全球性成为趋势,尤其是在技术科学领域。人类社会发展到21世纪,如果依旧追求历史上那种小国寡民的地域性语言交流模式,那么则无法与世界文化交流。中国与中亚五国之间的各项交往,除了官方采用双方国家语言文字外,民间一定会按照语言发展的自然规律,选择一个强势语言进行互动。我们借用萨丕尔在他的语言学名著《论语言》中所举例子:

> Who did you see? (你看见了谁?)是不对的。多念了书的人总还是小心地说 Whom did you see? 但是又感到这样说有点不舒服(可能是又骄傲又不舒服)。也许会干脆规避这种说法,而说 Who was it you saw? 用庄严的沉默来维持文学传统(whom)。老百姓可不管这一套。Whom did you see? 用在碑文里或许行,可是急着发问时,Who

did you see? 是自然而然的形式。[56]

国与国、公司对公司的正式协议、备忘录、条约、法律等文书,一定是所谓合乎语法范式的表述,但是民间往来,如边民之间的集市、国民之间的参观旅游时的交谈,很可能采用的语句是"自然而然的形式"。原因正如萨丕尔所说:"语言能存在只因为它是实在使用的——说的和听的、写的和念的。"[57]而且"语言,像文化一样,很少自给自足的",是在不同之间的交流中,丰富自身,是"交际的需要使说一种语言的人和邻近语言的或文化上占优势的语言的人发生直接或间接接触"[58]。语言借入的现象将更为普遍,这样在语言借入的引领下,文化也被借入,丰富了自身文化,历史上不乏这样的例证。如果一定要把语言按照文化分类,那么"语言是一种制度文化"[59]。全球化一般是指经济体制的一体化、科学技术的标准化,特别是电信网络的高度发达。所以互联互通也只是全球化中的微分子。

20世纪80年代中后期到20世纪末,中国主要与中亚五国进行层次较低的经贸往来。但是在1996年4月26日,中国领导人与俄罗斯、哈萨克斯坦、塔吉克斯坦、吉尔吉斯斯坦国家首脑在中国上海签署了关于在边境地区加强军事领域信任的协定后,信任机制得到提升,交往层次也随之得以提高。

历史上,中国和中亚五国有着成功的交互影响,现在成为世人向往参观的文化圣地——敦煌,曾经是世界文化兼容并蓄的缩影,是古丝绸之路上的文化交汇驿站。古丝绸之路是"地球上最著名的文化动脉,沟通着东西方的宗教、艺术、语言与新技术"[60]。敦煌莫高窟有许多壁画描绘的内容是中亚文化母题。敞开国门,迎接各类肤色的客人,允许不同宗教信仰者的到来,接纳多姿多彩的异域文化是中华民族的传统。比如在汉唐两代,文化上的频繁接触,促进汉语吸收了大量中亚地域的词语。"一种语言对另一种语言最简单的影响是词的'借贷。'只要有文化借贷,就可能把有关的词也借过来。"[61]依据考古发现,经由丝绸之路来到长安的物品大多是宝石,它们既小又轻,便于长途运输。随之而来的粟特金银工匠也移居长安,乐不思蜀,接受了中国中原文化元素,制造出更多符合新客户文化习惯的产品,诸如呈现着中国和伊朗两种文化元素的混合式艺术品的银杯。[62]

这些来自西域的借词,也可以丰富我们文化史的语言文献资料。传播进来的词语主要是农作物和佛教方面的词语,说明在民族交往中,人们的基本生活资料和精神层面的语汇最容易交流传播和接受。汉字的同音字很多,从学习记忆方面来说是一件麻烦的事情,但是从记录转写外来词方面而言则有着得天独厚的优势。由于同音字数量较多,所以完全可以从中选择一个符合汉民族文化心理的字作为外来词的语音借贷词。

在电子媒介已经普及的今天,网络语言、网络词汇不断更新。既有自主国的,也有某一行业的,也会有完全是电子媒介上使用的符号语言。比如中国的微信和QQ,人们越来越习惯使用表情符号来表示想说的话、表示自己的喜恶态度。简明快捷还诙谐有趣。😊😟🎨🐞👌💪✋🤚👍🐞🎱🌞🎁🍡……这些被称为"表情包"的符号是一种新式传播媒介语。就如同早期人类的石刻符号或者陶器上的刻画符号,传递着交流者的感情信息。特别是有着全人类认知的表情符号,如😊(微笑)、😭(流泪、哭)、🤝(握手)、👋(再见)、🌞(太阳)不需要读音也没有某一种文字的限制,人们一看便知所表达的语义。在特殊语境下,简洁明了很经济。虽然文字产生后,突破了时间、地域、空间的局限,异地人们的交际不必谋面成为可能,做到了"开篇玩古,则千载共明,削简传今,则万里对面"。(庾肩吾《书品》)但是在今日的互联网、大数据、推特、脸书、微信、博客等电子新媒介下,"万里对面"已经成为现实。"语言的取代、分

第二章　语言、文化与环境

化、融合、统一等各种变化,都是语言为适应文化传播而发生的变化"[63],21 世纪是一个信息迅速传递和信息大爆炸的世纪,语言交流可以没有语音,也可以没有文字,而是使用字母符号、表情符号等准语言进行信息传递,并可以人机交互。当代的互联网传媒形式以更迅速更广泛地特点消除了时空两维的束缚,而汉字的古文字形体结构早在 3500 年前已经部分解决了这一问题。所以,当我们看到 3500 前的文字时,惊呼"原来也是这样啊!"当我们看到诸如 🐱👍🐸🐢🌞🎁🍵、😊😟🐨🐙✋🏔🐚 时,非常亲切,毫无陌生感。汉字的初始形态在电子媒介作为主要传播方式之前,想要准确而迅速地传递出去是极为不易的事情。然而,在 21 世纪之初,当汉字结构遇上电子媒介进行传播时,无论怎样复杂的字体结构都可以在不失真的状态下,由互联网的一端快捷地传向另一端。

　　李宇明教授说:"中国是语言大国,也是外语学习大国,但却是一个语言能力的小国。美国是移民国家,有自然语言 380 多种;美国军方可以掌握 500 多种语言;美国可以为公民开设 200 多种语言课程。而我国所掌握的外语可能只有百种左右,能够开设的外语课程 50 种左右,要将欧盟的官方语言开齐都还很费劲。"[64]我们要树立文化自信,但同时也要有自省的气度。我们不但是一个语言能力的小国,而且是将语言与文化割裂学习的小国。长期的应试教育,使得学习者不明白语言与文化的紧密关系,只一味死记某一门外语的词语和句法结构,不去将语言词汇融入语言环境,不去了解操该语言的民族文化。我们要清晰直观地审视"他者"文化,并反省自身的文化。在比较、交流与冲突中客观地看待自己的文化和"他者"文化。我们需要学习中国古代文人的智慧。如宋代著名诗人苏东坡有一首诗写道:"横看成岭侧成峰,上下高低各不同;不识庐山真面目,只缘身在此山中。"文化各有不同,各有价值。从不同角度、不同文化环境审视自己的看法。

中国与中亚五国互联互通中的语言文化障碍问题研究

我们应该有清醒的认识,在新丝绸之路和古丝绸之路的概念阐释时,尊重客观事实,肯定沿线国家人民的贡献。葛剑雄认为:"历史上的丝绸之路,既不是中国人兴建的,也不是中国人推行的,而是境外对中国丝绸有需要,才形成了丝绸之路。"[65] 2014年《世界遗产名录》所收录的"丝绸之路:起始端和天山廊道的路网",就是由中国、哈萨克斯坦和吉尔吉斯斯坦三国共同申请的。在言语宣传方面,尽量不要走向错觉,避免出现误判。依照社会心理分析路径的解释,如果一味地侧重于个体心理和认知的分析,那么将会出现错误知觉,造成决策误判。这是在二十世纪六七十年代,美国著名国际政治学者罗伯特·杰维斯开创性地将认知问题引入国际关系研究,从认知心理学角度对一些国际政治的重大问题做出了解释。他认为决策者的心理活动所致的"知觉"与"错误知觉"(misperception)是导致国际关系中出现安全困境的重要因素。[66] 所谓错误知觉是指"决策者对接收到的信息做出了误断,其决策和行为随之偏离了实际结果,事物的发展结果就与决策者的原本意图不相吻合"[67]。在互联互通建设中,我们应该积极主动去学习了解中亚五国的文化和语言。2016年11月,由杨亦鸣、赵晓群主编,商务印书馆出版的中国语言智库联盟组织编撰的《"一带一路"沿线国家语言国情手册》一书是很好的开端。这是践行"一带一路",语言先行的智库类书籍。该书为读者呈现了"一带一路"沿线64个国家的语言状况,细致地描写了这些国家的官方语言、通用语言、民族语言、方言等状况。该书对各国的语言与民族、宗教的关系,以及语言文化的历史沿革等做了介绍。书中还介绍了我国培养相关国家语言的人才情况,同时介绍了这些国家针对汉语的态度,介绍了他们关于汉语人才培养及汉语专业的开设情况,孔子学院和孔子课堂的开设情况也有介绍。"知己知彼","一带一路"需要这类语言工具书。

在全球一体化、地球村、世界公民的21世纪,语言大接触文化大交流是人类社会的需求。即使近一两年有逆全球化的声音,但是用语言进行

第二章　语言、文化与环境

文化情感交流依然是不可能人为阻止的。在国际各种事务人员的交流中,大多数情况下是采用英语、法语等语言。但是就中亚五国与我们中国的交往来说,传统的媒介语言是俄语。随着中亚五国的独立,宪法中都在强调主体民族语言的社会地位,俄语地位已经降低,不再是中亚五国的首选语言了。我国人民与中亚五国人民互相学对方语言,掌握对方语言,进行直接交流更为重要,也是更稳妥的方式。中国语言如同它的使用者中华民族,从根源上就具有海纳百川,吸收融合的特质。费孝通先生曾指出:"很难想象在这种原始时代,分居在四面八方的人出于同一来源。而且可以肯定的是,这些长期分隔在各地的人群必须各自发展他们的文化以适应如此不同的自然环境。这些实物证据可以否定有关中华民族起源的一元论和外来说,而肯定多元论和本土说。"[68]

关于"丝绸之路""互联互通"的提议,我们总在强调国外舆论在解读这一倡议时仍存在误读和曲解。但是我们是否反思过为什么"他们"有误解?我们是否在自话自说,在自己搭建戏台自己表演,有自我欣赏、自我陶醉的现象或心态?《人民日报》曾发表社论指出:"我们衷心祝愿中国同俄罗斯联邦、乌孜别克斯坦共和国、哈萨克斯坦共和国、乌克兰、塔吉克斯坦共和国、吉尔吉斯斯坦共和国、土库曼斯坦以及原苏联的其他共和国之间的友好合作关系不断发展。"国家形象的树立基于一个国家与其他国家交往时的语言,国家语言修辞风格展示着一个国家提倡的信念和对人类社会的认知程度。

中国社会科学院人类学与民族学研究所研究员黄行介绍说,学界目前主要是从国家语言能力建设和国家软实力提升这两个视角理解语言研究在国家战略中的作用。前者主要体现在汉语国际化这一类的语言文化传播能力,以及与其他国家语言的交流能力等方面;后者则基本定位在中华文化的对外影响上。[69]但是,在"互联互通"中,是双向对等交流,不是一方向另一方的传播问题。在沟通、交流中存在或可能会出现哪些问题,阻碍语言文化的理解,成为双方的障碍问题,这是必须重视的。我国与中亚五国的互联互通有着自然和历史上的便利。在地理位置上,我们是陆地相连的邻居,民间有着朴素关系,语言也有互通的人才。在历史上,我们有交往,互为邻近。民间不乏对彼此语言及习俗了解的人士。这些都是有利于增进彼此的感情,更好地推动交通、能源等各领域的合作发展的因素。中国与中亚五国在媒介形式上已经趋同。在语言政策方面都很重视自己的国语,同时也很重视外语,尤其是英语。

历史上,我们没有主动传播自身语言文字的经验。汉字文化圈的国家对汉文化自有需求,或直接采用汉字或参照汉字创设符合记录自己民族语言的文字。无论历史还是当代,两国交往离不开语言交流,最佳的开端就是互相学习对方的语言。要持续性地与中亚五国友好往来,我们就应该了解学习对方的语言,应该了解他们的语言政策、语言观,从而有效地介绍中国、教授我们的语言文字。著名语言哲学家萨丕尔说"文字是语言传输的最好例证"[70],我国文字与中亚五国的文字很不同,能说出未必能读出、读懂,更未必能写出。汉字或许在我们彼此的交往中是障碍源之一,但是也可能成为克服障碍的最有效途径。因为,汉语言中基本词汇的书写形式依然是可视知义的,具有原始文化的视源功能。这就是说汉语言不仅词汇有一定程度上反映文化和环境的作用,而且记录词汇的文字形体也有。所以有效帮助中亚五国人民学习了解汉语文字及其文化在互联互通中十分重要。传播教授汉语文字及其文化可以从汉语词语及其文化与汉语句法及其文化方面展开。因为,正如德国语言学家孔恩所认为的:词和词义在一定程度上反映了各民族古代的生活和文化。[71]我们在介绍汉语言文字与文化的密切关系时,能够通过对常用语词的解说和词语组合成句式形制的分析,建构起汉语文化多样性的语言意识,便于帮助汉语学习者理解汉语言文化,理解中国人的思维模式和行为方式。在技术层面,多采用当代科学技术,将像、物、字结合,有机嵌入语音、语义。使学习者从视觉、听觉、触觉三维立体地感知、体验汉语言、文字和文化。

我国幅员辽阔,民族众多,有56个民族,其中西北地区的新疆维吾尔自治区,地域的自然地理环境、传统经济生产、文化形态、宗教信仰等都与中亚五国有非常近似之处。一百多年来,我国的语言规划,主要解决的就是语言沟通问题。我国55个少数民族,在历史演进中选择了主体民族的共同语。普通话作为国家通用语言。[72]说明我们在多种语言的接触学习中有丰富的经验。历史上,有记载也有传说,中国文字产生时引起的社会震动和人心恐惧,继而形成了对文字的崇拜风俗。敬畏语言、敬畏文字是我们的传统。

在交往中,或许因为国民个体原因,也或许是社会急剧变化的原因,总会出现各种困难和各种误解。努力去找出误解的问题以便客观精准解决是我们双方共同的责任。早在公元前5000年时,中国本土栽培出黍、高粱、水稻、大豆、大麻和桑树等作物。但是后来中亚地区也有麻类植物的种植,桑蚕制造已经是重要的出口商品。古文字学家和历史学家又根据殷商甲骨文字"麦"的形体和频繁使用,推测在3600年前,中国中原地区的小麦种植也已经很成功。不同的是,中国的小麦和大麦是旱地作物,不像它们的发源地中东那样,要种植在水田里。中亚五国与中国在技术层面需相互交流。虽然在科学技术领域有专门的规定符号,但是符号代表的含义依然需要言语解释,就如同各种各样的说明书。那么,言语的交流非常重要。我们对中亚五国也存在文化上的陌生。如来华留学生,他们喜爱我们的摩托,尤其是大功率的摩托,喜欢在隆鸣声中飞驰,就恰似在草原上骑在脱缰的马背上。可是我们很难接受那种速度和噪音。在全球语境下,和平合作、开放包容,尊重彼此的文化历史、欣赏对方的民俗民风,就能找到更多的利益交汇点,取得互利互赢的共同梦想。

中国和中亚五国都渴求输入西方的科学观念和发达技术。但是也一样要面对与科学技术同时抵达的异质文化思想意识、文化观念。在实际交往中,往往无法将需要的技术与连体的文化完全剥离。

第四节 语言文化障碍是常态

言语是人类掌握最早的技术,借此技术人可以用欲擒故纵的办法来把握环境。(马歇尔·麦克卢汉:《理解媒介》)人类用语言符号来记录自己的活动、思想和情感,形成记录文化的符号体系。但同时,语言由于存在差异,各民族的活动、思维、情感象征不同,民族文化中的特有事物具有独特的文化象征意义,如汉语词"一言九鼎"中的鼎,是中国古代王权的象征、等级地位的象征,只有最高统治者有权利使用九个食器鼎,其他按照等级,依次是七、五、三。不入位者无权使用。不了解食器鼎的这一种象征意义,就很难把话语权与地位强权联系起来。世界上各个国家、各个民族都有婚丧嫁娶礼俗,但是由于这些生活中的礼俗总是与一定的社会制度相关联,所以礼俗的具体形式千姿百态,具有独特性,也具有了民族文化的象征意义。因语言的误听误解而引起的文化障碍或阻断是人类交往中的常态。德国语言哲学家洪堡特在《论语言的民族特性》一文中曾提请人们注意"各种语言的差异并不仅仅在于符号有别;词语和词语的接合同时也构成并确定着概念;就其内在联系、对认识和感知的影响而言,不同的语言也即不同的世界观"[73]。因而也有学者认为语言的本质是社会现象。语言是随着社会的发展变化而发展变化,误解也是社会现象,而且是一种常见现象,或说是一种社会常态。

人类最重要的发明之一是语言。当不同人群在接触到自然事物时,只是按照全体人员之前所生活的环境区域对已经认知的事物,以惯有的思维方式,给某物或某事一个相近的名称或者将万事万物进行归类,如汉语言中有禽兽类、水产类、瓜果类等等,可以粗分也可以细分。东汉许慎是世界分类学创始人。他依照汉字的小篆体系,分出了540类,把内在特性一致者归为一类。在古代社会,由于人们的认知范围极为有限,所以归纳的原则不尽相同。如丹麦语言学家奥托·叶斯帕森所说:"在有些语言中,一只蝴蝶被叫做一只鸟,一条鲸被叫做一条鱼。"[74] 人类对自然界的一些物质的特性联想是一致的。比如对颜色的联想。红色,基本联想意义是火;蓝色,会让人想到天空;黄色,与土联系;绿色,会让人想到草木和水。这些众俗化的感觉是言语交流的最好材料。但是有一些习惯性的词语是一个群体生活方式的记忆,在遗传中被固化了,这些方面往往成为异族之间交往的障碍。因为每一个群体的生活方式很不同,记忆词语差别很大,又常常不为外族所习惯。虽然我们可以认为某一语言是由有某一个社会群体约定俗成的,但是"如果不遵从语言使用习惯,要么达不到交际目的,要么会引起误解甚至更大的麻烦"[75]。人类有了语言,任何人都可以突破肢体、表情等辅助性的表情达意方式,直接进行交流。但是也正因为有了语言,其语调、轻重音、脱离具体语境、只闻其声不见表情、风俗有别、文化概念有差异等因素,造成或理解或误解,不胜其烦。丹麦语言学家奥托·叶斯帕森谈到语言的本质时,认为"语言的本质是人类的活动,是一个人旨在把他的思想传达给别一个人的活动,也是后者旨在理解前者的思想活动"[76]。语言原本是人类创造出来指称某一物体或简单将感情、思想外化为听者明了的工具的。但是世界的繁复多变,人类思维的变幻莫测,在说者和听者之间,经常附加了许多旁枝末节的信息和修饰语词,要么概括要么精简,误解的发生难以避免,不足为怪。比如,颜色、气味是客观之物,但是不同族群与相同族群的不同个体对颜色、气味有自己的偏好,还常常和心理文化、制度文化建立联系,并且都有着充足的理由。最要紧的是,有的族群在自己认定的颜色、气味时还要否定其他族群的偏好。当语言在表述这类情感时,误解随之出现了。在社会进程中,人生观、文化观、宗教观、教育观不同,语言观也有大的区别。因而在语言交流中产生误解甚在所难免。例如"在天愿作比翼鸟,在地愿为连理枝",留学生理解是马和草的关系,说马离不开草。在回答"鸳鸯"在中国文化意象中象征爱情、财富、友情、亲情的四个选项里,只有中亚五国的学生选择"财富"。

语言一方面是信息传播的工具,是人与人之间交际的工具;另一方面也是文化信息延伸的通道,是人类扩大活动范围、完善对世界认知的通道。但是令人烦恼的是:在彼时彼地所使用的表达方式是得体合适的,到了此时此地未必依然得体合适。就如同放在桌面上的铅笔和置于水中的铅笔我们在视觉上的感受全然不同一样。但是物体铅笔的本质未改变,不要被"感官错觉"左右。[77] 也就是说,我们人类无论是族群之间的交往抑或是个体之间的往来,都是本着真诚、友善的质朴初衷在进行交往。误解并不可怕,只要真诚,它是可以消解的。

人们的交往方式,会随着社会和文化形态的变化而发生重大变化。由于居住于各地的人们在考察世界时的方式方法不同,所以在感知世界的过程中所得所获不同,在语言表述时也就不同。比如,即使是对自然之物的观察,不同族群,不同个体由于认知基础不同,联想方式不一样,也会有不一样的感觉。同样是秋色,有人看到的是丰收,有人感觉到寒冷即将来临。同时抬头仰望天空看见一只鹰在盘旋,有人想象自己展翅飞翔,有人想到鸡群或饲养的兔子是否安全。在此情形下,若用语言将所思所想外化,则一定是不同的词语、句子,不同的语气语调。当然语言表述的意义是不可能一致的。其实人类社会成员之间没有什么不可真正逾越的鸿沟。只要愿意,诚恳对待,鸿沟就可以在语言的帮助下填平。传统上的,直接面对面的,口语化的交往越来越由互联网取代。可能会出现想更改之前的话语,但是由于物理技术问题不能实现,也就是不可能即时更正自己的言语。这种情况下,符合文化习俗的准确性文字表述就显得尤为重要。墨子在《墨经·经上》(卷十)云:"闻,耳之聪也。循所闻而得其意,心之察也。言,口之利也。执所言而意得见,心之辩也。"墨子认为语言具

第二章 语言、文化与环境

有交际功能,这一功能的实现要经过心理理解之过程,首先是"闻",之后是抵达"心",即思维过程,最后是对"言"的接收和输出。

在"一带一路"上,可能更多的是行者。为了贸易的、为了求学的,纯粹是为了观光旅游的……,或许也有"孙行者"。行者们使用的交通工具交通方式自然不同,但是一旦有时间,有异域风景闯入视阈,我想无人能抗拒而不睁大眼睛。也或许腻歪了"空中飞人"的行者,改变交通方式,乘坐火车或汽车,这样不但看到熟悉又有些陌生的山川峡谷、田野村落;听到的是陌生声音,看到的是陌生面孔的同行人,这时完全是一种别样氛围和风景。我们采取什么样的方式方法进行有效沟通与交流呢?有一个日本人,叫关口知宏,他拍摄了三部很有意义的纪录片,是研究跨文化交流的一个很好的榜样。他的纪录片《欧洲铁道之旅》《中国铁路大纪行》《日本铁路大纪行》记录了他的文化体验与文化融入经历。在彼此的真诚、热情中实现了"跨文化"交际。

语言是人类交际的工具,那么如果会使用一门外语就相当于多掌握了一种技能。远在古代,会多种语言的人才便有。比如古丝绸之路上的佛学翻译者们。但是当一种语言被翻译成另一种语言时会出现偏差,引起的后果是给接受者一种"错误知觉",致使一个群体对该语言使用者的社会文化在认知与讨论上的偏离。如德国存在主义大师卡尔·雅斯贝尔斯(Karl Jaspers,1883—1969)在《历史的起源与目标》(1949)一书中,提出对人类文明史有决定性的"转轴时代"(The Axial age of Tran-scendence)论题。书中提出的"axial age"一词应该译为"转轴时代"。而被早期引进国内者译为"轴心时代"。从语言分析而言,它既不合乎语义也不合乎语境。[78]。诸如学术上的这种译名出现偏差并不少见。

美国史学家芮乐伟·韩森(Valerie Hansen)在他的《丝路新史:一个已经逝去但曾经兼容并蓄的世界》中评价鸠摩罗什将梵文书写的佛学经典翻译成汉语文本时,对比了鸠摩罗什之前的经文翻译者的方法,对我们理解语言翻译时处理语码转换有着很好的启示作用。他说：

> 虽然早期的译经者也将梵文典籍翻成汉文，可是许多早期译本充斥大量专门语汇，唯有少数学过梵文的中国人能理解。大部分早期佛教翻译都是由佛教导师（通常来自印度）背诵一段文本，口头解释其内容，门徒用韩文将导师的口述内容记录下来。这种翻译系统造成许多错误，因为老师无法阅读学生们写下来的内容，而学生们也无从确定自己是否真的理解老师所说。[79]

异质文化间的障碍主要来自对对方语言隐性含义的知识。跨文化的语言交流不仅仅是输出语音和接收者开启听觉系统，重心是言者的真实用意和听者理解了言者的心声。在翻译中，如果言者与转述者之间发生了错解或误解，在继而扩大的传播区域和人群时，则会距离初始语义更远，甚至走上歧途。在多语言环境下，翻译者群体尤为重要。公元630年，玄奘法师离开吐鲁番经过龟兹，翻越天山山脉，进入今天的吉尔吉斯境内的伊塞克湖，正是由于在西突厥汗给他配备的"通译"的帮助下，他才能够继续前往今天的乌孜别克境内的撒马尔罕。

任何一种语言都有一词多义的现象。我们要对自己的语言词义不仅知其一，还要知其二，对准备交流对象的语言词语也应该做到知其一，也知其二。避免"只知其一，不知其二"。比如汉语"老头儿"一词，既指年纪大的男人，也有丈夫之意。在特定语境下说出"老头儿"，一般人不会有误解。比如一位老妇人对着一位男性老者喊"老头儿"，或者在一个家庭里，明显是妻子身份的人在叫"老头儿"，都是"丈夫"的意思。但是，如果在公共场所，一个人在说"那个老头儿……"，一定是指代某一位年长一些的男性。有的言语表述，在中国和中亚五国的含义可能是完全不同的。语言中的词汇是人类依据所生存的环境经过有目的的活动，编织出精美文化世界的丝线，正如德国哲学家恩斯特·卡西尔在《人论》中所言："它们（词汇）是织成符号之网的不同丝线，是人类经验的交织之网。"

第二章 语言、文化与环境

比如养蚕缫丝技术在汉代传播到中亚地区后,都可以将其制作成轻便舒适美丽的各种丝织品。但是汉语的"作茧自缚""千丝万缕""春蚕到死丝方尽"等语词的真正含义,对于其他国家的人来说也并不好理解。所以英国哲学家约翰·洛克说:"搅扰人类的大部分问题和争论,既然都起于含糊不定的文字用法,或文字所代表的那些不确定的观念。"[80]依照洛克的观点,误解也由此产生。洛克主张人类知识由感觉而来,这在一定范围群体中是正确的。但就全体人类来说,感觉因环境、地域、时空不同而有别。对自然界同一物体,或许由于生存环境不同,人们的感觉完全不一样,对此物体所建立起的知识结构也会有差别。而当人们相遇交流,尤其是在没有充分准备时的交流中,交流双方一般是以自己的知识体系、认知结构进行对话,于是误解随之产生。

中亚五国地处内陆,长期以畜牧业生产为主,马、牛、羊、骆驼是重要的生产工具和生活用品。所以词汇中有很多精确指称马匹、牛、羊等草原动物的词语。如有马这一物种的通称,又有公马、种马、马驹以及按照马的年龄和毛色给的名称,仅仅以马的毛色区分就有30多个名称。在哈萨克语中有将马比作自己翅膀的说法。汉语"骆驼"一词来自匈奴语。而我们在指称历史和农产品、海产品等方面的词语较之比较丰富。他们描述地貌地形与气候的词语也与我们有所不同,即使是矿产资源,所用词语也不可能完全相同。不同的生存状态形成了迥异的经验方式,又在不同的"宗教体验"指导下,产生相互对立的不同观念[81],这也是语言给人类造成的无奈。在交流中造成理解性的误解,往往需要较长时间的努力来消弭误解。但是无论是怎样的生存环境,持何种信仰,它终是在人类的日常生活的纬度上进行的,最终的交流还是落实在言语上。

语言在传播途中,起始于发讯者,即说话人。发讯者准备发出讯息之前要清楚收讯者,即听话者的知识或者认知程度。这就好比汽车出发前先要搞明白行车路线,能否顺利抵达目的地。第二步是发讯者根据收讯者的知识理解力组织讯息发向收讯者;第三步是收讯者依据原有的知识将新收到的信息重组,以备输出。如果是在两种语言之间进行传播,那么还有一个语码转换的步骤。有学者把语言传播过程归纳出有六个环节因素,即"说话人·要传达的含义·语言文字·语言环境·编码规则·受话人"。这六个步骤是一个动态互补、相互交错的有机整体。在真实交际过程中是不会轻易觉察到的,这六个环节因素各有各的规范和位置,比如要传达的"含义",如果在传递过程中有"脱轨"或"变形""走样",如果有混淆和错置,都将会导致交际误解。分开讲只是为了分析误解产生的需要。一般来说,语言拥有双重意图:观念的意图(说些什么)以及实在的指称(对某物说些什么)。[82]梅耶(Meillet)说:"在语言中,我们必须思考两件事:它的内在性和它的超越性。"[83]语言的内在结构和表现层次不是一一对应的。孔子在《易经·系传》上就有两句话:"书不尽言,言不尽意。"以现代观念来讲,意思是人类的语言不能表达全部想要表达的思想。1967年,美国著名哲学语言学家格赖斯(H. P. Grice)在哈佛大学的一次演讲中提出,人们在交际过程中,对话双方似乎在有意无意地遵循着某一原则,以求有效地配合从而完成交际任务。这就是会话中的"合作原则"(Cooperative Principle 简称 CP)。他指出"合作原则"是指量的准则、质的准则、关系的准则、方式的准则。格赖斯的观点认为,人们为了准确而有效地进行交际,说话人和听话人都要采取合作的态度。也就是说,交际双方必须用大家都能听得懂的语调、语速和词语,避免晦涩,要给出足够的信息量,且没有歧义,简洁明了,语义有关联,遵循约定俗成的语言使用规则。如果信息发送者违反了交际"合作原则",则交流过程就会出现障碍甚至中断。

有这样一个由误解产生的笑话,某人教他儿子认"父子"一词,解释说:"父就是我,子就是你。"后来儿子上学了,老师问他"父子"一词怎么讲,他就对老师说:"父就是我,子就是你。"这里主要是把"要传达的含义"(语言形式的指称意义)与"语言文字"(语言形式直接表达的意义)错误地进行了置换,带来了令人发笑的误解。从语用学的角度来讲,是由于这位父亲把"语言文字"错当"说话人"与"受话人"的实际关系了。这就是语言传播过程中的六个环节因素的错位与混杂引起的交流误解。再比如,一位急于炒菜的家庭主妇说"油!"与一位被油弄脏连衣裙的少女说"油!"指的虽是同一客体,运用的符号要素也相同,语意却并不相同。在这种遇到语义事实的缺失情况下,就要补充联系具体的语言环境,因为这其中有个语言环境对语言要素的省略问题。语言与语言环境具有不可分割性。有的词语的几个义项界限不清,内涵模糊,有的近义词的语义有交叉,或言者的话语形式不清晰,如果又脱离了交流语境那么则必然引起歧义,造成误解。德国哲学家伽达默尔曾说:"理解是属于被理解之物的存在。"如果我们以诚恳的态度与对方交往,对方也会敞开心扉接近我们。即使有误解也会在真诚中化解。所以在学习或者教授二语时更应注意这一点。

易误解的言语材料只有进入误解环境才会活化,才会不需要解释性言语,听者也能够明白其语义。比如公共汽车上的售票员喊:"前门下",乘客不可能产生误解。如果是在北京市,司机或者售票员用"到"或用"从",再说这句话也不会造成误解,乘客听到"从前门下",不会理解成是前门站。乘务员如果说"到前门站的乘客下",乘客都知道是到了前门车站了。如果司乘人员要表达以上两个语义,则一定说"到前门站的乘客从前门下"。观念不同会引起理解上的偏差。表面是同一种声音,同一词语,但是言者与听者的观念不同时,等于是异样的语言。言者经常忽略了听者与自己的观念是否同一。他们以为自己所运用的词语是对方所应知道的。[84]价值取决于观念,左右对语义的理解。由于不同的生活经验,在对于同一概念的表达时有不同的逻辑和表现方法,也会产生误解。人类交往本来要比与异类交往容易得多。可是,常常人类与动物能够友好相处,却与自己的同类难以相处。因此,语言不是交往障碍的先决因素。心无障碍物,则行为表情不会有显著的表现。

  语言的辅助性言语在跨文化交流中使用得当会跨越语言不通造成的麻烦,但是如果使用不当,则会引起不快,甚至冲突。因此,谈话一方的面部表情或体态语如果不是另一方所熟知的,或者正好是相反的意思,则会造成误解甚至是严重的问题。比如,我们看到小朋友,会用手去抚摸他的头或者轻轻地用拇指和食指捏一捏孩子的脸蛋儿,以表示喜爱之情。但是在许多国家是绝对不可以的。我们人类谈话的角度、文化意识的强度、了解双方文化习俗的范围、语言表达适用对象等的变化都会导致语义本身的变化和心理情感的变化。可见语言表达与规范性维度不统一的情况下,也会引起误解,阻断交流。

  操不同语言的人们在初始交流时出现障碍是常态,但是双方怀着友善、欣赏的情感进行交流,很快跨越语言障碍而借助语言的辅助功能依然可以愉快进行。人类活动中的语言交流出现障碍是一种常规化的现象,不值得忧虑。只要采用合理方式,是可以消解的,否则人类社会也不可能进步到21世纪和继续走下去。这一情况,我们可以借用科学家的研究所得出的结论。马赫在《感觉的分析》一书中有如下一段话语,可以帮助我们理解人类社会的误解现象属于正常现象,原文如下:

  对于物理学和生物学在观点方面所呈现的巨大差别,我们无须畏惧。两类相似的物理现象,如摩擦电和伽伐尼电流,初看起来,它们中间差别之大几乎根本不能期待它们归结为同样的基本事实。摩擦电闪几乎难以见到,甚至几乎难于发现磁的和化学的现象,然而在伽伐尼电流中,这种现象则有强有力的表现。与此相反,微小的有质动力现象和张力现象,在摩擦电中无须寻找,也容易发现。但这两种科学部门相互补充和相互说明之处之多,则是人所共知的。人们正从事一种科学研究,通过伽伐尼电流揭示摩擦电的化学性质。类似的关系在物理学和生物学之间也屡见不鲜。两者一直包含着同样的基本事实。但是有的方面在物理学中被人注意到,有的在生物学中显现出来。因此不仅物理学从生物学方面得到帮助和阐明,而且反过来说,生物学也从物理学方面得到帮助和阐明。[85]

不同国家人民所运用的语言在语音、文字形体、事物的名称等呈现的巨大差别,也是无须畏惧的。如果只是关注语言的表现形式,那么它们之间的区别大到无法沟通的程度,然而,当人们理解了所操持的语言只是外壳的区别,而反映自然世界,记录人类社会历史进程的现象还有诸多形同或相近,包含着许多同样的基本事实,那么,就会有亲切之感,并能从对方的语词中,寻找到自己民族语言已经失落的历史痕迹,则更会主动接近另一种语言了。所以,不同语言对客观世界的表述描写会给另一种语言以启迪。

人类分布在世界不同区域,由于自然环境的差别,"百里不同俗"是一种普遍现象。人们认识事物,给事物命名的心理不同,所以出现许多同义异名的现象,不了解者,常常产生误会。例如"向日葵",在汉语不同方言区给的名称很不一样。河北唐山称"日头转",承德叫"朝阳转",任丘叫"望天葵",山东济南叫"朝阳花",昌乐叫"向阳花",莒县是"转日葵",湖南邵阳叫"盘头瓜子"[86]诸如此类的事例很多。如出租车,在香港叫"的士",在中国内地叫"出租车",如果动词名词连用,叫"坐计程车""坐出租车"或者"打的"。再比如,进入普通话的同一种植物有多个名称:红苕、红薯、地瓜。像这种因方言差异而引起的误解很可能又造成后世对古代文献的再一次误读。如《韩非子·存韩》篇有这样一段话:"城固守,则秦必兴兵而围王一都,道不通,则难必谋,其势不救,左右计之者不用,愿陛下熟图之。"其中"围王一都"在历代有不同注释。王先谦曰:"或云'一'字当在'道'下,非也。古城邑大者皆谓之都,不必王所居方为都。……

《韩世家》'公仲请王赂秦以一名都,楚陈轸言秦得韩之名都一',正与此文'￮都'相类。"(王先谦《韩非子集解》)于省吾先生则依据上下文义分析,认为王先谦的注释不准确。于省吾先生又借助西周青铜器大丰簋、邢侯簋、宗周钟等器物上的铭文,释读出"一都"实际是"上都"之误,上都即国都。[87]但是,彭裕商先生认为,《韩非子》已经进入战国时期,在语音上应该不同于西周。认为"一都"即"一堵"或"一曙",是当时秦人的方言,是"一旦"的意思。并引用睡虎地秦简《为吏之道》中的"口,关也;舌,机也。一堵失言,四马弗能追也。"[88]由此,将"一都"释为"一旦",则整个语义畅通了,即断句为"城固守,则秦必兴兵而围王,一都道不通,则难必谋,其势不救,左右计之者不用,愿陛下熟图之"。其实,这就是指出每一种语言都在以"概念"的形式解释着世界"图景"。比如,中亚五国语言中关于马的词语非常丰富,而汉语言关于丝绸的色彩词汇则分得很细微。再比如,中国先秦时期对牛的称说与分类绝不会少于草原的游牧民族。原因是牛的用途不同。所有这些语言现象反映到文化层面都是由于不同族群祖祖辈辈生活的环境差异造成的。每一个族群的先祖都对自己可以观察到的世界"图景"在进行解说,用自己已知的事物命名新的事物,也就产生了"独特"的言说。这正如美国语言学家沃尔夫所言:"我们研究自然界是按照我们本族语为我们指出的方向来研究的。从现象世界中分离出来的范畴和形式,我们并没有把它们当作这些现象中的一种显而易见的东西。恰恰相反,呈现在我们面前的世界是千变万化的印象的洪流。这些印象正是由于我们的意识所组织起来的,这种组织工作主要是借助于铭刻在我们意识中的语言体系来进行的。"当人类有条件迁徙,能够延伸"眼路",就会理解不同的命名,理解他者的言语含义了。也就对共同文化世界有了共同认知了。所以文化世界也可以称为语言世界。[89]

即使在同一个国家,不同地区,由于人们在语言词语上已经约定俗成,也会在交流中产生误解。比如,在我国的新疆地区,人们是以"公斤"

称说重量,买卖水果蔬菜,说来 1 斤葡萄、买 1 斤羊肉的话其实等于其他省份人们口语中的 1 公斤葡萄、1 公斤羊肉。但是,其他省份人们去买生活所用的菜肉水果,不习惯说"公斤",只有当 10 斤以上的货物才可能用到"公斤"。这样,在买卖货品时,要细心注意说出口的重量单位"斤"是处于何地,与哪里的人在交流。否则,将会造成重大失误。不同国家、民族、宗教、社团与不同职业性别之间在语言运用上的差异会引起误解。如在西方,女士们、先生们。表现了尊重妇女,女士优先的社会风尚。在汉语词汇中,凡含有"男女"并置的词则一定"男"字前置。"男女""夫妇""夫妻""父母""男耕女织"等,此词序反映了中国长期以来"男尊女卑"的传统观念。如果语言符号被运用在与其他语言符号的关系之中,则会有一种语言可以被环境之外的位置上的人所了解。即语言只能在某一时间情境或文化中被主观地解读了解。因此,语言符号在不同情境中可以有无限多种歧义的解读。母亲给孩子喝水时,在递水动作出现的同时一般会伴随有"抓住把把"的言语,如果这时恰好孩子的父亲也在孩子身边,可能孩子以为妈妈让他"抓住爸爸"。在我国的姓氏里有两个"zhāng"姓,一般人在做自我介绍说我姓"zhāng"后,都会有补充性说明,"弓长张不是立早章""立早章不是弓长张"在北方的陕西方言区和西南的四川方言区,有把"鞋子"发音成"孩子"的。所以有笑话说:"俺的鞋(hái 孩)子(儿)掉到河里了。""我的鞋(孩 hái)子(儿)挤下车了。"听者很容易误解为是"孩子"掉到河里了或被挤下车了。再比如陕西西府人说"眉县人"时,外地人听起来是"你先人"。这些是口头交流中因为语音的差异引起的误听误解。在汉语普通话里,存在着同音词,如果不是阅读文字,只是日常生活中的口语交流,则一定要有语境。如我家老头,可能指丈夫,也可能指父亲(年轻人用语)之类。还有一些词,虽然没有明确的性别标识,但是其意义的性别区分已经约定俗成了。如漂亮、俊俏、温柔、苗条等词语只用于描述女性;英俊、硬汉、伟岸等词语只用于描述男性。贬义性的词语也有专属对象。"欢迎再来!"当我们在离开饭店或朋友家时,听到这句话感觉亲切、愉快。但是如果医生在医院里对着痊愈后的患者说"欢迎再来!"那听者心里会很不爽。这就是人们在交流时,要注意语域。如果用错将很尴尬,严重者或许会引发冲突。

  语言交流时的误解不一定是在两种语言或不同区域下生活的人们之间发生,常常也会出现在相同文化范畴内的不同年龄段成员之间。比如,有一个女儿穿了一件漂亮的衣服,兴高采烈地问母亲:妈,你看我有范儿没?或许这位母亲忙于其他事情,没有看也没有注意听,只是听到了"youfanmei"这一组音,便回答女儿说:没有饭,我还没有做呢。当然这种误解一般不会引起什么后果。在英语里也很容易找到类似的例子。英语分为美式英语和英式英语,澳大利亚、加拿大、新加坡、印度、南非等官方语言也是英语,属于英语国家。但是他们既不属于美式英语也不属于英式英语,就是他们本国的英语。这些国家可能对一种事物的拼写上与美国或英国的相同,但语音语调却一定有区别。汉字文化圈也存在类似情况。日本文字有大量的汉字书写形式,如果完全按照汉字的笔画结构形式理解日语中的汉字,误解一定不可避免,如日语中的"手纸"是信函之意。在汉语中,纸的分类很细。按照纸的用途就可以分为好几种,如用于书法的纸叫宣纸,用来擦嘴擦手的纸叫餐巾纸,用于打印机、复印机的纸叫打印纸或复印纸(它们还有一定的尺寸规格,简称A4、A3等),用于祭祀的纸叫烧纸,用在卫生间的纸叫卫生纸或者叫手纸,而用于写信的纸是信纸。其他用途的纸,也有自己的名称。而卫生纸在口语中,常常是被说为"手纸"的。在20世纪90年代中期,有一位日本留学生回国后给自己的中国老师寄了一些礼物,在包裹单上面注明衣服、糖和"手纸"。包裹是直接送到家里的,收包裹的是老师的母亲。老师的母亲很纳闷:日本学生怎么大老远的寄"手纸"来?当然,后来明白是包裹里还有一封信。在人类社会中,有一些超越有声语言或文字进行交流的同质符号。比如在政治活动中,国家首脑之间的互访,都以鸣礼炮为最高规格;以舞动花环,表达欢迎。在任何国家任何族群的人们之间,彼此以微笑表达友善;交通信号,以红灯表示停止,以绿灯表示通行。对于音乐的曲调,无论哪里的,也无论是否接受过专门训练,人们一定能听出欢快还是悲伤,所以有世界名曲。正因为人类基因保留的共性,所以自古以来,科学发明、创造能够传遍世界。如印刷技术,电的发明,数字的表达,数学公式的运用,化学符号的意义,电脑发明后互联网迅速普及世界。

美国语言学家萨丕尔在谈到语言交流时说:"有关语言的一般现象中,最叫人注意的无过于它的普遍性。某个部落是否有足以称为宗教或艺术的东西,那是可以争论的,但是就我们所知,没有一个民族没有充分发展的语言。最落后的南非布须曼人(Bashman)用丰富的符号系统的形式来说话,实质上完全可以和有教养的法国人的言语相比。"[90] 21世纪,我们处在一个高度接触的时代,语言文化每日都在参与接触活动。相同语言的地方变异或者不同语言间对彼此的借鉴影响,都造成误解在随时发生,但同时消解也会很迅速的到来。如《隋书·志·音乐中》卷一四记载了一则审定乐音的史事。原来的困惑是由于名称的不同引发的,一旦准确对译后,问题也随即解决了。原文照录如下:

> 又诏求知音之士,集尚书,参定音乐。译云:"考寻乐府钟石律吕,皆有宫、商、角、徵、羽、变宫、变徵之名。七声之内,三声乖应,每恒求访,终莫能通,先是周武帝时,有龟兹人曰苏祗婆,从突厥皇后入国,善胡琵琶。听其所奏,一均之中间有七声。因而问之,答云:父在西域,称为知音。代相传习,调有七种。"以其七调,勘校七声,冥若合符。一曰"娑陁力",华言平声,即宫声也。二曰"鸡识",华言长声,即南吕声也。三曰"沙识",华言质直声,即角声也。四曰"沙侯加滥",华言应声,即变徵声也。五曰"沙腊",华言应和声,即徵声也。六曰:"般赡",华言五声,即羽

声也。七曰:"俟利",华言斛牛声,即变宫声也。译因习而弹之,始得七声之。译因习而弹之,始得七声之正,然其就此七调,又有五旦之名,旦作七调。以华言译之,旦者则谓"均"也。

古人尚且如此,我们应该有更多的智慧解决交流中的障碍。

第五节　小结

中国与历史上的西域,当今中亚地区的密切交往,有许多过往之事沉积于语言语汇中。我们在促建新丝绸之路"一带一路"的互联互通中,帮助沿线国家的人们在人类语言文化的互鉴中实现文化交流。

中国政府擘画的建设丝绸之路经济带和21世纪海上丝绸之路(简称"一带一路")构想,主要着力点之一就是包括公路、铁路、港口和机场等在内的基础设施的互联互通。"硬件"联通在对接沿线各国发展战略的同时,也为实现区域联动发展和共同繁荣注入了新活力。中亚五国宣布独立后,中国政府和中亚五国政府迅速建立了正常的外交关系。中国和中亚五国在崭新的关系中蕴涵着信任、友好、平等和合作的内容,本着睦邻友好、共同进步的原则在正确的方向上发展。中国同中亚五国发展关系同发展其他国家关系所遵循的原则一样,都是立足于和平共处五项原则基础之上。尤其是中国和中亚五国高级领导人的互访给中国和中亚五国的关系注入了新的活力。

在文化传播中,语言中的文字所起的作用是超时代超地域的,是随着人类技术的发展而变化的。比如染色体,可以采用简洁的字母X、Y、Z表达不同关系语义。这些字母符号超越了族类和语言障碍,每一个国家稍有知识的民众都懂得。所以,有人以为可以借用英语作为媒介语进行交流。这也是一种语言误解,因为在中国和中亚五国的交往中,英语只能是在某些领域某些群体之间起到互通的作用,如科学技术方面充当媒介语。

但是在生活中难以传递真情实意,要表情到位很不容易。所以,中国与中亚五国的交往、合作、互通一定要立足于双方的语言文化,也一定能寻找合适的路径,扫除"一带一路"上的语言障碍。从文字的层面来说,中国与中亚地区在历史上早有交往。唐代道世在《法苑珠林》中有一段文字如下:

> 昔造书之主凡有三人:长名曰梵,其书右行;次曰佉卢,其书左行;少者仓颉,其书下行。梵、佉卢居于天竺,黄史仓颉在于中夏。

佛典的《普曜经》(*Lalitavistara*)有这样的记载:书有六十四种,涉及造字的传说。梁代僧祐首先比较胡汉文字的异同,提出文字有左行、右行及下行之别。[91]从文字起源与书写款式的传说来看,古代中国与中国西北区域的文化已经有了接触。古代丝绸之路开通之前,人类社会早已迈入"开篇玩古,则千载共明,削简传今,则万里对面"(南朝梁代人庾肩吾《书品》)的阶段了。中国与中亚地区人们之间早已有实质性的文化交往。汉字已然成为古丝路上实用的文化交流媒介。

中亚五国所处的特殊地理位置,形成了思想、文化、宗教的多重交汇。在语言文化方面留存有印度佛教、波斯文化、汉文化、斯拉夫文化的印迹。这些文化相互渗透、相互影响。我们都有鲜明的民族文化,有着与西方接触所受到影响的困惑,也有着各自的局限。我们与中亚五国在互联互通中,要想长期顺利成功地进行往来,从事文化、经济贸易,互惠互利,获取所需,无一例外地要彼此有尽可能多的文化了解,而消除语言文化障碍是首要克服的困难。语言和文化是可以互相影响的。针对语言与文化相互影响的问题,吕叔湘先生引用语言学家洪堡特的话进行了谈论,"民族语言与民族文化有密不可分的关系。社会制度、宗教信仰、职业、亲属关系等等会影响语言习惯;反之,语言对这些东西也有或多或少的影响。"德国语言学家魏斯格贝尔也很关注语言和文化的关系,他在论述语言和文化的关系时说:"应该把语言作为形成文化的力量来研究,因为正是语言是创造人类文化的必要条件,并且是形成文化成果的参与者。"这段话有助于我们理解语言的人民性与工具性的实质区别,有助于理解语言与文化的关系。

语言是文化的符号,文化千姿百态、五彩斑斓,有着千差万别。文化的差异性远远大于相似性,要想使差异性之间能够沟通、包容、交流,最终还得依靠语言。人类创造语言的初衷是为了便于人与人之间的信息、情感沟通,但是又为自己创造的语言所累,造成了人与人之间交流沟通的诸多障碍。消除语言文化障碍具有消极和积极两种方式。消极方式是一个国家通过消除自我语言政策的管制制度,以期达到与对象国进行往来;或者通过调整自我文化向对象国趋近。积极方式是主动了解对象国的语言政策和文化,采取对象国容易接受的言语表达方式和用词习惯,与对象国沟通,是一种和而不同的态度。"和而不同"是中国古代智者的智慧结晶,也是处理当代国与国之间关系的良方妙药。文化历来是相互借鉴相互吸纳,无须一方屈从于另一方,也不必互相屈从。一个民族学习接触另一个民族的语言,也就是在学习接触那一个民族的文化。彼此在相互学习中扩充完善自己民族的语言和文化,并且传承给后代。

"一带一路"建设的基本理念是互利共赢,表现在语言理念上就是提倡平等互惠的话语体系。在双边或多边交流沟通中,尽量规避不利于跨文化间理解与沟通的言辞语句。正如英国哲学家罗素1922年在《中西文化比较》一文中所说:不同文化之间的交流过去已被多次证明是人类文明发展的里程碑。因而我们在各种概念、术语的中外翻译时,应尊重各种文化的语言使用习惯,注意词语使用的得体性。比如"汉语推广""过剩产能输出""辐射中心""核心区域"等提法不俗很妥当,这类词语很容易被国际受众者误解误读。可能会被解读为中国谋求主导地区和世界的理念和姿态。因此,我们需要重新审视关于"一带一路"的各种话语表达,构建得体的话语体系,更多地体现语言上的平等互惠,争取国际社会的理解和支持。[92]了解中亚五国的国家语言政策及语言使用习惯,注重培养适合地域性的语言人才。树立平等互惠的语言理念,尊重各种文化的语言使用习惯,通过汉语学习者的表现、需求修正我们的表述方式,制定语言文化传播规划。

中国产品、文化、人类遗产等的展示都离不开语言文字。语言文字的解说是有理念与方法的,如何解说,就是思考的问题了,需要我们研究。曾经的丝绸之路沿线,曾经的当地居民,受惠于"丝路"经济文化的主要表现是农业文明。那时的交流主要处于维持生计和以物易物的体态语交流状态,现如今则是从事大规模的跨国长途商业贸易,必须借助于语言来进行各类信息交流与沟通。所以我们彼此都需要花时间和精力了解对方,只有充分的"知",才可能达到真正的理解,才可以更好地"行"。如果我们双方都没有真正的了解和理解,又如何信任对方,没有信任为基础,又何谈合作?我国与中亚五国的经贸、政治互动,民间往来,首先是语言上的互动,那么,自然伴随着文化的互动。由于近代政治因素的干预,中亚五国的通用语言是俄语,同时又有属于自己的民族语言。中国全民的通用语言是汉语,虽然有方言区和民族语言,但是与中亚五国通用语言和民族语言的性质不同。俄语曾经是他们的官方语言,但不是他们的国语,情感上是有区别的。中亚五国人民的母语是他们的第一语言,这或许可以降低他们的语言压力。

中国文化是一个重文字的文化,即重视觉的文化,而中亚五国是偏重听觉的文化。彼此在商贸交往中,应该将视觉与听觉有机融合,充分调动。处于二者之间的一个艺术门类"广告"或许较为合适。采用广告的艺术更多地去替代文字描述,以幽默式图画替代喋喋不休的解说。中亚地区自古盛产石油、铁、铜、铅、银、黄金、马、牛、羊、毛毯、大麦、小麦、豌豆等,人们喜爱用白银和黄金铸造各种饰品,曾经的货币是银币、金币。诸如此类,我们都可以运用广告的视觉效果进行传播与交流,反之亦然。我们需要进行的工作是汉语以及文化如何有效地在中亚五国进行传播。我们需要进行历时与共时研究,研究我们历史上的经验与教训。以我们彼此历史交往保存的文献与语言词汇互借研究历史,以跨境民族语言和文字的使用情况进行共时研究。将历史考察与共时层面相比较相结合,分析每一个误解、每一次误会的原因是纯粹因语言文字引起的还是因文化、信仰、观念不同造成的。通过我们严肃认真地研究和比较充分的认知,最终实现双方的顺利交流和交往。

注　释:

[1][德]威廉·冯·洪堡特:《洪堡特语言哲学文集》,姚小平译,商务印书馆2011年版,第5页。

[2]邢福义主编:《文化语言学》,湖北教育出版社1990年版,第35页。

[3]苏新春:《文化语言学教程》,外语教学与研究出版社2006年版,第61页。

[4][5][6][7]邢福义主编:《文化语言学》,湖北教育出版社1990年版,第8页。

[8][德]恩斯特·卡西尔:《语言与神话》,于晓译,三联书店1988年版,第69页。

[9]邹君、范祖奎:《哈萨克语植物词语的文化象征意义探析》,载《新疆职业大学学报》2015年第4期。

[10][美]布龙菲尔德:《语言论》,袁家骅、赵世开、甘世福译,商务印书馆1997年版,第56—57页。

[11][德]恩斯特·卡西尔:《语言与神话》,于晓译,三联书店1988年版,第48页。

[12]邢福义主编:《文化语言学》,湖北教育出版社1990年版,第224页。

[13]吕叔湘:《语言作为一种社会现象——陈原〈语言与社会生活〉读后》,载《读书》1980年第4期。

[14]王力:《中国语言学史》,山西人民出版社1981年版,第58页。

第二章 语言、文化与环境

[15]张宏莉、赵荣:《哈萨克斯坦的语言政策》,载《世界民族》2006年第3期。

[16]黄行:《语言保障先行》,载《中国社会科学报》2016年1月5日。

[17][18]张日培:《言以兴邦——读〈语言与国家〉有感》,载2015年1月20日《光明日报》。

[19]资中勇主编:《语言规划》,上海大学出版社2008年版,第41页。

[20]邢福义主编:《文化语言学》,湖北教育出版社1990年版,第224页。

[21]李宇明:《语言也是"硬实力"》,载《华中师范大学学报》(人文社会科学版)2011年第5期。

[22][美]芮乐伟·韩森:《丝路新史:一个已经逝去但曾经兼容并蓄的世界》,李志鸿、吴国圣、黄庭硕译,麦田出版社2015版。

[23][美]爱德华·萨丕尔:《萨丕尔论语言、文化与人格》,高一虹等译,商务印书馆2011版,第48页

[24][美]爱德华·萨丕尔:《萨丕尔论语言、文化与人格》,高一虹等译,商务印书馆2011版,第49页。

[25][美]布龙菲尔德:《语言论》,袁家骅、赵世开、甘世福译,商务印书馆1997年版,第181页。

[26]邹广文:《论文化的普遍价值与个性发展》,载《清华大学学报》(哲学社会科学版)2004年第6期。

[27]黄海涛:《"一带一路":互动性本质与信任建设》,载《天津社会科学》2015年第6期。

[28]邢福义:《文化语言学》,湖北教育出版社1990年版,第210页。

[29][美]芮乐伟·韩森:《丝路新史:一个已经逝去但曾经兼容并蓄的世界》,李志鸿、吴国圣、黄庭硕译,麦田出版社2015版,第98页。

[30][31]何俊芳:《中亚五国的语言状况》,载《世界民族》2001年第1期。

[32]祆教:拜火教,波斯人琐罗亚斯特所创立,崇拜火,今印度、伊朗还有信徒。公元226年,波斯萨珊王朝以火教为国教,中亚诸国亦随之流行。约在公元516—518年,祆教之传入中国。

[33]马大正、冯锡时主编:《中亚五国史纲》,新疆人民出版社2005年版,第

90页。

[34]哈萨克斯坦总统纳扎尔巴耶夫:《2007年国情咨文——新阶段哈萨克斯坦经济、社会和政治发展的战略构想》。

[35]胡振华:《中亚五国及其语言文字(上)》,载《中央民族大学学报》1996年第4期。

[36]张宏莉、赵荣:《哈萨克斯坦的语言政策》,载《世界民族》2006年第3期。

[37]2016年5月11日《参考消息》转引英国《金融时报》网站2016年5月9日"哈萨克斯坦语言学校从英语转向汉语",第15版。

[38][美]芮乐伟·韩森:《丝路新史:一个已经逝去但曾经兼容并蓄的世界》,李志鸿、吴国圣、黄庭硕译,麦田出版社2015年版,第11页。

[39][美]芮乐伟·韩森:《丝路新史:一个已经逝去但曾经兼容并蓄的世界》,李志鸿、吴国圣、黄庭硕译,麦田出版社2015年版,第96页。

[40]新华社莫斯科1992年5月10日电。

[41]刘庚岑、徐小云:《吉尔吉斯斯坦》,社会科学文献出版社2007年版,第29—30页。

[42]胡振华:《中亚五国及其语言文字(上)》,载《中央民族大学学报》1996年第4期。

[43]帕米尔即帕米尔高原,位于中国、塔吉克斯坦和阿富汗的边境上。我国汉代将其称为葱岭。这里是古代中国和地中海经由丝绸之路往来的必经之地。

[44]吴宏伟:《中亚人口问题研究》,中央民族大学出版社2004年版,第278—279页。

[45]马列霍伊·撒马尔罕季·穆佐基尔——乌尔——阿斯霍勃,手抄本,加富罗夫,中亚塔吉克史,汉译本,第354页。

[46]施玉宇:《土库曼斯坦》,社会科学文献出版社2005年版,第27—28页。

[47]戴庆厦:《跨境语言研究的历史和现状》,载《语言文字应用》2014年2期。

[48]徐通锵:《历史语言学》,商务印书馆1996年版,第4页。

[49]饶宗颐:《符号·初文与字母——汉字树》,上海书店出版社2000年版,第188—189页。

第二章 语言、文化与环境

[50][法]约瑟夫·房德里耶斯:《语言》,岑麒祥、叶蜚声译,商务印书馆2012年版,第381页。

[51]马歇尔·麦克卢汉:《理解媒介——论人的延伸》,河道宽译,商务印书馆2000年版,第2页。

[52][德]威廉·冯·洪堡特:《洪堡特语言哲学文集》,姚小平译,商务印书馆2011年版,第194—195页。

[53]胡奇光:《中国小学史》,上海人民出版社1987版,第301—306页。

[54]王力:《汉语史稿》,中华书局2004年版,第1页。

[55]徐通锵:《历史语言学》,商务印书馆1996年版,第5页。

[56][美]爱德华·萨丕尔:《语言论——言语研究导论》,陆卓元译,商务印书馆1985年版,第139页。

[57][美]爱德华·萨丕尔:《语言论——言语研究导论》,陆卓元译,商务印书馆1985年版,第138页。

[58][美]爱德华·萨丕尔:《语言论——言语研究导论》,陆卓元译,商务印书馆,1985年版,第137页。

[59]邢福义:《文化语言学》,湖北教育出版社1990年版,第16页。

[60][美]芮乐伟·韩森:《丝路新史:一个已经逝去但曾经兼容并蓄的世界》,李志鸿、吴国圣、黄庭硕译,麦田出版社2015年版,第301页。

[61][美]爱德华·萨丕尔:《语言论——言语研究导论》,陆卓元译,商务印书馆1985年版,第174页。

[62][美]芮乐伟·韩森:《丝路新史:一个已经逝去但曾经兼容并蓄的世界》,李志鸿、吴国圣、黄庭硕译,麦田出版社2015年版,第200—201页。

[63]邢福义:《文化语言学》,湖北教育出版社1990年版,第188页。

[64]李宇明:《语言也是"硬实力"》,载《华中师范大学学报》(人文社会科学版)2011年第5期。

[65]《葛剑雄:一带一路的历史被误读》,FT中文网,2015年3月10日。

[66]参见罗伯特·杰维斯:《国际政治中的知觉与错误知觉》,秦亚青译,世界知识出版社2003年版。

[67]黄海涛:《"一带一路":互动性本质与信任建设》,载《天津社会科学》2015年第6期。

[68]费孝通:《中华民族多元一体格局》,中央民族大学版社1999年版,第3—4页。

[69]张清俐:《语言研究:"一带一路"沟通纽带》,载《中国社会科学报》2015年8月17日。

[70][美]爱德华·萨丕尔:《萨丕尔论语言、文化与人格》,高一虹等译,商务印书馆2011年版,第66页。

[71]参见邢福义:《文化语言学》,湖北教育出版社1990年版,第69页。

[72]李宇明:《语言也是"硬实力"》,载《华中师范大学学报》(人文社会科学版)2011年第5期。

[73][德]威廉·冯·洪堡特:《洪堡特语言哲学文集》,姚小平译,商务印书馆2011年版,第71页。

[74][丹麦]奥托·叶斯帕森:《语法哲学》,何勇等译,商务印书馆2009年版,第17页。

[75]邢福义:《文化语言学》,湖北教育出版社1990年版,第1页。

[76][丹麦]奥托·叶斯帕森:《语法哲学》,何勇等译,商务印书馆2009年版,第17页。

[77][奥]马赫:《感觉的分析》,洪谦、唐钺、梁志学译,商务印书馆1986年版,第8页。

[78]陈启云:《中华古文化中的"超越"哲思:"轴心"与"转轴"》,载《学术月刊》2011年第10期。

[79][美]芮乐伟·韩森:《丝路新史:一个已经逝去但曾经兼容并蓄的世界》,李志鸿、吴国圣、黄庭硕译,麦田出版社2015年版,第93页。

[80][英]约翰·洛克:《人类理解论》,关文运译,商务印书馆1983年版,第18页。

[81][瑞士]H.奥特:《不可言说的言说》,林克、赵勇译,生活·读书·新知三联书店1997年版,第4页。

第二章　语言、文化与环境

[82][83][法]保罗·利科:《解释的冲突》,莫伟民译,商务印书馆2008年版,第101页。

[84][英]洛克:《人类理解论》,关文运译,商务印书馆1983年版,第388页。

[85][奥]马赫:《感觉的分析》,洪谦、唐钺、梁志学译,商务印书馆1986年版,第74页。

[86]参见邢福义:《文化语言学》,湖北教育出版社1990年版,第139页。

[87]于省吾:《双剑言多群经新证》,上海书店1999年版,第361页。

[88]彭裕商:《古文字材料在古书释读中的重要作用举例》,载《四川大学学报》(哲学社会科学版)2015年第5期。

[89]邢福义:《文化语言学》,湖北教育出版社1990年版,第218页。

[90]爱德华·萨丕尔:《语言论》,陆卓元译,商务印书馆,1985年版,第19页。

[91]参见饶宗颐:《符号初文与字母——汉字树》,上海书店出版社2000年版,第76页。

[92]黄行:《语言保障先行》,载《中国社会科学报》2016年1月5日。

第三章　中国与中亚地区历史上的往来给我们的启示

中国中原地区和北部地区，是人类农业文明发源的中心地之一。在这片土地上，不但有口头流传的农业神后稷的故事，而且有许多古老文献典籍的记述。当科学考古队建立后，又有越来越多的出土文物面世，证明了中华文化中那些久远故事的真实性。历史学家和考古学家以及人类学家认为，中国中原地区自产的农作物是黍、水稻、高粱、大豆、大麻、桑树和粟，在公元前5000年就得到了种植。但是现代小麦、燕麦、山羊、绵羊、牛和猪都起源于中东地区。说明，是经由中亚地区，将这些动植物种类传播到中国这边土地上的。当农作物栽培技术从印度河流域扩展到恒河流域，从黄河流域延伸到长江流域，相应的文化和表述文化的语言词汇也随之扩展、传播。而中亚和中国的黄河流域都是世界上最重要的小麦生产区。在农业技术和种类传播中，由于生活方式的差异，在栽培技术和制作饮食方面也各有千秋。中国中原地区，完全进入了农业时代，而中亚地区则还是农业与畜牧业相结合的混合型农业。中国更多地保留了"刀耕火种"的农业文化痕迹，中亚地区则表现出游牧生活依然显著的文化特质。

中亚是我们的近邻，在史书中常常与西域交织在一起。史书《穆天子传》《山海经》等已经有西域诸古国的记载。"西域"的意思是西边的疆域，最初是指东起我国陕西、甘肃部分地域，西至乌孜别克和塔吉克部分区域。《汉书》中提到的中亚国家有50多个，一般将它们的

第三章 中国与中亚地区历史上的往来给我们的启示

统治者称为"王"。由于遥远历史不断出现的"西域"印迹,使我们对这片土地抱有许多的遐想。中国的文化、历史、地理、宗教等与中亚五国都有巨大差异。探寻历史,我们发现二者也并没有一致的一个阶段,可是却有着共同创造了人类美丽世界的一个时间较为持久的阶段。那就是人人皆知的"丝绸之路"。翻检这一个时期的历史,一定能发现我们先民的智慧,以帮助我们在曾经的交互场所重新建设美丽的新世界,使之成为21世纪人类文化的文明特区。习近平总书记在中共中央政治局第三十一次集体学习时再次强调要借鉴历史经验,以创新的理念和创新的思维,与各国合作,让"一带一路"建设推动各国共同发展,使沿线各国人民实实在在地感受到"一带一路"给他们带来的好处。习近平主席指出,"一带一路"的倡议,唤起了沿线国家的历史记忆。古代丝绸之路是一条贸易之路,更是一条友谊之路。在中华民族同其他民族的友好交往中,逐步形成了以和平合作、开放包容、互学互鉴、互利共赢为特征的丝绸之路精神。我们翻开历史书籍,零零散散或者整段记述,都能看到中国人民与中亚各国人民的交往记述。在这一条没有确定宽度和长度的通道上,有的是多样文化共存、不同语音自由发声的确切历史;有的是公平稳定、安全信任和文明发展的确定期待。在这条似乎是因贸易而形成的路上,虽然没有大一统式的价值观和所谓普世文明,但是却有吸收借鉴处处展示的人类文化价值。在这一条通道上,不分强势语言、弱势语言的文字记录,却有语言的互借互用。在这一条通道,没有什么政权强迫人们遵守哪一个贸易协定,却有真诚、善良、守信需要恪守。历史告诉人们,不需要在不同文化价值观的竞争中去消磨时间、牺牲性命。

过往的历史,有教训,亦有经验。教训和经验都值得后世人们很好地总结和思考。在古丝绸之路时期,一定也有不少于当下的语言障碍和文化误解。在有古丝绸之路以前,中国与中亚地区就有了往来,那时一定会有更多的困难。但是,历史记载告诉今天的人们,交往一直存续着。我们从文字记录的史实中,看到了些许古代文化传播者的真实情况,但是总体而言,迷茫多于清晰。在史书中,我们常常找不到需要的历史信息,寻觅不到清楚明亮的历史镜子。然而,如果我们静下心来,认真仔细打量当时人或后来人的文字,并结合这些文字考证该地域出土各类文物,或许可以聊暗花明,找到需要的"藤",从而摸到那个瓜,以便发现古代人们在这一区域的文化传播交流情况。比如,在汉代以后,汉语词汇家族里,借词译音词大量增加,它们主要是来自梵文的借词和译音词,正好与文化交流史相契合。

据历史文献记载,中亚的手工业是在中国的影响下发展起来的。[1]历史上,中亚地区的近邻是富庶的中国。已经有考古发现证明,早在殷商时期,中国的中原地区就和中亚地区有交往。二十世纪七八十年代,中日两国计划合拍一部反映古代丝绸之路的纪录片,需要考古工作者做一些前期工作。新疆的一支考古队接受了这一考古工作。他们在考古调查中发现了一具保存完好的女尸。通过测定,女尸距今约为3800年,正好与商周同时代。在商周时期,中国早已进入农业文明,尤其在汉唐之间,充裕的粮食、华丽鲜艳的衣着、先进的技术、优雅的生活方式、丰富多样的饮食、各种各样的生活奢侈品,所有这些就像一块巨大的吸铁石,吸引着中亚地区的人们。他们或是经过艰难跋涉或是通过战争,一批一批迁徙定居在古代中国的许多城市。北魏地理学家郦道元(470—527)的《水经注》中记有一条名为"新头河"的河流。郦道元在《水经注》里说:"自河以西,天竺诸国,自是以南,皆为中国,人民殷富。中国者,服食与中国同,故名之为中国也。"[2]考古专家们在20世纪,对阿富汗喀布尔的亚历山大城(公元前4世纪)进行科学挖掘,竟然发现了大量的中国丝绸。说明最迟到战国,丝绸之路已经形成,只是我们尚未发现相应的文献记载。《汉书·西域传》记载

第三章 中国与中亚地区历史上的往来给我们的启示

了两条丝路：

> 自玉门、阳关出西域有两道。从鄯善（今若羌）傍南山（今昆仑山）北，波河西行至莎车，为南道；西逾葱岭（今帕米尔高原）则出大月氏、安息。自车师（今交河）前王庭随北山（今天山），波河西行至疏勒（今喀什），为北道；北道西逾葱岭则出大宛、康居、奄蔡焉。西域诸国大率土著。（依照岑仲勉《汉书西域传地理校释》）

而《魏略·西戎传》（《三国志》卷三十《魏书·乌丸鲜卑东夷传》裴松之注引）却记载了三条道路：

> 从敦煌玉门关入西域，前有二道，今有三道从玉门关西出，经婼羌转西，越葱领，经县度，入大月氏，为南道。从玉门关西出，发都护井，回三陇沙北头，经居卢仓，从沙西井转西北，过龙堆，到故楼兰，转西诣龟兹，至葱领，为中道。从玉门关西北出，经横坑，辟三陇沙及龙堆，出五船北，到车师界戊己校尉所治高昌，转西与中道合龟兹，为新道。凡西域所出，有前史已具详，今故略说。
>
> 南道西行，且志国、小宛国、精绝国、楼兰国皆并属鄯善也。戎卢国、扞弥国、渠勒国、皮山国皆并属于寘。罽宾国、大夏国、高附国、天竺国皆并属大月氏。
>
> 中道西行尉梨国、危须国、山王国皆并属焉耆，姑墨国、温宿国、尉头国皆并属龟兹也。桢中国、莎车国、竭石国、渠沙国、西夜国、依耐国、满犁国、亿若国、榆令国、捐毒国、休修国、琴国皆并属疏勒。
>
> 北新道西行，至东且弥国、西且弥国、单桓国、毕陆国、蒲陆国、乌贪国，皆并属车师后部王。

在《隋书》卷六十七《裴矩传》中记载有几处当今中亚地区的主要

城市。

自敦煌至于西海,凡为三道,各有襟带。北道从伊吾(今中国新疆哈密)经蒲类海(今中国新疆巴里坤湖)、铁勒部突厥可汗庭,度北流河水(今锡尔河),至拂菻(今土耳其伊斯坦布尔)国达于西海(今波斯湾)。其中道从高昌、焉耆、龟兹(今中国新疆库车)、疏勒(今中国新疆喀什)度葱岭(帕米尔),又经镬汗(今费尔干纳盆地)、苏对萨那国(今乌拉秋提尤别)、康国(今撒马尔罕)、曹国(今伊什特汗)、何国(在今乌孜别克斯坦撒马尔罕的西北方)、大小安国、穆国(今查尔朱),至波斯达于西海。其南道从鄯善、于阗、朱俱波(今中国新疆叶城)、喝盘陀(今中国新疆塔什库尔干),度葱岭,又经护密(今瓦罕)、吐火罗、挹怛、忛延(今巴米扬)、漕国(今加兹尼),至北婆罗门(今印度北部)达于西海。

无论是两条道路还是三条道路,对于我们来说已经不重要了。我们关注的是史书中明确记载有中亚五国的一些重要城市。如康国(今撒马尔罕)、何国(在今乌孜别克斯坦撒马尔罕的西北方)。其实在汉代之前,中原地区已经有与中亚交往的历史了。在和阗历史上的19世纪中叶,有一个名字叫阿古柏伯克的人,他从中亚安集延以朝圣伊玛目加帕萨迪克马扎[3]为由进入中国,在侵据喀什噶尔、阿克苏后,又诈取了整个和阗绿洲。这一历史也说明了中亚和中国在民间、宗教方面也有往来。[4]

历史上的中国,受到自给自足经济的影响,以为"我们"所处便是"世界中心",加之汉唐时代,中国的确是世界各国向往的国度,在心理上有着"高高在上""舍我为谁"的固态思维。在政治交往中,通过"藩属体系"来凸显自己的尊严,将自以为的世界划分成不同的部分,并以"朝贡"的方式作为体现"天国"体系的具体表现形式,在接收"朝贡"后,却又以高出朝贡价值好几倍的物品作为回赠。如此等等,在当

第三章　中国与中亚地区历史上的往来给我们的启示

今自然不可借鉴,也不能有如此的观念意识。从思想观念中剔除历史上所谓的"华夷秩序"。要想顺利抵达对等的交往终点,语言沟通的桥梁作用至关重要。而历史上成功的"共处模式"经验也是我们的宝贵财富。

唐朝在与世界其他国家、族群交往时,采取开放包容、兼容并蓄的外交政策,成功地治理了当时的西域,也成为人类历史上空前的多元文化交互,和谐发展,共同向前的典范。当时的中国是世界文明的策源地。无论在物质文明方面还是在精神文明领域,中国在当时都是超级大国。但是从史料中看到的是它的文化包容和与相邻国家商旅的公平贸易。代表政府的各个驿站的管理者,在接受诉讼案件时,不会因为是中亚族群还是中国商人而有偏差的评断。这种史料不是出自官方正史,而是考古发掘中的以粟特语或梵文记刻的木椟文书。使用的纸张和丝绸全部来自中国。不同的语言所反映的文明在这里都留下了抹不去的烙印,是促进人类共同前进发展的印迹。当今的中亚地区,正是属于我国唐代的西域地理范围,"玉门,阳关以西以迄于伊兰高原地方俱属之"[5]。在历史上,中亚地区曾隶属于唐,唐文化对该地区影响广泛而深刻。比如,中亚的造纸术、丝织业都是在唐时发展起来的。当时中亚的胡旋舞、胡音、胡骑、胡妆也传入长安,唐与中亚互相学习,互相借鉴,又在融合的基础上各自发展出符合民族特质的文化。[6]

我们先秦时期的智者曾言"凡居民材,必因天地寒暖燥湿,广谷大川异制,民生其间者异俗"[7]。已经意识到与其他民族交往应该遵循"修其教不易其俗,齐其政不易其宜"[8]的原则。比如"茶"这个词,在哈萨克语中称为 xay,在吉尔吉斯语中是 tsay,在语言中证明中国汉民族的饮茶习俗早已传播到了中亚地区,词语就是重要的证据。这个时期的文化交流中,译词、借词起到了传递文化信息的桥梁作用。在一般的"丝绸之路"史的研究中,关注的是"路"的起始点,"路"的区域范围,行走在"路"途上的商品等。除了贩运"丝""茶叶""瓷器"的商人外,还有起到文化传播作用的僧侣们。一般很少去关注"丝"或者其他物品的"名"。很少关注"丝路"上的交流工具——语言。比如,在盛唐时期,有一种乐器和戏曲,汉语词汇是"胡乐""胡戏""剑器""浑脱""柘枝""胡旋""胡腾"。这些词汇是如何传入的,它们的本音本字是什么样式,我们都不清楚,只是知道凡是有"胡"的词,都来自西域,如"二胡""胡豆"。对于为什么是"胡",为什么叫他们"胡人",大部分人也是不清楚的。酒文化自殷商时期就已盛行,但是大唐长安,不乏"胡酒"。殷商的酿酒技术和西域的"胡酒"技术有没有关系,互相是否有借鉴或者完全是学习,我们已经无从考察。但是,我们从唐诗唐文中获知当时的中原人比较喜欢喝胡酒,诗仙李白便是其中一人。我们有一个共同的认知,佛教来自古印度。但是或许许多人不知道"佛"这个重要名称是借自"胡语"。不过对于这一点是知或者是无知,都没有关系。重要之处在于说明佛教思想的传播路径是通过西域而来的,这就是历史的真实。中国史书上记载的第一位由丝绸之路到达印度本土的中国人是法显。法显是中国东晋时代的僧人。根据《大唐西域记》记载,唐贞观初年,玄奘西行取经时途经素叶(即碎叶城,今吉尔吉斯斯坦托克玛克西南)水城,即现在的吉尔吉斯斯坦之托克玛克,并由此向南穿过当今的中亚诸国,跨越大雪山(即今天的兴都库什山),最后进入天竺国(印度)。

汉语词汇吸收着域外言语词汇,同样,文化的交流,也使我们的语言词汇进入到其他国家语言体系中。如火药是我国为人类贡献的四大发明之一。唐代在火药发明后,曾经影响了世界历史的进程。大约在公元八九世纪,"与火药生产密切相关的中国制硝技术传至伊朗,伊朗人因而称硝为'中国盐'。十三世纪前期,硝及其提纯技术经伊朗引

第三章　中国与中亚地区历史上的往来给我们的启示

进阿拉伯世界,并被称为'中国雪'。在梵文表示钢的许多词语中,ci-naja 的意思是'中国生',表明中国的钢早已传入了古印度"[9]。这些词语形象地呈现了当时文化交流的真实情况。如果,我们能很好地研究这些所谓的"胡语"和传出的汉语词语,那么定会对我们当下有很大的帮助。

史前时期,在中国中原地区发生过"彩陶文化"历史阶段,部分考古学家和历史学家认为仰韶彩陶文化由西方传播而来。即所谓的"彩陶文化西来说"。[10]但是中国学者依据出土文物,在进行了认真反复比对后,怀疑这一说法,并且认为恰好相反,彩陶文化是由东而西的传播。[11]1960年由李济提出"彩陶之路"[12]1965年,苏秉琦指出仰韶文化、马家窑文化等彩陶文化在甘肃境内的移动方向是自东向西而非相反。[13]1978年,严文明发文近一步论证了甘肃彩陶的源流,证明"彩陶之路"的走向是由东向西挺进。[14]对于古代丝绸之路上的人种问题可以参考饶宗颐先生的论证。饶宗颐先生依据考古资料,谈到古丝绸之路上的人种主要可分为三种,我们照录如下:

> 丝路上皇古人种的成分,据人类学家根据出土头骨,大致从公元前十八世纪到公元初,由7个考古遗址接近200具头骨加以分析,有三种主要类型:一是孔雀河谷墓沟头骨,具有明显的欧洲人种特征的鼻骨强烈突出的"原始欧洲人类型",一是天山昭苏土墩墓地头骨,近欧洲人种的帕米尔——费尔干类型(又称中亚两河型),一是楼兰墓地头骨的具有长狭颅形和狭面特征的"地中海人种东支类型",说明地中海人种成分已经入罗布泊地区。[15]

中亚地区是中东的人们通往东亚中国的中间地带,是必经之路。历史学家和农业考古学家研究,农业在从中东传播到其他地区时的路线之一是沿着里海海岸进入中亚平原。[16]说明在公元前1300年前,

中国与中亚五国互联互通中的语言文化障碍问题研究

中国早期的农作物小麦和大麦应该是由中东经过中亚传播进来的,汉字"麦"的甲骨文字形结构也验证了这一说法。也因此,形成了"中亚以及从中亚到印度河和黄河流域这一带的小麦"[17]植物区。而中国六畜中的羊、牛、猪,据考证,都起源于中东。说明也是经由中亚地区传到中国中原的。中亚与我们共享天山的冰雪世界和极美自然,有3000多公里的共同边界,民间低调互访,时而走亲访友。"斯坦"一词源于古波斯语,意为"……之地"。"明月出天山,苍茫云海间。""君不见走马川行雪海边,平沙莽莽黄入天"是中亚地区给我们的印象。公元8世纪,中国的造纸术传入中亚后,阿拉伯文化得到了保存和传播。中国先秦的许多古籍中大量提到有关西域的情况,如我们比较熟知的"月氏"国在先秦史籍中早已见诸记载,即《逸周书》《穆天子传》《山海经》和《管子》中所记载的"禺氏"或"禺知"国,即《史记》《汉书》中说的"月氏"。禺、月是同一外来语音的不同译写。法国考古学家在乌孜别克斯坦的铁尔梅兹市发现了一处古城遗址。这座古城在2000多年前曾繁荣一时,是当时中亚大国贵霜王国的商业和文化中心之一。考古资料显示,铁尔梅兹兴起于公元前3世纪左右。公元前1世纪,贵霜王国建立并逐渐强盛,由于建国的大夏人原先臣属于大月氏国,中国古代也称贵霜王国为大月氏。贵霜王国所处地域是丝绸之路的必经之地,因而成为沟通欧亚经济文化联系的咽喉要道和中转站。

对于我国读者,说起西域,了解比较多的是匈奴和当今我国的新疆地区。汉人应劭著的《风俗通义》中云:"(匈奴)被发左衽,言语赘币,事殊互也。殷时曰獯粥,改曰匈奴。"王利器校注"应劭曰:'反舌左衽,不与华同,须有译言乃通也。'"在古丝绸之路上新疆有两个很重要的地方,至今还是人们向往旅游的佳地,那就是吐鲁番和库车(龟兹)。这一地区的古代概念完全属于西域范围,如唐代圣僧玄奘的《大唐西域记》所载。在我国新疆和田与内蒙古的巴音郭楞蒙古族自治州

第三章　中国与中亚地区历史上的往来给我们的启示

的交界处,有个叫尼雅的地方,翻译成维吾尔语是"遥远的地方"。在玄奘法师的《大唐西域记》里记有一个"尼壤"的地名。玄奘法师做事非常认真严谨,他在《大唐西域记》里都是按照原初的名称记载。如他把"和田"正名为"瞿萨旦那"。结合考证,"尼壤"就是"尼雅"。说明早在维吾尔语流行当地很早以前就有"尼雅"这个地名了。"突厥"之名,在中国史籍中始见于公元542年。《周书·突厥传》所载:"突厥者……姓阿那氏……居金山之阳……金山形似兜鍪,其俗谓兜鍪为'突厥',遂因以为号焉。"

越来越多的考古证据表明,小麦、冶铁技术、金银器等制作工艺是由西亚、中亚通过丝绸之路传入中国的。[18]

秦始皇兵马俑中有百戏俑,但是"百戏"一词产生于汉代,是古代乐舞杂技的总称,百戏在汉唐时期发展成杂技,是汉墓及祠堂画中最常见的场面。表演艺术是古代民族文化交流的一项重要内容,说明早在秦代,中亚地区的戏耍应该已经传入我国。《后汉书·西域传》有鱼豢《魏略》曰:"大秦国俗多奇幻,口中出火,自缚自解,跳十二丸,巧妙非常。"大秦国即古罗马帝国。在我国司马迁的《史记》和班固的《汉书》中都记载有"塞种人"或"尖帽塞人"。《汉书·西域传》云:"昔匈奴破大月氏,大月氏西居大夏,而塞王南君罽宾。塞种分散,往往为数国。自疏勒以西北,休循、捐毒之属,皆故塞种也。"颜师古注释曰:"君谓为之君也。即所谓释种者也,亦语有轻重耳。"塞种即斯基泰人(Scythians),也翻译为西古提人、西徐亚人或赛西亚人。古代波斯人称他们为Saka,他们是游牧民族,善于养马,形成了独特的斯基泰文化。据史书记载,我国黄河流域文化与草原地区斯基泰文化之间早有交流。[19]2007年柏林举行的斯基泰展中,有一件被称为"哈萨克武弁"的青铜风帽。[20]

公元前138年至公元前119年,张骞两次出使西域,到达大宛,即今天的费尔干纳、康居（锡尔河）、大夏（阿姆河）、大月氏等地方。在张骞第二次出使西域返回后，汉通往西域各国的交往通道正式开通，见《汉书·张骞传》卷六一"于是西北国始通于汉矣。然张骞凿空，其后使往者皆称博望侯，以为质于外国，外国由是信之。其后，乌孙竟与汉结婚"。公元前138年，汉武帝派张骞出使西域。之后张骞多次出使西域，前后有14年，是历史上第一位走遍中亚的中国人。《史记·大宛列传》《汉书·西域传》，均依据张骞出使西域的记录，记载了大宛（费尔干纳）、康居（锡尔河中游迄北）、安蔡（咸海、里海之间）、花剌子模、乌孙（伊塞克湖、伊犁河）、无雷（帕米尔）等国的情况。比如史书记载，张骞在到达中亚地区后发现在阿富汗竟然有生产于四川的蜀布和邛竹杖。《汉书·张骞传》卷六一记载骞身所至者，大宛、大月氏、大夏、康居，……骞曰："臣在大夏时，见邛竹杖、蜀布"。唐颜师古注《汉书》引臣瓒曰："邛，山名。生此竹，高节，可作杖。"服虔曰："布，细布也。"颜师古注曰："邛竹杖，人皆识之，无假多释。"邛，即邛崃山，在四川省荥经县西。《汉书·张骞传》接着记载了张骞的好奇，"问安得此，大夏国人曰：'吾贾人往市之身毒国。身毒国在大夏东南可数千里。其俗土著，与大夏同……'以骞度之，大夏去汉万二千里，居西南。今身毒又居大夏东南数千里，有蜀物，此其去蜀不远矣。……天子既闻大宛及大夏、安息之属皆大国，多奇物，土著，颇与中国同俗，而兵弱，贵汉财物……而蜀贾间出物者或至焉。"毒国，即李奇注曰："一名天笃，则浮屠胡是也。"颜师古认为是佛教传播者随着商贾传入的，他注释曰："即敬佛道者。……间出物，谓私往市者。"（《汉书·张骞传》卷六一）由此可知，中国和中亚地区早有往来，既有贸易往来，也有文化交往。

据史书记载，在西汉与中亚地区交往中，因彼此语言表达方式的差异，有非常友好的交往，也曾因误会而发生战争。这些历史事件都

第三章　中国与中亚地区历史上的往来给我们的启示

应该给当今人们启发和借鉴。如《汉书·张骞传》卷六一记载:"骞即分遣副使使大宛、康居、月氏、大夏。乌孙发道译送骞,与乌孙使数十人,马数十匹报谢。因令窥汉,知其广大。"在甲骨文字中虽然有马字,但史学家考证,中原的马来自中亚地区。司马迁《史记·大宛列传》中说汉武帝认为"神马当从西北来",于是派使者前往西域、中亚地区搜求。《汉书·张骞传》卷六一亦做了记载:"初,天子发书《易》云:'神马当从西北来',得乌孙马,好,名曰'天马'。及得大宛汗血马,益壮,更名乌孙马曰'西极',名宛马曰'天马'。"在汉武帝好"天马"的搜求中,因为语言文化的障碍,发生了两次比较大的战争。汉武帝最先获得的马是乌孙的马,高兴地认为这已经是良马,便称其为"天马"。在获得乌孙"天马"后,又从中亚回汉的使者口中得知大宛国贰师城的马更为精良。于是汉武帝派车令等壮士带千金和金马去交换贰师的善马。不曾想大宛王傲慢无礼且贪财,既想接受汉武帝的金银又不想交换善马。而车令等人在遭到拒绝后也勃然大怒,出言不逊,危机升级。大宛王竟然派人杀了车令等人,夺走了汉使财物。太史公比较详细地记述了这一事件。

《大宛列传》中记载:

> 汉使入西域者言:"宛有善马,在贰师城,匿不肯与汉使。"天子既好宛马,闻之甘心,使壮士车令等持千金及金马以请宛王贰师城善马。……得汉黄白金,辄以为器,不用为币。……宛王与其臣谋曰:"汉去我远,而盐水中数败,出其北则有胡寇,出其南乏水草。又且往往绝邑,乏食者多。汉使数百人为辈来,而尝乏食,死者过半,是安能至大军呼?无奈我何。且贰师马,宛宝马也"。遂不肯予汉使。汉使怒,妄言,椎金马而去。宛贵人怒曰:"汉使至轻我!"遣汉使去,令其东边郁成遮杀汉使,取其财物。[21]

中国与中亚五国互联互通中的语言文化障碍问题研究

公元前116年,当首获大宛国汗血马后,汉武帝欣喜若狂,随更名乌孙马曰"西极",把"天马"作为大宛马的专属名。

据史书记载,公元97年,中国汉朝大将甘英本来要经过今日的土库曼斯坦的帕提亚(安息)去罗马帝国访问,但到海边未能过海,曾在帕提亚滞留过。公元111年,帕提亚国王来中国访问,赠送狮子、大鸟等礼品。史书记载,在公元147年,帕提亚国王派太子作为友好使者来中国传教。这位太子就是史书中记载的"安世高"。安世高具有极好的语言天赋,他在极短时间里掌握了汉语,是用汉文翻译佛经的第一人。公元前119年,汉武帝派张骞第二次出使西域时,在乌孙曾派遣副使前往安息(伊朗),见"其俗土著,耕田,田稻麦,蒲陶酒",又记载"其属小大数百城,地方数千里,最为大国。临妫水(阿姆河),有市民商贾,用车及船行旁国,或数千里。以银为钱,钱如其王面,王死辄更钱,效王面焉","画革旁行以为记"。据文字专家考订,"画革旁行"语文是用阿拉米亚文字书写的巴列维语,即帕提亚语(中古波斯语)。

汉语第一批外来语是古丝绸之路开通后传入的。这些由域外传入的词语来自西域,当然包括中亚地区。这一批外来词语既有佛学中"般若(prajna)"一类,也有世俗用语"刹那"一类,大致有35000多个词语。外来词语主要是一些生活类词语和动植物类词语,如"葡萄""胡椒""菠菜""檀香""狮子""琵琶""茉莉""骆驼""玻璃""珊瑚"。第二批应该是在汉晋之际至唐朝八百年的时间里,随着商旅而来的僧侣们带入的佛教文化类词语。佛教的传入与普及,极大地丰富了汉语语汇,据近代无锡人丁福保收编的《佛学大辞典》(中国书店出版社2011年版)收有佛教词语近三万条。如"阿弥陀佛""菩提""当下""刹""刹那""禅""觉悟""自觉""庄严""导师""智慧""真心""罗汉""舍利""世界""阎罗""地狱""佛""塔""浮屠""梵""法宝""缘分""随缘""差别""平等""烦恼""解脱""解脱""面壁""究竟""绝

第三章 中国与中亚地区历史上的往来给我们的启示

对""抖擞""欲火""臭皮囊""群魔乱舞""牛鬼蛇神""五体投地""大彻大悟""想入非非""现身说法""醍醐灌顶""心心相印""痴心妄想""心无挂碍""三生有幸""生老病死""前因后果""当头棒喝""单刀直入""一尘不染""一丝不挂""天花乱坠""心花怒放""一厢情愿""一刀两断""味同嚼蜡""早知今日,悔不当初""种瓜得瓜,种豆得豆""百尺竿头,更进一步""无事不登三宝殿"……。我们无论信仰佛教还是没有信仰佛教,这些词语已经常常为我们脱口而出,习而不察了。中国人自古奉行"前事不忘,后事之师"的信条,深信历史具有"资治通鉴"的功效,所以在文化语言中将佛教里的词语转借为实用理性的词语,所具有的生活理念含义远远超过了宗教观念了。在民族间的交往中,饮食是很容易被接受理解的。或者有人不习惯一种新的饮食味道,但是能够明白是什么,所使用的语词也容易留下痕迹,便于记忆。饮食文化既有民族特色又很容易为外族认知,是人类文化事项中的一项重要内容。在我国,粉蒸肉名扬大江南北。据说在唐代,阿拉伯人经过中亚地区抵达长安,并带来了许多种美食,其中之一就是粉蒸肉。古丝绸之路开通后,我们不仅与中亚地区、欧洲一部分地区有了广泛交往,吸纳了众多词语,而且还促使我们的语言家们发现了我们汉语具有声调这一语言特点,并开始了有系统的语音研究。[22]

依据史料文献和考古资料已知在张骞通西域前,中国与西方古时已经存在着各种文化交流。司马迁的《史记·货殖列传》记载有一位名叫倮的商人"求奇缯物,间献遗戎王,戎王什倍其偿,与之畜,畜至用谷量马牛"。结果"秦始皇帝令倮比封君,以时与列臣朝请"。倮用中原地区所产的丝绸与西域戎王的牛马进行交易,获得秦始皇帝的重用,成为中国历史上因边贸致富而名垂青史的第一人。"往来在有史之初即已有之,只是史无其文,故茫昧难稽。但谓张骞以前,缺乏明确记载,可谓张骞以前,中西无交往之事实则不可。"[23] 公元前138年,

中国与中亚五国互联互通中的语言文化障碍问题研究

张骞奉汉武帝旨意出使西域,经历大宛(位于乌孜别克东部)、大月氏、大夏(今阿富汗)、乌孙等地,历史上首次为中国与中亚建立了直接的官方联系,促进了中国与中亚地区的政治往来、经济交流和文化融通,从而使中国与中亚地区的联系达到了历史上一个崭新的阶段。因此《汉书·张骞传》记载:"使者相望于道,一辈大者数百,少者百余人,所贵操,大放博望侯时,其后益习而衰少焉。汉率一岁中使者多者十余,少者五六辈,远者八九岁,近者数岁而反。自骞开外国道以年贵,其吏士争上书言外国奇怪利害,求使。天子为其绝远,非人所乐,听其言,予节,募吏民无问所从来,为具备人众遣之,以广其道。"使得原来民间自发式的经贸小活动转为政府主持下的大规模往来。在唐王朝统治时期,以"马绢交易"和"茶马贸易"作为与北方和西北各部的主要贸易项目,为了保障贸易通道的畅达,唐太宗更是设置"过邮六十八所,具群马、湩、肉,待使客,岁内貂皮为赋"。

除了文化、经济、贸易外,中国与中亚各国在保护家园的历史上也曾密切合作,共同抗击入侵者。汉武帝派遣张骞出使西域的一项重要任务是说服月氏人,即居住在今日的乌孜别克斯坦共和国的费尔干纳地区的人民,与汉国结盟,一起抵抗当时的强敌——匈奴,维护商道的和平,从而使商路安全得到了保障。美国著名历史学家 L. S. 斯塔夫里阿诺斯(Leften Stavros Stavrianos,1913—2004)在其代表作《全球通史》(A Global History)中说:"这是我们在发现敦煌悬泉文书前从《汉书·西域传》中获得的知识,现在我们又得以研读悬泉文书的详细记载,获知更多的汉王朝与中亚各国的经济贸易与政治往来的历史史迹。"他说,据史书记载,"中国丝织品是各地最为需要的,至少占中国出口商品的90%;剩下的10%包括肉桂、大黄和优质铁。作为回报,中国也得到了各种物产,如:来自中亚的毛皮、毛织品、玉和牲畜"[24]。

在中亚地区,历史上曾经有一个名为贵霜的帝国。在其鼎盛时期

第三章　中国与中亚地区历史上的往来给我们的启示

（127—230），疆域从今日的塔吉克斯坦至里海、阿富汗，以及印度河流域。贵霜帝国，中国史籍称"大月氏"，在公元前1世纪至5世纪统治着中亚地区，曾多次与西域诸国发生战争。如东汉"初，月氏尝助汉击车师有功，是岁贡奉珍宝、符拔、师子"但是"因求汉公主。超拒还其使，由是怨恨。永元二年，月氏遣其副王谢将兵七万攻超"。（《后汉书》卷四七《班超传》）2世纪末至3世纪初，由于贵霜内乱，一些贵霜人曾移居中国新疆。据《后汉书·西域传》（《后汉书》卷八八）记载，贵霜国由大月氏分化而来。原文如下：

> 初，月氏为匈奴所灭，遂迁于大夏，分其国为休密、双靡、贵霜、肸顿、都密，凡五部翕侯。后百余岁，贵霜翕侯丘就郤攻灭四翕侯，自立为王，国号贵霜王。侵安息，取高附地。又灭濮达、罽宾，悉有其国。丘就郤八十余死，子阎膏珍代为王。复灭天竺，置将一人监领之。月氏自此之后，最为富盛，诸国称之皆曰贵霜王。汉本其故号，言大月氏云。

从史书的记载可知，贵霜帝国与中国汉朝有着频繁的交往，这也促进了该地区与中国文化上的交互学习。

1987年，考古工作者在甘肃省敦煌市发现了悬泉置遗址，从1990年至1992年，考古专家又对该遗址进行了为期两年的系统的科学发掘，发掘面积3000多平方米，发现了许多中原地区与西域交往的重要文物。出土的汉简上书有"悬泉置"三字，因而定名该遗址为悬泉置遗址。汉简记载，汉武帝时将悬泉称作"悬泉亭"，汉昭帝时又改称"悬泉置"，东汉后期则改称为"悬泉邮"。魏晋时期"悬泉置"废弃，唐代恢复，称名为"悬泉驿"，宋代又将其废弃。"悬泉"还有一俗名曰"吊吊水"。"二师庙"和"吊吊水"是清人对它的称名。悬泉置遗址的具体位置在甘肃省敦煌市甜水井南的戈壁滩上。"悬泉"一名始见于《耆旧记》，曰："水有悬泉之神。"（《续汉书·郡国志》刘昭注补）"悬泉",顾名思义,泉水从悬崖流下,故又名"悬泉水"。"悬泉"的另一个名字是"贰师泉"。据说"贰师泉"之名则得名于西汉贰师将军李广利,传说他在此"刺石成泉"。"贰师将军"的得名是因地名而来。《史记·大宛列传》卷一二三记载:"期至贰师城取善马,故号'贰师'将军。"又有《汉书·李广利传》卷六一云:"太初元年以广利为贰师将军,发属国六千骑及郡国恶少年数万人以往,期至贰师城取善马,故号'贰师将军'。""贰师"是"大宛"的城名。《汉书·武帝纪》卷六云:"遣贰师将军李广利。"其下有魏人张晏注曰:"贰师,大宛城名。"唐人颜师古注曰:"大宛,国名。"据说敦煌遗书中有"贰师泉"的记载,书法颇具神异色彩。篇名是《贰师泉赋》,其云:"昔贰师将军李广利征大宛归来,军行至敦煌境,三军告渴,遂刺崖面霹雳,随刀势而流泉,山列地吼,鬼哭神趁,虫狼嗥叫,毒蛇吐烟,三危震而啜啜,泉水荡而潺潺。军吏丈额相谓而言:'我将军之神威,使枯胪而复苏。'"此泉是"人为多而益荡,人少而涓"。(参见《敦煌遗书》第2488页和第2712页)《西凉异物志》也有近似记载,其文云:

> 汉贰师将军李广利西伐大宛,回至此山,兵士渴乏,广乃以掌拓山,仰天悲誓,以佩剑刺山,飞泉涌出,以济三军,人多皆足,人少不盈,侧出悬崖,故曰"悬泉"。

唐代李吉甫《元和郡县图志·陇右道下·悬泉水》则详细记录悬泉的位置,笔法也颇具神话性质。原文如下:

> 悬泉水,在县东一百三十里。出龙勒山腹,汉将李广利伐大宛还,士众渴乏,引佩刀刺山,飞泉涌出,即此也。水有灵,车马大至即出多,少至即出少。

对于"悬泉"一名的来历,在《后汉书·国弟子恭传》卷一九也有记载。其文云:"七月……恭于城中穿井十五丈不得水,吏士渴乏,笮马粪汁而饮之。恭仰叹曰:'闻昔贰师将军拔佩刀刺山,飞泉涌出;今

第三章 中国与中亚地区历史上的往来给我们的启示

汉德神明,岂有穷哉。'乃整衣服向井再拜,为吏士祷。有顷,水泉奔出,众皆称万岁。"在《后汉·孝明皇帝纪》卷第十中也有近似的记述,曰:"……因绝涧水,吏士无饮,穷困,至榨马粪汁饮之。恭於(是)城中穿井十五丈,不得水,吏士失色。恭叹曰:'昔苏武困于北海,犹能奋节,况恭拥兵近道而不蒙祐哉?闻贰师将军拔佩刀以刺山,而飞泉涌出,今汉神明,岂有当穷者乎?'乃整衣服,向井再拜,为吏士祷水,身自率士挽笼。有顷,飞泉涌出,大得水,吏士惊喜,皆称万岁。"

置,有设置、设立的意思。汉代的行政机构设立有"置",是汉代行政机构,县一级的驿站。悬泉置属敦煌郡管辖,是丝绸之路上的一处政治交通枢纽。悬泉置是西汉至大唐年间,中亚到敦煌与安西直至中原地区之间人员往来和信息传递的一大接待和中转驿站。从遗址发掘来看,其规模很大,由坞院、马厩、房屋、粮仓及其他附属建筑构成。据史书记载,公元前 94 年,西汉王朝在悬泉设立了专门处理公文和邮件的部门,负责接待过往官差、使节,是军队的重要机构,名为"敦煌郡效谷悬泉置"。从该遗址出土的 15000 多枚汉简中可知,在悬泉置,设有"啬夫、丞、令史、邮书令、史、佐、驿卒、郡府特派置监"[25]以处理各项政务。在遗址中,除了出土有大量生活、生产用具如陶器残片、皮革、纸、丝织品、漆木器、铁器,以及马、牛、鸡等家畜禽类的骨骼外,令世人震惊的是还有数量很大的简牍、帛书、纸文书出土。悬泉文书内容庞杂又非常详尽,特别是有许多贸易细节的详细记载。如记载有在公元前 39 年,发生了一起贸易争端。有 4 名来自粟特的商人与中国人进行骆驼交易时发生了争执。粟特商人说他们的骆驼是白色肥壮的,应该价格高,而中国商人是按照黄色的瘦弱型的价钱付款。这一交易中的价格争执竟然也记录在案,说明当时的政府在此地设有公平交易仲裁机构,也说明使用共同的交流语言。

在我国史书中有"互市""交市"的名称。这是随着张骞开通西域商道后,中国与西域各国的贸易互动频繁而出现的词语。"互市"一词产生于东汉时期,是指汉与乌桓、鲜卑、匈奴等族群间的贸易。魏晋以后,又称"交市"。在隋代,中央王朝为了更好地与外国或周边异族进行贸易,在西北设置了"交市监",掌管互市之事。唐贞观六年(632)改称"互市监",设互市场,以马市为主。所以"互市监"是官署名,也是官职名称。《新唐书·百官三·互市监》卷四八记载曰:"互市监,每监,监一人,从六品下;丞一人,正八品下,掌蕃国交易之事。隋以监录四方馆。唐录少府。贞观六年,改交市监曰互市监,副监曰丞。武后垂拱元年曰通市监。有录事一人,府二人,史四人,价人四人,掌固八人。"政府在边境地区设置了管理商贸活动的"互市监"。《白孔六帖·市部·互市》记载:"市易之日,卯后,各将货物、蓄产,俱赴市所。官司先与蕃人对定物价,然后交易。"

美国耶鲁大学历史学教授芮乐伟·韩森在引用王素《悬泉汉简所见康居史料》中的文献时这样叙述:

> 悬泉文书中有好几件列出帝国境内第一个城镇敦煌与汉帝国首都之间的所有停靠站,无论是西元前一世纪的长安或西元一世纪的洛阳。使团不允许偏离这些路线。在每个停靠站,官员清点每个使团的人数与牲口数,确保与通行证上登记的相吻合。官员可以修改这些通行证,也可以发新的通行证。他们在前往中国的使团行经悬泉时检查,并在使团离开悬泉、返回中亚(通常是六个月后的事)时再次检查。悬泉的厨师详尽记录每位客人的食物开销,无论是中国人还是外国人,一律记下其等级与旅行方向(东或西)。[26]

他采用当代国家海关管理的语言重新表述了2000多年前西汉政府一个小小驿站的日常工作。这一段文字再次说明,西汉政府是本着平等原则,管理中国与中亚政治和贸易往来的这一条通道的。传递出

第三章 中国与中亚地区历史上的往来给我们的启示

的信息是在当时的中国政府管理下,每个族群都能够和平安宁的生活,在公平互利的环境下进行自由贸易交往,每一个人的生命和财产都能够得到保护。在芮乐伟·韩森(Valerie Hansen)的《丝路新史:一个已经逝去但曾经兼容并蓄的世界》书中还记载了一件有关贸易的仲裁案件。事情是因一名中国商人和他的商业伙伴的弟弟之间的一件贸易纠纷引起的。原告是西域人,姓曹,名禄山。这是一位昭武九姓之一的粟特商人。公元670年,曹禄山到吐鲁番安西都护府状告一名中国人。曹禄山的哥哥在弓月城(今天中国新疆的阿力麻里,距离哈萨克斯坦很近)借给这位中国商人两百七十五匹丝绸,但是不幸,曹禄山的哥哥在前往龟兹的途中遇到不测。所以曹禄山代替兄长要求中国商人偿还这一笔借款。曹禄山的哥哥与中国商人之间语言不通,当时是在翻译的帮助下完成借贷关系的。曹禄山无法出示借贷凭据,可是有两位见证人可以作证。根据大唐律法,两位证人的证词可以采信。管理者支持了曹禄山的起诉,判决中国商人如数奉还给曹禄山。[27] 这一条文书的记载,真实地反映了大唐法律的公平公正,反映了统治管理的有序性,反映了当时人们的守信品德。曹禄山、中国商人、两位见证人,跨越了语言的障碍。管理者在这条通道上维护的是友善,真诚,没有国别与族群的歧视。

龟兹(今库车),龟兹国,梵语写作Kucina,也是我国古代西域大国之一,也是我国历史文献中常常出现的一个名词。"龟兹"第一次出现在班固的《汉书》中。《汉书·地理志》卷二八下云:"雕阴道,龟兹,属国都尉治。有盐官。""龟兹",应劭注曰:"音丘慈。"龟兹的国都延城在我国新疆的库车附近,龟兹国东可通焉耆(今我国新疆维吾尔自治区焉耆回族自治县附近),西可去姑墨(今我国新疆维吾尔自治区阿克苏地区拜城县一带),北能通乌孙(今我国甘肃省敦煌祁连山之间)。龟兹在汉代首次出现在我们的史书中,正是因为它位于我国通往中亚的特殊地理位置上。公元前2世纪末,李广利将军奉汉武帝之命,经过龟兹前往大宛国,拜会大宛国的最高统治者。目的是希望能够说服其统治者与汉国保持友好关系,共同抵御匈奴的威胁。大宛国位于今天的乌孜别克斯坦境内。因为当时匈奴人控制了中亚大部分草原。在公元91年,班超担任了龟兹都护。班超任命白氏家族为王,自此中亚地区开始平稳。北魏时期(386—557,由鲜卑族拓跋珪建立的王朝),中国政府依然采取文化兼容的态度接纳域外商贩,从《洛阳伽蓝记·卷三·城南》对四夷馆的情况详细可见一斑:

> 自葱玲以西至于大秦,百国千城,莫不欢附。商胡贩客,日奔塞下。所谓尽天地之区,已乐中国土风,因而宅者,不可胜数。是以附化之民,万有余家。门巷填列,青槐荫陌,绿树垂庭,天下难得之货,咸悉在禹。

他们爱好中原风俗,以居住此地为"安定",达到了老子所言的"乐其俗,安其居"的境界了。

比较而言,唐朝与西域中亚的交往要比汉代成功,这与唐的统治者更加睿智分不开。唐代的西域指"玉门、阳关以西以迄于伊兰高原地方俱属之"[28],中亚五国正在这一区域。唐政府在管理层面,对遥远的中亚地区,实行遥领的羁縻州府管辖,同时征调大量军队前往西域戍边屯田。在唐朝廷里,不但有朝鲜半岛人任官,而且也大量任用突厥、匈奴、鲜卑、吐蕃、大食等少数民族人士为官。出现了"服改毡裘,语兼中夏,明习汉法,觇衣冠之仪。目击朝章,知经国之要。"[29]唐朝文化以中国传统的中原文化为主体,更加开放包容。它在民族、文化、宗教等各项事务中兼收并蓄,采取多元的文化认同政策,一方面发展提升了全社会的文化素养,比如成为诗的国度,另一方面有效维护了唐朝周边社会的稳定,比如西域地区商贸文化的繁荣。这些都归因于在文化方面,人们的认知已经达到"天之生人,本无番、汉之别,然地

第三章　中国与中亚地区历史上的往来给我们的启示

远荒漠,必以射猎为生,故常习战斗。若我恩信抚之,衣食周之,则皆汉人矣"的水平,故而摈弃了文化歧视的狭隘意识,出现了不同族群杂合相处的和平景象。各个族群的人们在语言、习俗、文化、信仰等方面相互交融,共同发展,不同区域的文化差异逐渐消失,也使大唐文明有条件辐射整个中亚地区。在这种互学互鉴和谐环境下,由社会不同层级的群体共同构筑维护着丝路贸易文化通道。传道取经的僧侣和各地商旅人数最为庞大,他们成为中国文化一路向西播散的主要群体。比如中亚各地的粟特人是最活跃最善于经商的一个群体,用葛剑雄先生的话来说,这些商人是"利所在无不至"[30]。再比如佛学大师鸠摩罗什,他出生于西域的龟兹。鸠摩罗什翻译佛经的方法对我们今天的翻译技巧很有启发。据芮乐伟·韩森(Valerie Hansen)在《丝路新史:一个已经逝去但曾经兼容并蓄的世界》中所言:

  虽然早期的译经者也会将梵文典籍翻成汉文,可是许多早期译本充斥大量专门语汇,唯有少数学过梵文的中国人能理解。大部分早期佛教翻译都是由佛教导师(通常来自印度)背诵一段文本,口头解释其内容,门徒用汉文将导师的口述内容记录下来。这种翻译系统造成许多错误,因为老师无法阅读学生们写下的内容,而学生们也无从确定自己是否真的理解老师所说。

由于汉语和梵语分属两个截然不同的语系,导致翻译变得特别困难;梵语和其他古代印欧语言一样有高难度的语法。动词和名词根据它们在句子中的作用,有各种变化形式。汉语为汉藏语系的一员,文法上简单得多,名词和动词不会改变形式,一个句子的意思取决于字词的顺序,导致相当程度的文意模糊性。公元400年,一个学生能够取得的最佳教材是双语文本,将同样的句子以不同的语言对照并列。[31]

而鸠摩罗什改变了传统的由导师口述,学生记录的译经方法。他在忠实于佛经原文本意的基础上,采用音译的方法,调整语序,用符合汉语句法结构的形式重新组织经文语言。由鸠摩罗什翻译的佛经文本,即使是认识汉字的普通中国百姓都能读懂,能够明白经文的语义,提高了文本的可读性。

唐朝是中国历史的奇迹,也是"中国影响力在中亚的高点,也标志着丝路贸易的高峰"[32]。唐朝统治者在处理多种族文化融合方面彰显了中华民族的包容胸怀,更是人类智慧的典范。而所有的智慧可以为中国传统价值观涵盖,即仁、义、礼、智、信。丝绸之路的表象是贸易,说它是贸易之路也无妨。有贸易就必然有贸易争端,有贸易争端就必然会有与当今并无二致的裁决事件。有越来越多的出土文献证明了当时管理这一世界性通道的大唐政府与它的各级官员是秉持一种公平公正的原则,在处理解决各类贸易争端纠纷问题上,没有贸易保护主义意识、没有民族文化歧视思想。而这正是当今世界人们一再强调的准则,在1000多年前的中国,已经做到了。大唐的首都长安城,居住着许多非汉族的友族群体,是一座可与当代大都市媲美的国际都市。来自中亚地区的各族群被泛称为"胡人",他们善于做生意,也擅长歌舞,开有酒肆饭馆,有音乐舞蹈相伴。胡歌、胡酒、胡舞、胡乐广受欢迎,并被保留在中华文化的宝库中,代代相传。他们既带来了自己民族的文化,也汲取了部分汉族文化。比如饮食、葬俗等都有汉胡文化因素的融合。他们的墓地也像汉族人一样,立有墓志。2001年,在西安考古发掘的安伽墓就是一个很好的例证。安伽的父亲来自今天属于乌兹别克的布哈拉,与甘肃武威当地的女子结为夫妻,组成了跨国婚姻家庭。[33]所以,跨国婚姻并不是什么新奇的婚姻形式。这些表象是唐代开放的民族政策的体现。"天宝初年,贵族及市民好为胡服、胡帽。"[34]来到中原的西域人,与汉人错居、通婚、学说汉话、改

第三章 中国与中亚地区历史上的往来给我们的启示

穿汉服,仿照汉人的统治手段,学习借鉴汉人的经济、文化等制度文化。汉文化也积极接纳西域文化元素,有了唐代诗人崔颢"仗剑出门去,孤城逢合围。……还家且行猎,弓矢速如飞"的豪情。(崔颢《古游侠呈军中诸将》)

古代丝绸之路开通后,沿线贸易发展迅速,中亚地区同中国的经济文化交流更加密切。中国与中亚地区的交往也形成了一定规模。比如历史上的粟特人。中亚地区的乌孜别克斯坦大城撒马尔罕曾经是粟特人的家乡。在公元500年至800年期间,粟特人与中国的贸易往来非常频繁,他们是丝绸之路历史文化的主要参与者。粟特人像丝绸之路上其他族群的商人一样。"沿着这些充满危险的路线运送的货物数量并不大,然而丝路的确同时改造了东西双方的文化。"他们在这条"路"上"传递着观念、技术与艺术母题而不只是贸易商品"[35]。南北朝时期,有不少葱岭以西的胡商到塔里木盆地诸国以及中原经商。当时人称"自葱岭以西,至于大秦,百国千城,莫不欢附,商胡贩客,日奔塞下"。

从文献记载和出土的简牍文书可知,唐朝的有效管辖得益于严格管理和人文关怀并存的施政措施。从出土的木牍和其他文书材料分析可以看出,唐朝的治国理念和与周边国家相处之道都不同于汉代。唐朝对外来移民的管理方式采取族群自治的管理办法。比如,设置"萨保"官职。"萨保"是由中央政府任命的一个族群的管理者,这一官员的职责主要是处理本族群的社会事务。在治理丝绸之路的贸易文化交往方面,他们有一套完善的管理制度。同时也出于人文关怀考虑,设置了方便往来商旅和僧侣以及其他行人的生活补给的一些设施。如在吐鲁番、尼亚和龟兹都设有专门机构,叫都护府。考古发现了大量文书,属于通关的通行证。通行证清晰记录着商队人数、货品、路线。记录行人的总数,同时写明每个人的性别、名字、年龄和在商队中的角色；写清标明货品的类别、数量、规格等。商队的出发地、目的地也标注得很清楚。对于进出中国境内的商队的所有信息都完整清楚的一一进行登记，并通知给各个关卡。所以，商队和各种行者，每到一个新的行政区域，官员要一一核对验证，再发放新的通行证。如果出现行程或人数、货品等与通行证所记录的不符，则会被坚决阻止继续前行。如果商队偏离计划路线，一旦被发现，一定会被官府追踪逮捕。从这些文书中，我们会看到比正史记载更为真实的"丝路"情况，也可以看到唐代科学的管理体系。比如对商队偏离计划路线的处理办法，并不是一味地进行追捕，阻止其前行。文书记载，如果商队人员有偏离计划时间或路线的，在有证人证明有合理原因时，官员也会给他免于处罚而同意他继续前行。有一个例证：

> 西元七三三年，长安居民王奉仙在完成军队补给从龟兹离开时，为了追欠他三千文铜钱的债务人偏离许可路线，于是重新申请旅行通行证。当地官员在他未被许可前往的城镇里逮捕他。不过当他解释自己生病，而且有人能够证明他所言不假，官员便允许他继续前行。[36]

历史上，周边国家赞誉中国是"礼仪之邦"。在今天塔吉克的彭吉肯特保留有一幅壁画，收藏在阿夫拉西阿卜历史博物馆。画面的内容是当地国王接见外国使节的场景，国王名叫拂呼缦（Varkhuman），他正在接受各国使节的国书和礼品，在画面的中间是五个着装为中国人的使者。这五名中国人呈献的是好几卷丝绸、许多束丝线和没有抽丝的蚕茧，他们也像其他使臣一样毕恭毕敬。芮乐伟·韩森（Valerie Hansen）说"中国人臣服的姿态和其他使者一样，带着礼物而来"，"尽管实际上撒马尔罕的统治者依赖中国的军事支持"[37]。我们不同意作者对这一幅图画作如此解读。我们认为，无论国家大小、强弱，使节出访一个国家，理应按照国际礼节行事。这也是古丝绸之路上语言交流

第三章 中国与中亚地区历史上的往来给我们的启示

与传播给我们的启示。古丝绸之路不只是商贸者的通道,也是文化传播交流的道路。行走在这条通道的人们有说汉语的,有说古突厥语的,有说龟兹语的,有说焉耆语(吐火罗语)的,还有的是说梵语、犍陀罗语或粟特语或古伊朗语的,波斯语也是交际语之一。"说不同语言的人们经常在丝路上相遇。有些人自小就学习好几种语言"[38],这或许也是中亚地区的语言特色吧。

历史上,中国与中亚地区人民的交往,极大地促进了各民族间语言的交流融汇,丰富了彼此的语汇。正如洪堡特所言"各种语言的语音是否丰富多样,与各民族的机体组织和智力禀赋无疑有密切的关系,但也许更大程度上是由不同族群的接触和混合造成的"。[39] 他在进一步论述中,以中国人、中国族群与外界族群的广泛接触,丰富汉语为例,原文如下:

> 各种语言都拥有充裕的基本语音材料,对此,更自然的解释是某些偶然因素的共同作用(其中以民族迁徙和不同族群的统一所起的作用最大),以及各民族的发明精神的进步。中国人的例子本身便证明,一个民族可以通过各种人为、巧妙的方式用一小批词来满足需要,而从不想到去增加和扩展自己的词。显然,一个民族孤立隔绝于其他民族对于语言绝没有益处,这会妨碍大量的词、惯用语和形式的汇聚,而所有这些东西对于一些族群凭借有利的资质逐渐发展出一种规模巨大、丰富多姿的语言,是绝对必要的。[40]

汉语是人类语言历史上唯一一种从未中断过的语言,语音史上有过三次大的变迁,经历了上古语音、中古语音和近代语音。每一次变化都与民族迁徙有关,汉语词汇的丰富也得益于此。可见,"一带一路"除了经济上为各个国家的人民带来实惠福祉外,也一样会再次丰富我们人类的语言。这也是人类语言在不同民族语言中有共同特征的性质决定的。

  语言之间的互译是延续人类为客观世界和自身思考命名的经济原则。因为在相同自然地理环境和气候下,大自然给予的馈赠几乎相同。只是当初命名时的语音有别。从自然状况来说,差别已经非常巨大,那么存在着你有我无或我有你无的状况是很自然的现象,人类固有的从简经济因子促使借用异族词语时常常采取音译的方式。这些人类的原始思维特征都体现在言语里。语言词语有选择的借用或者转用是人类社会交往中的一个普遍现象。比如双数,在阿拉伯语中最为发达,土耳其语借用了阿拉伯语中的许多词汇,但是却没有借用其双数,可是双数却随着阿拉伯语一起传入了北非;欧洲语言又从梵语里生出双数,并在不同时代和不同方言土语里保留了下来。

  考古发现的木牍文书等有的是汉文字,有的是婆罗米文字,有的则是回鹘文(古代突厥文)。在新疆,出土有佉卢文[41]书。该文书提到一种名叫 kos'ava(也写作 kojava)的毛织物,是粗毛毯的意思。按照现代语系划分,这一地区有汉藏语系、印欧语系、突厥语系等多个语系。最为珍贵的是发现有"常用语手册",册子里有学生的身份记录,"以及他们学习语言的理由"[42]。可惜,没有记录语言老师和教学方式。佉卢文的发现是很偶然的事情。在1901年1月,英籍匈牙利探险家马尔克·奥莱尔·斯坦因(Marc Aurel Stein)带领几个人抵达尼雅,即现在的民丰县县城。有一天,他的一个名叫哈桑的驮夫带回来两块写着字的木板,其实是一幅完整的木牍。因为斯坦因具有印度古史知识,他立刻认出木牍上面的字体与公元前后贵霜王朝使用在碑文等处的文字极为相像,便判断出是一种当时已经不再使用的古文字。[43]我们都知道,佛教来自印度,知道中国唐朝的玄奘法师前往西天取经,同时主动由西而来的僧侣也为数不少。他们由中亚取道河西走廊,沿路传播佛法经意。在佛教由西东传,进入中国的贡献者中,鸠

第三章　中国与中亚地区历史上的往来给我们的启示

摩罗什是其中之一,也是最著名的僧学大师。他出生于当时的龟兹国,母语是龟兹语,他同时精通汉语、梵语、犍陀罗语,可能还有焉耆语和粟特语。[44]他采用浅显易懂的原则将大约三百部的梵文佛教典籍翻译成汉语。鸠摩罗什先是研习小乘佛法,后又专攻大乘佛教经文。广闻博知,造诣深厚。由于他清楚读者的母语是汉语,又有着深厚的儒道文化根基,所以他翻译佛经时灵活运用汉语词语和句式,采用容易理解的语汇和符合中国人阅读习惯的汉语句式进行翻译。鸠摩罗什最有影响的译著是《妙法莲华经》,这是一部大乘经典。直到今日,他翻译的佛经依然是可读性最高的。仅就佛教经典的翻译,便为汉语词汇增加了大约35000个新成员。它们有的依然是佛教的专业术语,有的则进入了寻常百姓的日常生活,成为耳熟能详的常用语[45]。如今我们如果不进行追根溯源式的探究,还真不知道它们是经由中亚地区来到我国的。这也从另一个方面反映了当时中国人的特有的包容胸怀。

第一节　物资交流方面的词语互传

在物质文化、制度文化和心理文化三个层面上,物质文化最先为其他文化所接受。物质文化的互动成果留存于语言活化石结构中,正如英国著名科学家 J. D. 贝尔纳(1901—1971)在其著作《历史上的科学》中所言:"语言是现今仍然活着的古代遗物。研究语言应该是研究各期各地物质文化的一些残存遗产的基本补充工作。研究语言并研究物质文化残迹,再加上目前存在的原始民族来作证,就应该能提供古代社会生活的某些图景。"德国语言哲学家威廉·冯·洪堡特(Wilhelm Von Humboldt,1767—1835)从语言词汇方面也论述了物质文化的传播特质,他说:"词是语言的主要成分,它最容易从一个民族传播到另一个民族。"[46]历史上,中国中原地区与西域、中亚各国的经贸活动促进了文化交流互动。在养蚕织丝等技术技艺传到西方的同时,西域的奇珍异物也回传到中国,《汉书·西域传》载:

> 自是之后,明珠、文甲、通犀、翠羽之珍,盈于后宫,蒲梢、龙文、鱼目、汗血之马,充于黄门,巨象、师子、猛犬、大雀之群,食于外囿。殊方异物,四面而至。

其实,我们从太史公司马迁的《史记·货殖列传》所记载的事件,已经了解到先秦时期这一现象早有出现,只不过是非官方而为。

在物质交流上,中亚地区的葡萄、苜蓿等植物逐渐移植到中原地区,而中原则向中亚地区传去了大量的金属工具、丝织品等,汉人还将铸铁、凿井等技术传到中亚地区。尤其是造纸技术的西传。纸经由丝绸之路"跨出中国,在西元8世纪首先进入伊斯兰世界,接着又通过伊斯兰教徒控制的西西里与西班牙进入欧洲。"[47]在彼此交往中,双方的互动为词语互传所记录。比如《魏书·西域传》记录了中亚地区玻璃制作技术的传入:

> 世祖时,其国人商贩京师,自云能铸石为五色琉璃,于是采矿山中,于京师铸之。既成,光泽乃美于西方来者。乃诏为行殿,容百余人,光色映彻,观者见之,莫不惊骇,以为神明所作。自此中国琉璃遂贱,人不复珍之。

此项记录说明中亚"五色琉璃"胜过中国传统的"琉璃",受到中国人的喜爱。"五色琉璃"就是玻璃。据考证,"我国现存时代最早的蜻蜓眼珠饰发现于新疆,约为西周中期至春秋中期。现已知中国战国中期以前玻璃珠为钠钙玻璃,其化学成分与地中海一带的玻璃制品同属钠钙玻璃系统,而且形制与花纹同域外蜻蜓眼式玻璃珠极其相似,学界基本上认同源自域外"[48]。可见,玻璃制品的传入很早就已经发生了,只不过制作技术直至公元220年的魏时才为中国人掌握。

第三章 中国与中亚地区历史上的往来给我们的启示

历史上的中国与中亚人民互相欣赏对方的物品,所以才可能有经久不衰的贸易往来。根据考古发现,商周时期出现在中国中原地区和长城以北的两种青铜斧是两个区域互相交往的结果。"长城地带中段铜斧出现的年代要晚于早商文化,显然是接受了中原地区商文化的影响"[49]。中亚五国人民都有饮茶的生活习惯,根据史料,我们可知,这种生活习惯正是源于丝绸之路由来自中国物品——茶的影响。《新唐书》卷一百九十六《陆羽[50]传》曰:

> 御史大夫李季卿宣慰江南,次临淮,知伯熊善煮茶,召之,伯熊执器前,季卿为再举杯。至江南,又有荐羽者,召之,羽衣野服,挈具而入,季卿不为礼,羽愧之,更著《毁茶论》。其后尚茶成风。时回纥入朝,始驱马市茶。

不仅仅是史料的记载,从语言学的角度也可以佐证。漠北回纥[51]把"茶读为'da'",是一个浊音。回鹘文和西部裕固语有浊音,但茶一词是 tsa 或 tʃa,不读浊音,可见是汉语浊音消失后才借入的。[52]

属于战国时期的甘肃马家塬墓葬中出土的马车车辆既有中原传统风格也有欧亚及北方草原的文化元素。马车纹样中有几何纹、龙纹、禽首钩喙、云气纹、卷云纹、三角纹、"X"形纹,显然是两种文化元素的融合,而车轮圆周边饰与车厢侧面用金、银、铁和料珠装饰,大轮,多辐,长毂的特征也都是草原地带游牧民族的文化特征。[55]依据殷商考古发现的车马和殷商甲骨文字,都在充分说明至迟在殷商之前,中国的中原地区掌握了驾车技能,马车成为重要工具。但是马车并非中国的中原祖先创制发明的。在距我们 4000 年左右的时候,车马是最快最轻便的交通工具,也是商贸往来的重要物资。所以中原王朝一直希望拥有中亚的宝马。龚缨晏在《车子的演进与传播——兼论中国古代马车的起源问题》一文中指出:"我们可以找到车自西向东传播的证据,但是找不到证明车自东向西传播的证据。"[56]说明中国的马车来自中亚地区。这与中亚生产良马相符。秦人的祖先发迹于为周王朝养马之史,也佐证了殷周时期,中原西隅的养马条件最好,在地域上有与中亚草原游牧民族交往的便利。

中国与中亚地区间的交流往来,在越来越多的考古发现中被证实由来已久。双向交流的互惠互利有史可证。不仅有文字的史料记载,而且越来越多的考古发掘也给予了证实。属于克什米尔地区的布尔扎霍姆文化与甘肃的马家窑文化有着渊源关系,或为仰韶文化西向传播的结果。[57]而中原地区的绵羊、山羊和种植的大麦、小麦,当为从西亚传入。[58]虽然主要是西亚地区与中国的交往,但是也有证据证明继续向北向东抵达中亚地区。

中亚人民驯鹰技术历史悠久,猎鹰技艺代代相传,是游牧民族自古以来的传承,猎鹰捕猎的历史已经超过4000年。目前,全世界只剩下大约70名吉尔吉斯及哈萨克族的驯鹰师。[59]中亚地区有"四宝":水果、烤肉、抓饭、大馕。烤肉是中亚的主要食品之一,大馕是中亚人民的最重要的主食。《史记·大宛列传》记载了公元前127年,张骞出使归来向汉武帝呈报的对话:"天子既闻大宛及大夏、安息之属皆大国,多奇物,上著,颇与中国同业,而兵弱,贵汉财物;其北有大月氏、康居之属,可以赂遗设利朝也。且诚得而以义属之,则广地万里,重九译,致殊俗,威德遍于四海。……蛮夷俗贪汉财物,今诚以此时而厚币赂乌孙,招以益东,居浑邪之地,与汉结昆弟,其势宜听,听则是断匈奴右臂也。既连乌孙,自其西大夏之属皆可招来而为外臣。"[60]在张骞通西域后的西汉后期,拱券技术异常发达的现象,促使我们认为,虽然自秦代开始制作条形砖的技术已经通过文化交流传到中土,但拱券技术并没有随之推广,只是到西汉张骞凿空之后,这一技术才再次通过绿洲丝绸之路或海上丝绸之路传入东方并迅速得泛的认可和应用。[61]唐代,中亚地区的商人定居长安,经营各种波斯、阿拉伯和中亚

第三章 中国与中亚地区历史上的往来给我们的启示

地区的商品。而中国的造纸术也传入了中亚,从此中亚地区有了自己的造纸业。但在纸张刚刚传入中亚时,纸张是被用作包装材料而非书写材料。[62]直到现在,西安的回民街,商贩还是习惯用纸张包裹糕点和牛羊肉等熟食品。阿拉伯国家通过中亚学会了造纸术。中国的陶瓷制造技术也传到了中亚地区。

中国元朝时期,对中亚地区实行了直接统治,重新确定了元朝对中亚地区的政治隶属关系。这也促进了经济联系、文化往来以及民族的融合。到明朝时期,中亚地区由帖木儿王统治。在此期间,帖木儿与中国明朝保持了相对密切的经济贸易和文化往来。帖木儿多次派遣使者前往明朝。除了使者外,帖木儿还经常派商人前往明朝。他们大多携带马匹、骆驼、毛制品、香料,明朝以白金、丝绸等交换。一段时期内,帖木儿还向中国明朝交纳贡赋。不仅帖木儿派遣使者和商人前往明朝,中国明朝也派遣使者和商人访问中亚地区。史书记载,公元1413年,中亚的哈烈、撒马尔罕、设拉子国使节返回时,明朝皇帝朱棣派遣中官李达、吏部员外郎陈诚、户部主事李暹等人携带玺、书、丝绸、布帛等物随行回访。《西域行程记》上下卷便是陈诚、李暹二人合撰的。1420年12月,哈列国的沙哈鲁与其5个儿子带领510人的使团来中国,在北京停留了5个多月,直到1421年5月才返回。使团成员吉牙思丁把他们的沿途见闻以日记形式撰写成书,中文名是《沙哈鲁遣使中国记》。这是"当时最详细、最普及的穆斯林关于中国的史料之一"[63]。清朝时期,中亚地区许多地方处于清朝的直接统治之下,如哈萨克族就臣属于清朝。这样,清朝对中亚地区的影响很大,那么物质文化交流就更加丰富频繁。中国的养蚕和缫丝技术传到中亚,而中亚的植棉技术则由西向东传入中国。"中国人确实是世界上最早制丝的民族"[64],《太平御览》记载大宛国王在公元331年,向汉统治者奉送了棉花和玻璃,[65]说明棉花来自西方。

传入的物质方面词语还有蒸胡饼、胡饼、金桃、马乳蒲桃、偏桃、胡榛子、波斯枣、蜜枣、葡萄、酢菜、胡芹、胡瓜、胡豆、甜菜、苜蓿、蔗糖、胡椒、菠菜、刀豆、莴苣、茭白、藕、食用菌、葡萄酒、龙膏酒、三勒浆、箜篌、琵琶、横笛、羯鼓、玻璃、珍珠、珊瑚、琥珀、大食金币、波斯萨珊金币、东罗马金币、八曲银长杯、胡瓶、高足杯、珍珠、镜子、庙、殿堂、钵、袈裟、刹、大寺、菩提、塔、舍利、罗汉等。《博物志》卷六云："张骞使西域还，乃得胡桃种。"马嚼子是希腊语。皮帽或毡帽就是"胡帽"。马毬是西域的体育娱乐习俗。据《封氏闻见记》中载："太宗常御安福门，谓侍臣曰：闻西蕃人好打毬，比亦令习，会一度观之。"据向达先生考证马毬发源于波斯，由土耳其斯坦传入中国西藏，印度诸地。在唐太宗贞观年间传入中国内地。[66]

美国历史学家斯塔夫里阿诺斯在其《全球通史》中记述古代中国和中亚地区的贸易往来时说："中国丝织品是各地最需要的，至少占中国出口商品的90%；剩下的10%包括肉桂、大黄和优质铁。作为回报，中国也得到了各种物产，如来自中亚的毛皮、毛织品、玉和牲畜、来自波罗的海的琥珀，来自罗马诸行省的玻璃、珊瑚、珍珠、亚麻布、羊毛织品和黄金，其中黄金占首位。"[67]其实，随着交往的频繁和项目的扩大，中亚地区的各种香料、水果以及西域的安石榴、胡桃、茉莉、酒杯藤子（食之消酒）、苏合香等药用植物也相继传入中国。此外，据史书记载还有琵琶、箜篌、横笛、胡壶、羊毛、亚麻、麝香、化妆铅粉等也相继传入。《史记·大宛传》：（安息国的使臣）"汉使还而后发随汉使来观汉广大，以大鸟卵及黎轩善眩人献于汉。"[68]《汉书·张骞传》："大宛诸国发使随汉使来观汉广大，以大鸟卵及犛轩眩人献于汉。"[69]颜师古注："眩，读与幻同。即今吞刀、吐火、植瓜、种树、屠人、截马之术皆是也，本从西域来。"所以"善眩人"，大概就相当于今天的魔术师或杂技演员。《后汉书·南蛮传·序》说东南亚的掸国王向汉朝"献乐及

第三章 中国与中亚地区历史上的往来给我们的启示

幻人,能变化吐火,自支解,易牛马头。又善跳丸,数乃至千。自言我海西人也。海西即大秦也,掸国西南通大秦(罗马)"[70]。著名的"胡旋舞"是出自康国,即史书中的康居国,在今乌孜别克共和国撒马尔罕一带。宋人欧阳修的《新唐书·礼乐志》卷二一曰:"胡旋舞,舞者立球上,旋转如风。"又《新唐书·礼乐志》卷三五记载:"胡旋舞,本出康居,以旋转便捷为巧,时又尚之。""神符又为五弦名手,始用手弹,后人习为掐琵琶。"[71]胡舞在唐初的宫廷已颇为盛行。唐贞观时太宗灭东突厥,西域诸国纷纷臣服于唐,各西域国家的民众很多来唐定居经商。他们把特有的衣食习惯也随之带入了大唐。由于西域胡人的涌入,胡食在唐贞观时也越发普遍。胡食在汉魏以来即已行于中国至唐而转盛。胡食中的胡饼是西域胡人的主要面食,胡饼在贞观时的流行程度虽远不如开元天宝以后,但太宗时西域胡人纷纷来唐,他们食用胡饼的习惯也逐渐在向汉人中扩散,以至在开元后胡饼颇受贵族及平民的欢迎。

中国丝绸在公元前5世纪后半期已经出现在波斯市场。[72]除了中亚地区各地最需要的中国丝织品外,依据《从维吾尔语外来词管窥文化交流》[73]和《中华文化海外传播史》[74]等文章著作的介绍,可知随之传出的还有茶叶、菊花、桃树、杏树、橘树、肉桂、姜、牡丹、杜鹃花、山茶、中国玫瑰、中国根、大黄、麝香、樟脑、乌头、桂皮、高丽纸、无花果、橄榄、青木、瓷器、植物纤维纸、纱、罗、绫、锦、绣、绢、白铜、丝绸、瓷器、粉条、包子、茶、木匠、铡刀、白菜、炮仗子、墨、亩、斤、茶、菜、斤、韭菜、萝卜、辣子、珍珠等。中国水果桃子、杏、火药以及造纸、织锦等手工业技术也辗转传至西方世界。在唐代,仍然以丝绸为主要输出品,中西丝绸贸易更为繁盛。中国的丝织技术,如脚踏纺车、印染技术等通过安息、条支等西域国家传入西方及印度。在交往中,唐代工匠也去到中亚、西亚各地传授纺织技术,于是欧洲的丝绸业发展了起来。

在唐代,丝绸曾一度充当过货币。由于当时路途遥远,铜币经常短缺,粮食又容易腐烂,因此"大部分支出是以基本编织的丝匹给付,许多西北边防的军饷便是以丝绸支付,因此成批的丝绸广泛流通于西域"。[75]唐代的丝绸、茶叶、纸张、药材等也输往西域及天竺、波斯、大食等国家,并通过波斯转销到西方各地。据史书记载,唐玄宗天宝十载,唐与大食爆发怛罗斯之役,唐军为大食所败,大批士兵被掳,其中不少为造纸工匠,于是造纸技术随着这些工匠传入大食,再辗转传至欧洲,对欧洲以及世界文化的传播起到了极大的作用。

有谁会想到水饺和烤馕会身处一地。考古专家竟然在炙热的沙漠下发现了一千多年前的水饺和北印度的烤馕,而且两种食物还在一起。在新疆博物馆还展示有属于公元7—8世纪的四个馄饨和一个韭菜猪肉馅的饺子。在中亚地区曾经很重要的媒介语言龟兹语汇中有着极为丰富的描写羊的语汇。羊的性别、年龄、种类等都有专门词语。因为羊曾经作为等价物使用。据记载,一座寺院的长老在一次交易中,用两只山羊交换回两百五十磅大麦,用一只羊交换了两百磅谷物。[76]似乎羊比山羊值钱。羊可能是绵羊,可以提供羊毛。中国在先秦时期就已经有供人们进行交易、买卖贸易的场所,名为"市"。《周易·系辞下》曰:"日中为市,致天下之民,聚天下之货。"《左传·昭公二十年》云:"内宠之妾,肆夺于市;外宠之臣,僭令于鄙。"市是人们交换物品进行买卖的交易场所,因此也有了"买"与"卖"之意。《尔雅·释言》解释"市":"贸、买,市也。"《广雅·释诂三》则释为:"市,买也。"《晋书》"祖逖传"曰:"(石勒)因与逖书,求同使交市。"石勒写信与祖逖要求互通使者,进行互市。唐朝继承了这一贸易制度,设有专门监管市场的官职,叫作"司市"。长安城有著名的"东市"和"西市"。我们说的"物品"意的词语也用"东西"表达。汉语中还有"行业"一词,应该与《汉书·食货志上》中的"商贾大者积贮倍息,小者坐列贩卖"有关。唐人颜师古注："列者,若今市中卖物行也。"这一方面,唐朝的集市贸易管理形式则更能说明。唐朝时的市场划分为一行一行,同一行的商家贩卖同类商品,这在吐鲁番出土的木牍文书中有记载。文书记载了三百五十种以上的货品,分属十几行的商家摊位,每一行的货品价格又按照质量等次分为上中下。[77]"外行"一词本义应该是指某一商品不在这一类即这一行吧。而在中亚地区,把行业集中的场所叫"巴扎"。巴扎来自波斯语,写作 Bazaar,意为集市、农贸市场。但是与我们的集市、农贸市场有别。它是各种手工业的作坊与交易共存的场所。每一个行业都有自己的巴扎,还可以以私人名字命名巴扎。巴扎里每一个作坊,都有父子与学徒,父亲就是那个传授手艺秘诀的师傅,儿子负责经营,同时传承父亲的手艺,而那些学徒,既要干杂活,也要学手艺,然后才能出师去开自己的作坊。如化学物(如硇沙即氯化铵)、马鞍与皮革制品、玻璃。"部分货品清单把用来焊接金属与处理皮革的硇沙列为某些路线的首要商品。"[78]这方面的技术都由巴扎代代相传。

我国与中亚地区人民交往的历史也体现在跨境文化中,如我国西北的哈萨克民族、塔吉克民族等友族中均有体现。如哈萨克民族乐器冬不拉,哈萨克语写作 dombyra;食品名称手抓肉,写作 besparmaq。公元 87 年,帕提亚国(我国史书中的安息国)派使臣访问中国,带来了狮子等珍贵的礼品。文化交流、文明交往最重要的成果并不仅仅体现在物质层面上,或者说物质层面的交流并不是最重要的,思想层面、文化层面和制度层面因交流而带来的变化可能更为重要。[79]

第二节 意识形态方面的文化词语交互

不同的文化历史使人们对某些词或某类词有不同的感受,而且感受的差别很大。在我们来说,这个词或许是一个中性词,只是一个表述,但对另一种文化的人来说,听到后可能感觉不舒服,可能会引起不快的联想。比如,我们喜欢说"宣传"。宣传我们的语言,宣传我们的文化。我们以为只是把我们的语言文化告知或教授给别国希望学习了解的人们。可是,对于有的文化背景下的人们,听到"宣传"一词的直觉反应是"强迫"。显然,适得其反,被对方拒斥。在中国民间的文化信仰中,自然崇拜一直占据着重要地位,也是多个民族共同崇拜的对象。如汉族人认为天有九层,地有九层。哈萨克族也是信仰天有九层。汉族人认为天帝位尊,地位最高,哈萨克族和维吾尔族、蒙古族、达斡尔族也共同尊天是"腾格尔",即大自然的"天",同时也是"天帝""天神",还称为"天父",拼写成"aspan ata",在向上天祈祷时说"愿苍天保佑"。我们知道,早在商代,中国中原地区就已经将"天"人格化,神化。现在"老天保佑""老天爷保佑"已经进入常用词汇系列了。

大唐是中国历代王朝与西域中亚地区交往的典范时期,也是古丝绸之路沿线国家百姓向往的国度。唐朝在主流文化的教育政策指导下,广泛吸纳西域各民族的文化,向不同宗教信仰者开放,实现了多种文化并存但又有趋同性的局面。唐高祖李渊主张"六经茂典,百王仰则,四学崇教,千载垂范"[80]。所以,平等招录前来求学的西域诸国子弟,"俄而吐蕃、及高昌、高丽、新罗等诸夷酋长,亦遣子弟请入于学"[81]。使中国儒学文化和价值观得以广泛传播,儒家思想为中亚地区民众普遍接受并影响到了日常生活习俗。他们"服改毡裘,语兼中夏,明习汉法,睹衣冠之仪。目击朝章,知经国之要"[82]。

在意识形态方面,两汉之际,印度的佛教和与佛教有关的文化艺术等途经中亚地区也相继传到我国中原地区,对中国的文化产生了巨大影响。比如我们常常将自己的经验教训说给身陷困境而不能迷途知返者时用"现身说法"一词。"现身说法"来自佛语。传说释迦牟尼

第三章 中国与中亚地区历史上的往来给我们的启示

的主张、宗教思想是要向民众宣讲的,当佛祖在向不同的听众说法时,常常配合各种各样的形象进行生动解说,被称为"现身说法"。再比如"抖擞"一词是梵文"dhūta"的译音,原来是佛教头陀(dhata)的别称,意为去掉尘垢烦恼,振奋精神。当我们要表达做事无牵挂时会使用成语"心无挂碍"一词,殊不知这个词语是出自唐代佛学大师玄奘所翻译的《般若波罗蜜多心经》。其中有"心无挂碍:无挂碍故,无有恐怖,远离颠倒梦想"。我们到寺庙附近,或者戏谑男性时,常常口无遮拦地说出"和尚"一词。词语"和尚",来源于古代西域的于阗(今和田)和疏勒(今喀什),"浮屠"与"佛"也来源于西域的翻译。浮屠亦作"浮图",梵语是"Buddha"。《后汉书·西域传·天竺》云:"其人弱于月氏,修浮图道,不杀伐,遂以成俗。"李贤注曰:"浮图,即佛也。"一般人以为汉字"浮屠"是梵语"Buddha"的音译。但是据季羡林先生考证研究,"浮屠"与"佛"的译词源于西域,"佛"字是西域语言的"Put、but"等的对音,不是梵语"Buddha"的对音。[83]汉语言词汇库中有许多成员是来自佛教的术语,可见,佛教的传入极大地丰富了汉语言词汇库,尤其是增加了表达思想意识和情感方面的词语。唐代兼容并蓄的社会风气和极具开放性的政策,使得佛教以外的其他宗教在社会上也有一定的地位与影响力。当时的祆教、景教、摩尼教等"三夷教"一度广泛流行于中原,甚至在唐朝国家体制上也设置了专门的管理机构,如"萨宝府"等进行管理。[84]

在唐代,由于政府奉行的是多元文化认同的交往理念,所以不仅是中原文化、主流文化为中亚各国人民所认知、接受,而且中亚地区的各民族文化和生活方式也逐渐被中原文化广泛吸纳。当时,唐代首都长安是接收留学生人数最多的都城,长安吸引了很多西域弟子来华学习,使长安成为中外经济文化交流中心。唐朝也是中国历史上向外输出文化最成功的时期。在文化传播方面,他们采取的方式是"请进来与走出去"的模式。唐代政府和民间将中国文字、经书输入到高昌,高昌的刑法、婚姻风俗等多模仿唐风,西域各国如疏勒、焉耆等都以学习中国文字、中国风俗,着中国服饰为时尚。在古丝绸之路,考古学家已经发现了《史记》《论语》的竹简断片,说明中国书籍、文化已在唐朝传至这一区域。

  唐朝的都城长安有长安八景,晨钟暮鼓便是其中之一景。直到现在,西安还有钟楼、鼓楼,当然已经不是唐代建筑了,是明朝所建。晨钟暮鼓是在唐朝佛教最为鼎盛时期,各大寺院在佛殿两侧修建钟鼓楼,以便佛院寺庙晨昏撞钟击鼓。除了舞蹈、音乐外,最为显著的是宗教中的一些教义。诸如与中华文化很好融合起来的佛教。佛教在西汉末东汉初由印度传入,随之,大批佛教术语进入汉语词汇系统,逐渐成为常用词语。比如"觉悟",来自梵语和两位著名佛法大师鸠摩罗什和玄奘。佛教梵语有"bodhi",鸠摩罗什翻译为"道",玄奘译作"觉",后来成为双音节词"觉悟"进入汉语常用词序列。与"觉悟"一词有关的另一个词"大彻大悟"自然也是来自佛教,意思是"彻底的觉悟",达到"不生不灭"的境地。现代汉语里,已经成为普通语词了,每一个人均可以使用。再比如"刹那",梵语是"Ksana"。原意是指印度古代用作最短时间单位的称说。因而佛教汉语用词还有"刹那无常""刹那生灭""刹那三世"。而现代汉语中表示时间的迅即意义的"一刹那"、"刹那间"已经是常用词语。"庄严"一词,本是佛家对表象事物,或心理行为的道德意义上的修饰、加强,后来将人的行为端庄而有威严称为庄严。现代汉语的词义是指人的相貌端庄而有威严。而当代人们口口言说的"平等"一词则是梵语"sama"的对音。佛教用语的"平等"意为追求均平齐等,无高下、浅深之差别的愿望。这种均平等的教义为中国人所接受,纳入汉语词汇系统不足为怪。而海阔天空、三生有幸、前因后果、作茧自缚、自作自受、早知今日悔不当初、种瓜得瓜种豆

第三章　中国与中亚地区历史上的往来给我们的启示

得豆、生老病死、愁眉苦脸等已经不存留在佛教经义之中,而是成为常用词语了。在二十世纪六七十年代,"牛鬼蛇神"是出现频率极高的一个词。其实,"牛鬼蛇神"出自佛教,是一个佛教用词,原本指阴间鬼卒、神人等,后来泛指社会上邪恶丑陋之物,演变成固定成语。与该词类似的一个词是"群魔乱舞"。像这样出自佛教的成语、四字格词语、俗语、常用语的还有很多。如我们在形容某人言谈虚妄、动听而不切实际时会用"天花乱坠"一词形容。因此或许有人以为这只不过是一个四字格词语或者就是一个成语。天花乱坠是一个出自古梵文佛经的成语,与佛教的一个传说有关。《法华经·序品》卷一记载:"尔时世尊,四众围绕,供养恭敬尊重赞叹,为诸菩萨说大乘经……是时天雨曼陀罗华、摩诃曼陀罗华、曼殊沙华、摩诃曼殊沙华,而散佛上及诸大众。""华"在古汉语中是"花"之意。原是佛教传说中关于佛祖讲经的一个场面。佛祖讲经感动了天神,天上纷纷落下花来。这里显然是西来的佛教与中国民间信仰已经有机结合起来的故事。也有一种说法是:梁武帝时云光法师讲经,感动上天,天花纷纷落下。出自宋释普济《五灯会元·翠微学禅师法嗣》:"聚徒一千二千,说法如云如雨,讲得天花乱坠,只成个邪说争竞是非,去佛法太远。"再有一个词也是大家熟知的,那就是"天龙八部"。或许大部分人是从金庸的著名小说《天龙八部》或据此改编的影视剧里熟悉这一语词的,因而误以为"天龙八部"只是一部小说的名字而已,与成语无关。殊不知,它出身于佛经,原为佛教用语。《汉语大词典》"天龙八部"词条下注释曰:"佛教分诸天、龙及鬼神为八部。因八部中以天、龙二部居首,故曰天龙八部。《卢至长者因缘经》:'尔时世尊,天龙八部,四众围绕,王及大众,五体投地,为佛作礼。'"[85]其他我们耳熟能详的词语如心心相印、当头棒喝、醍醐灌顶、空中楼阁、一刀两断、一丝不挂、一尘不染、味同嚼蜡、自欺欺人、一厢情愿、百尺竿头更进一步、伸手不见五指、臭皮囊、一笔勾

（销）、智慧、小品、当下、割爱、解脱、习气、烦恼、尘缘、差别、觉悟、缘、心猿意马、痴心妄想、家贼难防、盲人摸象、镜花水月、庙、殿堂、钵、袈裟、刹、大寺、菩提、塔、舍利、罗汉庙、殿堂、钵、袈裟、刹、大寺、菩提、塔、舍利、罗汉、爱河、欲火和解脱等，也都源于佛经用语，只是我们已经丝毫读不出与佛教有关的意义来了。

汉语词族中，量词是一个大族群，其中一些时间量词是来自梵语佛经里的。比如"一刹那""一念""瞬间""弹指""须臾"等词，它们均出自《摩诃僧祇律》（简称《僧祇律》），原文是："一刹那者为一念，二十念为一瞬，二十瞬为一弹指，二十弹指为一罗预，二十罗预为一须臾，一夜一日有三十须臾。"类似词语还有"眨眼""弹指一挥间"，它们已经成为一般的常用词语了。我们把英文的"world"译作"世界"。是否了解《楞严经》卷四里记载有："何名为众生世界？世为迁流，界为方位，汝今当知东、西、南、北、东南、东北、西南、西北、上下为界，过去未来现在为世。"梵语中有"lokadh(a-)tu"，古代佛学翻译者在翻译时将梵文的"loka"译为成"世"，而把"dh(a-)tu"翻译成"界"，二者组合起来就是汉语词"世界"。《古代汉语词典》"世界"词条下曰："佛教用语。世指时间，界指空间，世界即宇宙。《楞严经》曰：'何名为众生世界？世为迁流，界为方位。'"[86]现代汉语中的"世界"一词指自然界和人类社会的一切事物的总和。在明代吴承恩的小说《西游记》里，有一个天神是三只眼。我们的词语有"别具慧眼"。"别具慧眼"是对"别具只眼"的改说，也是来自佛教用语。当劝说某人时，或许会用"苦口婆心"来比喻劝说的艰辛。诸如这些词语，都是在古丝绸之路开通后，随着佛教的传入，成为汉语词语家族中的一员。

在我国古代历史文献中有中亚地区和古代被称为西域的一些地名、古丝绸之路沿线统治者称谓的用字。虽然一般是采取音译的方式，但是汉字具有形音义的特点，所以选用哪一个汉字是有讲究的。

第三章 中国与中亚地区历史上的往来给我们的启示

《隋书·铁勒传》将《史记》记载的"艰昆人"称为"纥骨"。在《元史西北地附录》中又把吉尔吉斯人称为"吉利吉思"[87]。《新唐书·黠戛斯传》记载了唐朝与黠戛斯即吉尔吉斯的友好关系。在公元847年,唐宣宗下诏封其可汗为"英武诚明可汗"。原文是:"至大中[88]元年,卒诏鸿胪卿李业持节册黠戛斯为英武诚明可汗。"而在唐太宗李世民时期,中亚地区各民族尊奉唐太宗为"天可汗"。在18世纪后半叶至19世纪初期,吉尔吉斯与中国清政府关系也很密切。清政府对归属的吉尔吉斯人不强迫他们改变自己的风俗习惯,不征收土地税,允许维持他们原有的统治秩序。他们头人的称号"比"也不需要改变,但是需要清皇帝的册封,并由政府向大小头人发放俸禄。吉尔吉斯人也参加清政府的一些国家事务,如照料马厂、帮办游牧安排以及派军镇压反叛部落和起义者。在此过程中,清政府都会论功奖赏。[89]

在传入的词语方面,有一种特殊物质,它既是物质方面的又属于人们精神生活中需要使用的,那就是"香"。我们从以下词语的构成以及词义中便能知晓一二。沉香、蜜香、降真香、白胶香、熏陆香、没药、安息香、苏合香、笃耨香、龙脑香、返魂香。我们不妨称之为"香词族"。它们在我国现存最早的药物学专著《神农本草经》(成书于东汉)中无入药记载,是西汉张骞出使西域及佛教传入中国之后,由最初的熏衣除臭功能逐渐入药的。沉香,又名阿迦噜香。明人李时珍的《本草纲目》有记载。说沉香出天竺诸国,有熏衣除臭的功效。曰沉香可去恶气、霍乱中恶、邪鬼疰气,清人神。安息香,波斯语作"mukul",阿拉伯语作"aflatoon"。据《酉阳杂俎》载安息香出自波斯国,有药用价值,又叫辟邪树。原产于中亚古安息国、龟兹国、漕国与阿拉伯半岛及伊朗高原。还传入一种香料叫返魂香。传说汉武帝时,由西域的月氏国贡了三枚返魂香给汉武帝。月氏国派使臣渡过弱水,向汉朝贡返魂香,据《汉武内传》所载:返魂树状如枫、柏,花叶香闻百里。采其根于釜中水煮取汁,炼之加漆,乃香成也,其名有六:曰返魂、惊精、回生、振灵、马精、却死。凡有疫死者,烧豆许熏之再活,故名返魂香,郭宪的《洞冥记》载:"元鼎五年(前112),郅支国贡马肝石百斤。常以水银养之,内玉柜中,金泥封其上。……如今之马肝舂碎以和九转之丹,服之弥年不饥渴也。"张华《博物志》对其也有记述:武帝时西域月氏国度弱水贡此香三枚,大如燕卵,黑如桑葚,值长安大疫,西使请烧一枚辟之,宫中病者闻之即起,香闻百里,数日不歇,疫死未三日者,熏之皆活,乃返生神药也。没药,也是一种由中亚传入我国的香料,具有药用价值。《诸蕃志》卷下载:"没药出大食麻啰抹国。其树高大,如中国之松,皮厚一二寸。"《政和证类本草》亦载有:"没药生波斯国。"《北史》中即有记载,说是来自西域曹国。"曹国,在葱岭之北,汉时罽宾国也。……朱沙、青黛、安息青木等香、石蜜、黑监、阿魏、没药、白附子。"(《北史·西域传》卷九七)苏合香始见于《后汉书》,云:"珊瑚、虎魄、琉璃、琅玕、朱丹、青碧。刺金缕绣,织成金缕罽、杂色绫。作黄金涂、火浣布。又有细布,或言水羊毳,野蚕茧所作也。合会诸香,煎其汁以为苏合。凡外国诸珍异皆出焉。珊瑚、虎魄、琉璃、琅玕、朱丹、青碧。刺金缕绣,织成金缕罽、杂色绫。作黄金涂、火浣布。又有细布,或言水羊毳,野蚕茧所作也。合会诸香,煎其汁以为苏合。凡外国诸珍异皆出焉。"(《后汉书·西域传》卷八八)宋人李昉等编著的《太平广记·杂说》卷四四一亦有记载:"苏合香,狮子粪也。"并注明是"出《酉阳杂俎》"。

　　随着汉唐盛世的发展,尤其是唐代的统治者对外实行的开放政策,富庶文明的大都市长安吸引了大批西域胡人前来,西域文化渗透到唐朝社会的方方面面,对中国哲学、文学、语言学、建筑、艺术等均产生了巨大影响。同样,中国的哲学、文学、语言学、手工技术、建筑、艺术等也对西域以及西方世界产生了前所未有的影响。

第三章　中国与中亚地区历史上的往来给我们的启示

第三节　小结

西汉和唐朝时期,中国与中亚地区的成功交往,证明了民族与民族、地区与地区、国家与国家之间的友好交往是有益的,是可以互利的。双方除了因物资贸易的需求进行往来外,彼此在政治和文化方面的交流与发展一样能够促进社会的进步,而最终是物质层面的文化渗入精神层面,丰富了原有的文化。

在建设互联互通中,中国人民要和中亚五国人民建立互信机制,双方要能够理解彼此的语言信息,要能够对彼此的文化有一定认知度和认同感。比如,长期以农耕文化作为特色的中国人民,要理解中亚人民喜好马肉马奶等草原文化的生活习俗的真正意义,就要了解他们的自然环境,要能够理解他们喜好吃马肉喝马奶的生活习惯。"语言观并不是仅仅就语言来看语言这么个狭小的视角内形成的观念,它要联系语言的历史背景、社会环境等等一系列内容。"[90]据《北史·西域传》记载突厥启民可汗曾向隋炀帝请求:"服饰法用一同华夏。"但是隋炀帝下诏曰:"君子教人,不求变俗,何必化诸削衽,縻以长缨?"(《北史》卷九九)《北史·西域传·白兰》则记载曰:"其俗:丈夫衣服略同于华夏,多以罗幕为冠,亦以缯为帽;妇人皆贯珠贝,束发,以多为贵。"(《北史》卷九六)不仅是风俗政令接近华夏,就是官学所授课程也是"文字亦间华夏,兼用胡书。有《毛诗》《论语》《孝经》,置学官弟子,以相教授,虽习读之,而昔为胡语。"[91]历史上的这些跨文化的政治往来或者民间交往确实值得我们今日借鉴。

历史上,有利于人类进步的经验,无论何时何地,都应该为人们借鉴、发扬。语言不会脱离文化而存在,其内容与文化项有密切关系。语言中的词汇,尤其是与民众生活关系密切的词语最容易从一个族群传播到另一个族群,因为一个族群生活的环境所出的自然之物或劳动所造之物传递到另一个族群时,恰好是这个族群所没有的,要么采用传播族群已有的词语命名,要么译音,要么依照理解给一个新名词。语言的词汇总是能比较忠实地反映出它所服务的文化。[92]来自西域从事佛经翻译的西域胡僧们,在翻译经文时既渗入他们家乡的佛教教义也善于吸收中国传统文化的精髓内涵,使宗教的内容更符合中国人的意识形态。在中国历史中,与周边各民族的友好交往,文化互融,早已形成了中国语言和文化多元性的特质。历史上的一些山川湖泊的名称的含义也有不同。如今天吉尔吉斯的伊塞克湖在突厥语中是"热湖"之意,而在汉语中的意思则是"热海"。

公元前138年,西汉人张骞奉命"凿空西域",首次实现了同中亚各国建立官方联系的通道,其后继者更是将此通道延伸远抵地中海东岸,形成文化经贸意义上千古传奇的"丝路"。在美国哈佛大学自然博物馆的亚洲馆藏区域,展挂着一件华丽的中式丝绸衣裳,旁边展示的是蚕茧,说明文字是"丝绸之路"。中国的精美瓷器、灿烂文化、先进技术沿着这条概念上的"路"传入西方。当时代迈入中国的唐代,丝绸之路更是成为人文交往的繁忙交通要道。"丝绸之路"是人类社会具有包容性品质的范例,而我国的唐代则是这一范例的承载者。唐代政治家、史学家杜佑在《通典·边防》中较为详细地记述了中国汉代与古代西域地区几个古国的交往,难兜与罽宾便在其中。"难兜,汉时通焉。去长安万一百里,户五千。东北至都护理所二千八百里,西南至罽宾三百里,南与婼羌、北与休循、西与大月氏接。种五谷、蒲陶诸果。有银、铜、铁,作兵与诸国同。属罽宾。"(杜佑:《通典·边防》卷一九二)古希腊人称喀布尔河为"Kophen",罽宾为其音译。公元前115年,张骞出使乌孙,派副使至罽宾。当时罽宾地处丝绸之路南道上的一条重要支线之上,罽宾商人经常来往中国。公元1—3世纪间,罽宾被兴

第三章　中国与中亚地区历史上的往来给我们的启示

起于中亚的贵霜帝国征服,发展成为佛教中心之一。当地僧徒来中国传布佛教者甚多,中国僧徒亦多往罽宾参拜佛迹和求法取经。书中还记载"焉耆",曰:"焉耆,汉时通焉。……,其俗丈夫翦发,妇人衣襦,著大葱。婚姻同华夏。兵有弓、刀、甲、槊。死亡者皆焚而后葬,其服制满七日则除之。俗事天神。气候寒,土田良沃,谷有稻、粟、菽、麦,畜有驼、马、牛、羊。养蚕不以为丝,唯取绵纩。俗尚蒲萄酒,兼爱音乐。"(杜佑:《通典·边防》卷一九二)大宛国频繁出现在汉代史书里,《通典·边防》云:"大宛,汉时通焉。王理贵山城,去长安万二千五百里。户六万。东至都护理所四千里,北至康居卑阗城千五百里,西南至大月氏七百里。北与康居、南与大月氏接。土地风气物类人俗与大月氏、安息同。大宛左右以蒲陶为酒,富人藏酒至万余石,久者至数十年不败。人嗜酒,马嗜苜蓿。多善马,汗血,言其先天马子。自宛以西至安息,虽颇异言,然大同,自相晓知也。其人皆深目,多髭髯。善贾。其俗贵女子,女子所言,丈夫乃决正。其地无丝漆,不知铸铁器。及汉使亡卒降,教铸作兵器。"(杜佑:《通典·边防》卷一九二)对大宛国的风土人情、奇物宝藏、语言文化均有较为详细的记载。尤其是"其俗贵女子,女子所言,丈夫乃决正"与古代中国社会给妇女规定的"三从四德"之习俗完全不同。在我国西北地区,人们把"苜蓿"作为一种野菜,但是有一种"马苜蓿"是不能吃的,或许就是大宛国"马嗜苜蓿"的那种苜蓿。

古丝绸之路是20世纪70年代,德国地理学家李希霍芬首先使用的,是指这是一条商贸通道。商贸活动离不开文化交流,文化交流又一定要借助语言。根据沈福伟《中西文化交流史》的研究,早在公元前5世纪至公元前3世纪,中国就有与中亚地区交往的历史,因为古波斯人称中国是"支尼",而古印度人称中国为"支那",古希腊人则称中国为"赛里斯",它们在语音上接近,又都分别是古汉语中"绮丽"的"绮"

字的对音。由此,"也可以推测,'支那'得名实由于'绮'"。[93]进入21世纪以来,世界一体化的速度在加快,每一个民族的固有文化都或多或少,或快或慢地发生着变化,尤其与科技相关的语词、句式正在趋于一致。所以,一些具有民族特征的"语言形式不再象征文化形式"[94]了。中亚历史上深受唐代文化的影响。中亚的造纸、丝织业无不与唐有关,中亚民族天性喜歌善舞,即便是大食国当时有"断饮酒,禁音乐"(杜环《经行记》)的法令也不能阻止。康国的"胡旋舞",石国的"胡腾舞风靡长安,胡音胡骑与胡妆,五十年来竞纷泊"。(元稹《元氏长庆集》卷一四)唐与中亚各取所需,各取所长,互相交融,各自丰满着自己的文化成分。

在平等交往中,我们言语的表述应该秉持让对方听得懂的话语模式,而不是自我欣赏式或者自我陶醉式的,更不可采用好大喜功的鼓动宣传式。史书,即官方文献上记载的绝大多数是所谓的正史。但是在不同时期,中国与中亚地区的各个民族或说古代的部族间的民间交往一直存续着,双方的自然地理区域比邻,人员往来也一定是或多或少,或频繁或较少地流动着,通婚、迁居等基本事务也会因社会的和平或动荡而发生着改变。例如,频繁出现在史书和民间传说中极为富有的粟特人,他们的故乡就在今日的乌孜别克斯坦国的撒马尔罕及其周围地区。所以,彼此在文化方面的吸纳借鉴应该是正常之事。例如对整个人类社会具有影响的西传的造纸、印刷和缫丝技术,和由西而来到传东土中国的玻璃制造技术和佛教文化。张骞是官方的杰出代表,大唐是出色的政府管理者的榜样。早期的以中原为主的中国人民和政府与中亚各国人民之间的经贸往来是有传统的,互惠互利已经成为传统,这为我们今天发展"一带一路"的各项事业打下了一个良好的人文基础。我们应该充分挖掘并借鉴这份历史遗产。据《册府元龟·邦计·关市》记载,唐贞观元年(627),唐朝开放边关,"使公私往来,通

第三章 中国与中亚地区历史上的往来给我们的启示

道无壅,彩宝交易,中外匪殊"[95]。这种民族融合,人口自由流动的和平世界,促进了族际间与区域间经济文化的交流,应该是当今提倡地球村、全球一体化的典范。"唐代文化是在继承中国传统文化的基础上,广泛吸收外来文化的精华而创造出来的一种具有鲜明时代特色和浓郁民族风格的开放型的世界文化。"[96]

我们人类在适应自然环境的同时也在改造着生存的环境,即如今所言的文化。在此过程中,又极富于想象力,然而终究脱离不开所生存的环境。比如生活在北极地区的人群,想象离不开冰雪和动物的毛皮,所言说的词汇也以表述这些方面为最丰富。生活在沙漠区域的族群,生活一定多与沙漠相关,则描述这方面词语也就较多。生活在草原、平原、海边、山区的人们,语汇也一定与周围环境相接。用汉语俗话来说就是"靠山吃山靠水吃水""一方水土养一方人",这也算是人类文化进程中的一条自然法则吧。

注 释:

[1] 马大正、冯锡时主编:《中亚五国史纲》,新疆人民出版社2005年版,第32页。

[2] 郦道元:《水经注》,北京商务出版社1958年版,第9页。

[3] 伊玛目加帕萨迪克马扎:是新疆南部重要的马扎——圣人墓之一。加帕萨迪克,是和田地区伊斯兰化过程中的一位传说中的重要人物,据说在与异教徒搏杀时战死于尼雅河畔的沙漠里,后来由其信徒找到尸骸,埋葬于此,并建成马扎。这处马扎在塔里木相当重要,据说朝拜此地三次,相当于去一次麦加。

[4] 杨镰:《寻找失落的西域文明》,北京航空航天大学出版社2010版,第53页。

[5] 向达:《唐代长安与西域文明》,河北教育出版社2007年版,第5页。

[6] 马大正、冯锡时主编:《中亚五国史纲》,新疆人民出版社2005年版,第26页。

[7] 阮元:《礼记正义·王制》卷十二,《十三经注疏》,中华书局1980年版,第

110页。

[8]阮元:《礼记正义·王制》卷十二,《十三经注疏》,中华书局1980年版,第110页。

[9]邢福义:《文化语言学》,湖北教育出版社1990年版,第203页。

[10][瑞典]安特生:《中华远古之文化》,袁复礼节译,北京京华印书局1923年版。

[11]李济:《西阴村史前的遗存》,清华学校研究院丛书第三种,1927年版;裴文中:《新疆之史前考古》,中央亚细亚:第一卷,1942(1)第34—39页。

[12]李济:《古代中国文明》,载《考古》1996年第8期。

[13]苏秉琦:《关于仰韶文化的若干问题》,载《考古学报》1965年第1期。

[14]严文明:《甘肃彩陶的源流》,载《文物》1978年第10期。

[15]饶宗颐:《符号·初文与字母——汉字树》,上海书店出版社2000年版,第76—77页;又见韩康信:《西域丝绸之路上古代人种的成分》,载《文物天地》1992年第5期。

[16][美]斯塔夫里阿诺斯:《全球通史》(上),董书慧等译,北京大学出版社2005年版,第86页。

[17][美]斯塔夫里阿诺斯:《全球通史》(上),董书慧等译,北京大学出版社2005年版,第9页。

[18]段清波:《从秦始皇陵考古看中西文化交流(一)》,载《西北大学学报》(哲学社会科学版)2015年第1期。

[19]王辉:《甘肃发现两周时期的"胡人"形象》,载《考古与文物》2013年第6期。

[20]段清波:《从秦始皇陵考古看中西文化交流(一)》,载《西北大学学报》(哲学社会科学版)2015年第1期。

[21]司马迁:《史记·大宛列传》,岳麓书社出版社1988年版,第700—702页。

[22][美]芮乐伟·韩森:《丝路新史:一个已经逝去但曾经兼容并蓄的世界》,李志鸿、吴国圣、黄庭硕译,麦田出版社2015年版,第94页。

[23]方豪:《中西交通史》,人民出版社2008年版,第47页。

第三章　中国与中亚地区历史上的往来给我们的启示

[24][美]斯塔夫里阿诺斯:《全球通史》(上),董书慧等译,北京大学出版社2005年版,第312页。

[25]甘肃省文物考古研究所:《甘肃敦煌汉代悬泉置遗址发掘简报》,载《文物》2000年第5期。

[26][美]芮乐伟·韩森:《丝路新史:一个已经逝去但曾经兼容并蓄的世界》,李志鸿、吴国圣、黄庭硕译,麦田出版社2015年版,第27页。

[27][美]芮乐伟·韩森:《丝路新史:一个已经逝去但曾经兼容并蓄的世界》,李志鸿、吴国圣、黄庭硕译,麦田出版社2015年版,第135—136页。

[28]向达:《唐代长安与西域文明》,河北教育出版社2007年版,第5页。

[29]王钦若等:《册府元龟》卷五四四《谏诤部·直谏十一》,中华书局1960年版,第6522页。

[30]葛剑雄:《中国移民史》,复旦大学出版社2001年版,第3页。

[31][美]芮乐伟·韩森:《丝路新史:一个已经逝去但曾经兼容并蓄的世界》,李志鸿、吴国圣、黄庭硕译,麦田出版社2015年版,第93—94页。

[32][美]芮乐伟·韩森:《丝路新史:一个已经逝去但曾经兼容并蓄的世界》,李志鸿、吴国圣、黄庭硕译,麦田出版社2015年版,第32页。

[33][美]芮乐伟·韩森:《丝路新史:一个已经逝去但曾经兼容并蓄的世界》,李志鸿、吴国圣、黄庭硕译,麦田出版社2015年版,第187页。

[34][宋]欧阳修、宋祁:《新唐书》,中华书局1975年版。

[35][美]芮乐伟·韩森:《丝路新史:一个已经逝去但曾经兼容并蓄的世界》,李志鸿、吴国圣、黄庭硕译,麦田出版社2015年版,第14页。

[36][美]芮乐伟·韩森:《丝路新史:一个已经逝去但曾经兼容并蓄的世界》,李志鸿、吴国圣、黄庭硕译,麦田出版社2015年版,第137页。

[37][美]芮乐伟·韩森:《丝路新史:一个已经逝去但曾经兼容并蓄的世界》,李志鸿、吴国圣、黄庭硕译,麦田出版社2015年版,第307页。

[38][德]威廉·冯·洪堡特:《洪堡特语言哲学文集》,姚小平译,商务印书馆2011年版,第198页。

[39][德]威廉·冯·洪堡特:《洪堡特语言哲学文集》,姚小平译,商务印书馆

2011年版,第198页。

[40][德]威廉·冯·洪堡特:《洪堡特语言哲学文集》,姚小平译,商务印书馆2011年版,第210页。

[41]佉卢文:是现在中国新疆地区最早使用的古文字之一,又名"佉卢书""佉楼书",大约和印度的婆罗米文字的出现时间相近,佉卢文使用时正是佛教发展时期,有许多佛经是用佉卢文记载的,并通过丝绸之路向中亚和中国西部流传。佉卢文是梵语"佉卢虱吒"一词的简称,该名出于古代佛经译本,意为"驴唇"。经学者考证,佉卢文的意义是"像驴唇形状的文字"。

[42][美]芮乐伟·韩森:《丝路新史:一个已经逝去但曾经兼容并蓄的世界》,李志鸿、吴国圣、黄庭硕译,麦田出版社2015年版,第308页。

[43]杨镰:《寻找失落的西域文明》,北京航空航天大学出版社2010年版,第53页。

[44][美]芮乐伟·韩森:《丝路新史:一个已经逝去但曾经兼容并蓄的世界》,李志鸿、吴国圣、黄庭硕译,麦田出版社2015年版,第78页。

[45][美]芮乐伟·韩森:《丝路新史:一个已经逝去但曾经兼容并蓄的世界》,李志鸿、吴国圣、黄庭硕译,麦田出版社2015年版,第307页。

[46][德]威廉·冯·洪堡特:《洪堡特语言哲学文集》,姚小平译,商务印书馆2011年版,第31页。

[47][美]芮乐伟·韩森:《丝路新史:一个已经逝去但曾经兼容并蓄的世界》,李志鸿、吴国圣、黄庭硕译,麦田出版社2015年版,第15页。

[48]米玉梅、赵吴成:《从马家塬战国墓管窥上古时期的中西文化交流》,载《鲁东大学学报》(哲学社会科学版)2015年第6期。

[49]乌恩岳斯图:《北方草原考古学文化比较研究——青铜时代至早期匈奴时期》,科学出版社2008年版,第82页。

[50]陆羽:唐朝人,著《茶经》一书。贞元四年(788)回纥改名回鹘。

[51]陈保亚:《论丝绸之路向茶马古道的转型——从词与物的传播说起》,载《云南民族大学学报》(哲学社会科学版)2011年第5期。

[52]米玉梅、赵吴成:《从马家塬战国墓管窥上古时期的中西文化交流》,载《鲁

第三章 中国与中亚地区历史上的往来给我们的启示

东大学学报》(哲学社会科学版)2015年第6期。

[53]龚缨晏:《车子的演进与传播——兼论中国古代马车的起源问题》,载《浙江大学学报》2003年第3期。

[54]Mughal, M. R., Halim, M. A., "The Pottery," Pakistan Archaeology, Vol. 8, 1972, pp. 33 - 110.

[55]韩建业:《5000年前的中西文化交流南道》,载《社会科学战线》2012年第6期。

[56]www.hlnmg.com/sports/c...,2015年10月19日:《蒙古族最后的赢猎人》。

[57]司马迁:《史记》,岳麓书社出版社1988年版,第700—702页。

[58]段清波:《从秦始皇陵考古看中西文化交流(一)》,载《西北大学学报》(哲学社会科学版)2015年第1期。

[59][美]芮乐伟·韩森:《丝路新史:一个已经逝去但曾经兼容并蓄的世界》,李志鸿、吴国圣、黄庭硕译,麦田出版社2015年版,第25页。

[60]马大正、冯锡时主编:《中亚五国史纲》,新疆人民出版社2005年版,第82页。

[61]芮乐伟·韩森:《丝路新史:一个已经逝去但曾经兼容并蓄的世界》,李志鸿、吴国圣、黄庭硕译,麦田出版社2015年版,第29页。

[62]李昉:《太平御览》,中华书局1960年版,第3652—3653页。

[63]王森:《唐太宗时期中原文化与西域文化的交流与融合——以佛教、音乐歌舞和社会习俗为例》,载《学海纵横》。

[64][美]斯塔夫里阿诺斯:《全球通史》,吴象婴等译,上海社科院出版社1988年版,第183—184页。

[65]司马迁:《史记》,岳麓书社出版社1988年版。

[66]班固:《汉书》,中华书局1962年版。

[67]范晔:《后汉书》,中华书局1965年版。

[68]向达:《唐代长安与西域文明》,河北教育出版社2007年版,第63页。

[69]马大正、冯锡时主编:《中亚五国史纲》,新疆人民出版社2005年版,第8页。

[70]徐彦:《从维吾尔语外来词管窥文化交流》,载《西域研究》2013年第4期。

[71]武斌:《中华文化海外传播史》,陕西人民出版社1998年版。

[72][美]芮乐伟·韩森:《丝路新史:一个已经逝去但曾经兼容并蓄的世界》,李志鸿、吴国圣、黄庭硕译,麦田出版社2015年版,第16—17页。

[73][美]芮乐伟·韩森:《丝路新史:一个已经逝去但曾经兼容并蓄的世界》,李志鸿、吴国圣、黄庭硕译,麦田出版社2015年版,第102页。

[74][美]芮乐伟·韩森:《丝路新史:一个已经逝去但曾经兼容并蓄的世界》,李志鸿、吴国圣、黄庭硕译,麦田出版社2015年版,第138页。

[75][美]芮乐伟·韩森:《丝路新史:一个已经逝去但曾经兼容并蓄的世界》,李志鸿、吴国圣、黄庭硕译,麦田出版社2015年版,第14页。

[76]段清波:《从秦始皇陵考古看中西文化交流(一)》,载《西北大学学报》(哲学社会科学版)2015年第1期。

[77]宋敏求:《唐大诏令集》卷一百五《置学官备释典礼诏》,中华书局2008年版,第537页。

[78]吴兢:《贞观政要》卷七《崇儒学第二十七》,上海古籍出版社1978年版,第215—216页。

[79]王钦若等:《册府元龟》卷五四四《谏诤部·直谏十一》,中华书局1960年版,第6522页。

[80]张广达:《论隋唐时期中原与西域文化交流的几个特点》,载《北京大学学报》(哲社版),1985年第4期。

[81]于沙沙、张安福:《唐朝西域治理下的文化认同研究》,载《新疆社科论坛》2010年第5期。

[82]《汉语大词典》第3192页,第2卷1448,查看影印扫描版。

[83]《古代汉语词典》编写组:《古代汉语词典》,商务印书馆2005年版,第1430页。

[84]马大正、冯锡时主编:《中亚五国史纲》,新疆人民出版社2005年版,第107页。

[85]大中:公元847年正月—公元860年十月,是唐宣宗李忱的年号,共计14年。

第三章　中国与中亚地区历史上的往来给我们的启示

[86]马大正、冯锡时主编:《中亚五国史纲》,新疆人民出版社2005年版,第115页。

[87]陈凌:《语言、区域、历史、社会背景和心灵归宿》,载《中华读书报》2010年5月12日,第19版。

[88]令狐德棻主编:《周书·异域传下》卷五十,中华书局1971年版,第915页。

[89][美]爱德华·萨丕尔:《语言论——言语研究导论》,陆卓元译,商务印书馆1985年版,第196页。

[90]邢福义:《文化语言学》,湖北教育出版社1990年版,第92页。

[91][美]爱德华·萨丕尔:《萨丕尔论语言、文化与人格》,高一虹等译,商务印书馆2011年版,第60页。

[92]王钦若等:《册府元龟》卷五〇四《邦计·关市》,中华书局1960年版,第6047页。

[93]李斌城等:《唐代文化》,中国社会科学出版社2002年版。

第四章　亲属称谓与婚俗

语言中的词汇是最能反映文化变化的,其中亲属称谓词语属于词语中的专门用语,显示出各种文化结构的差异。称谓语是所有语言都有的一个词语类别,布龙菲尔德说:"人们交谈往往采用对方喜欢的称谓,会收到有益的效果。"[1]那么在跨语言文化的交流中更要多加注意。称谓语中,亲属称谓语"历来受到人类学家的重视,它总是最直接地反映着文化制度及其人际关系"。[2]因为亲属称谓语能够反映出人类社会的结构方式,能够反映一个社会的亲属制度和婚姻形式。而婚姻形式又折射出人类两性关系的社会组织形式。比如中国的直系和旁系称谓语比较全面地反映着传统的封建家族模式,称谓语分类细致复杂。具有中国姓氏文化知识者,或出自一个典型的大家庭者,听到某一称谓,可以不假思索辨别,就知道称者和被称呼者之间的关系。如果不具备应有的知识,则会一头雾水。吕叔湘先生说:"从地名和方言的分布看居民迁徙的踪迹;从人名看宗教和一般民间信仰;从亲属称谓看古代婚姻制度,等等。"[3]家庭内部成员之间的关系和家庭与家庭之间的关系取决于血缘关系。在采集狩猎阶段向农业定居阶段发展时期,由于自然环境的因素,中国中原地区很早就迈入了农业文明社会,而中亚各族群则走向游牧文化,由此,婚姻形式有别,社会组织形态迥异,在亲属称谓方面也就有了许多的不同。

称谓语常常反映出人类社会的结构方式、社会制度,显示出人际

第四章 亲属称谓与婚俗

关系。比如，对称谓语词分析，我们可以了解到其婚姻形制是男从女居还是女从男居，是族外婚还是对偶婚。我们都知道"汗"是中国古代西域国家，草原民族对他们的最高统治者的称谓，相当于汉民族的皇帝之称谓。历史上，我们常常说"汗"相当于汉语词"王"，这应该是含有政治意味。而我们又有多少人知道，"艾米尔"也是"汗"的意思。直到19世纪他们还以"艾米尔"和"汗王"称呼最高统治者。另外像"巴依"是农牧主，"基什拉克"是村子的意思。各项事务都有各自的名称。如公元1800年至1826年，布哈拉汗国的统治者曼格特不称汗，而称艾米尔。[4]而在中国历史上，夏的最高统治者称"后"，即夏后；商的统治者称"王"，商王；周的统治者是"天子"，周天子。秦始皇统一六国后，秦嬴政认为之前对最高统治者的称谓都不能足以彰显他的伟大，所以用"皇帝"冠名，以示前无古人后无来者。美国哲学家爱德华·萨丕尔说："语言本身并不会被冒犯，被冒犯的其实是本族语使用者头脑中固守的习惯。"[5]我们在交往时，要知道该如何称呼对方才是合乎礼仪规范的，才能够避免冒犯，规避交流障碍。

安禄山（703—757），属于"昭武九姓"之一安姓氏族，通晓六国语言。他母亲是突厥族人，突厥语"斗战"一词的发音是"轧荦山"，所以就用它作为安禄山的名字，后来又更名为"安禄山"三字。"禄山"是粟特人名，是"Rokhshan"的转写，意思是"亮""光""光明"。是粟特人喜欢用的名字。在吐鲁番出土的木牍文书中就记载了一位名叫"曹禄山"的粟特人。他状告中国商人，并获胜诉。人名本是区别个体的符号，无所谓尊贵与低贱。但是，在古代，人们很看重出身门第，人的姓氏名号就是一张地位标签。人名姓氏词语可以看作一个民族的民俗语汇，民俗语汇最易反映一个民族的固守习惯。"语言影响决策过程中的情绪唤醒。"[6]比如汉语的主要优势是意合和神合，而中亚五国的语言则是形合。所以，"在人际交往中，个体情感既可以通过面部表情、姿态和语调这种非语言的方式表达,也可以通过词汇和语句等语言方式表达。情感的非语言表达与识别存在跨文化的一致性与差异性"[7]。

人类社会进入文明阶段的判断因素之一就是看是否有一定的礼仪制度。礼俗起源于驱疫习俗,一代一代凭借口耳相传,主要程序固化在特定的词语中。比如,"会"一词,是众人聚集进行一件事情之意。在中国,传统的庙会源于酬神还愿和迎神赛会,逐渐发展为有祭祀,有文艺表演,有游行,有许愿、还愿等活动内容和一定的形式。中亚五国也有各自祭祀习俗和用语。洪堡特说:"理解者跟讲话者一样,必须借助自己的内在力量重新把握同一些材料。"[8]或许后世在重新把握仪式的途中发生了偏离原有的规定,词语发生了更改。因为"人们或多或少总是把自己原有的世界观,或者说语言观,带进了一种陌生的语言"[9]。由此,也会产生误解。在人们的交际中,当说者发出一个声音,或是一串音节,不同的听者可能有不同的理解,尤其是不了解说者信息的情况下。听者可能以为那只是说者发出的声音,也可能以为是一种观念的表达,也可能认为是在说一种语言,等等。这时误解或许就出现了。比如,关于安禄山的身世和姓氏名称,或许并不像《新唐书》所载及《资治通鉴》记载的那样,是其母亲阿史德氏向轧荦山神祈祷求子而得,他本姓康,后随着母亲的再嫁,又冒姓安,更名禄山。安禄山不知生父,可能与早先北方各民族的婚前性自由与非婚可生子的婚俗有关,而说自己本姓康,是"昭武九姓"中的首姓——康姓,其目的是想借助望族、大族以抬高自己的血统,抬高自身的社会地位。《隋书·西域传》卷八三也记载曰:"风俗同于康国,唯妻其姊妹,及母子递相禽兽,此为异也。"可见安禄山本姓康,后又冒姓安是符合他的婚姻习俗的。历史上,人类社会曾存在过群婚制、对偶婚制、走婚制和抢婚习俗与买卖婚姻形式。中国曾经有过,中亚五国也曾经有过。但是随

第四章 亲属称谓与婚俗

着社会的进步,人们认可固定的对偶婚形式,其他形式则被认为是陋习而予以否定,在不同制度下也都有不同程度的改观。

亲属之间的称谓语与亲属关系相关联,而亲属关系又是建立在一定的婚姻形式的基础之上的。亲属称谓词语真实记录了人类社会亲属关系的建立、发展与改变。在有的国家,亲属称谓语与社会称谓语合而为一,比如我们中国。在汉语里,常常是以语言的形式反映着社会的组织形式。美国著名的民族学家摩尔根在其《古代社会》(Ancient Society)一书中说:"亲属制度并不基于天然关系,而基于婚姻;并不基于虚想,而基于事实;每一种亲属制度在其使用期间都是既合乎逻辑、也合乎实况的制度。它们所提供的证据价值极多,也最富于启发性。亲属制度以最明白的方式直接准确地反映了古代社会的情况。"[10] 他认为亲属制度以婚姻、家庭形态为基础。

在亲属之间的称谓方面,中国的语言词语是单一性的,是一对一指向的。比如一个孩子叫自己父亲的哥哥是伯伯(如有两个以上,则按照大小依次称为大伯、二伯、三伯等),称自己父亲的弟弟为叔叔(如有两个以上,则按照大小依次称为大叔、二叔、三叔、小叔等),不需要补充性语言。而西方的亲属称谓则太简单,指向性不明确,如果是介绍性的,则在称谓之后需要加以说明。如英语的 uncle,既是伯伯也是叔叔,排行自然也不清楚了。古代中国,是大家族居住形制,祖孙几辈集聚祖屋,生活在同一个屋檐下、行走于同一个庭院,进出同一祠堂供奉同一祖先,称谓必须是一对一指向。否则称谓不明,关系混乱,家无宁日。表面看来,汉语称谓语繁多复杂,不容易学习识记。但是,在实际生活中,本不需要学习识记。从小叫到大,自然习得而成。家庭成员关系在称谓语下辈分排行一清二楚,直系旁系关系一目了然。西方语言的亲属称谓语的确简单,可是如果不进一步追问,不思考,则不能清晰他们彼此间的真正关系。我们人类之间的接触,有许多诸如称谓语的区别,在自己的语言世界里习惯了,就会感觉一种新语言对世界各项现象进行称说时显得怪异,不可理解。如果我们用单一的思想去接受,而不是每一次都要去进行一个所谓的精确分析,我们可能就回归到语言的初始意义了。

在亲属之间,很重要的一项是姓氏。姓氏与人名不只是一个家族的或个人的符号,而且彰显了鲜明的民族性,反映了心理文化。在中国,汉族人的名字一定是姓在首位,名随其后;晚辈的名字里绝不可以出现长辈名字里的任何一个字,音同形异也不可以,否则是大逆不道之事。在过去的中国,所有人都不可在名字里出现皇帝名字中的字或音同的字,否则要被杀头。因此,晚辈、社会地位低贱者也不可以直呼长辈、社会地位尊贵者的名字。亲属称谓与夫妻婚配相关联。对于夫妻关系而言,我国各类史书都有阐释。《礼记·曲礼下》注曰:"妻之言齐也。"又《内则》注曰:"妻之言齐也。"《释名·释亲属》:"士庶人曰妻,妻,齐也,夫贱不足以尊称,故等齐言也。"《礼记·郊特牲》云:"夫婚礼万世之始也,一与之齐,终身不改。"《风俗通义·愆礼第三》(校注):《白虎通·嫁娶篇》曰:"妻者,齐也,与夫齐体。"东汉许慎在《说文解字·女部》"妻"下曰:"妻,妇与夫齐者也。"《广雅·释亲》亦云:"妻,齐也。"《后汉书·樊英传》及《御览》卷四三二引《英别传》俱曰:"妻,齐也。"夫,是成年男子,与妻结成配偶则为丈夫。妻,男子的正式配偶。《礼记·曲礼》曰:"庶人曰妻。"丈夫家的亲属是夫党,妻子家的亲属是妻党。由于社会背景不一样,民族意识与观念有差别,所以不同文化背景的亲属之间有不同的称谓语。

第一节 中亚五国语言中的亲属称谓与婚俗

中亚五国人民在历史上长期以游牧生活为主。衣食住行、婚丧嫁

第四章 亲属称谓与婚俗

娶等社会活动具有鲜明的游牧生活与由游牧向定居过渡的特点。比如,羊肉、马肉、牛肉是主要食品,居住的毡房是草原游牧民族的文化象征。在婚姻生活中,他们恪守同一个部落在 7 代之内不得通婚的祖训。中亚五国的亲属称谓语中有着一致性。首先他们的姓氏制度与西方文化相近似。每个人的名字是在名姓之间用上父亲或祖父的名字,以表示对父亲或祖父的尊敬爱戴。"Qatïn"是突厥语中一个古老的词,汉语中是用"可敦"书写。意思是"汗"的正妻,是部族中地位最高的女人。在突厥语中还有一个词"Äyel",也是妻子的意思,但是在感情上有区别。比如 15 世纪的哈萨克英雄叙事诗《叶德盖英雄》英雄塔尔根有这样一段话:"Edige ketkesin toqtamïs xan ğ aqatïnïayïttï:'qorïqtïŋ ba, qorïqpadïŋ ba, mina yneni qarašï dedi.'"翻译成中文则是:叶德盖走了以后,托合塔木斯汗的可敦对他说:"你害不害怕了,瞧瞧这针吧!"而《帕尔帕热亚》则是:"Sonda ä yeli sö yleydi, soylegende büy deydi."即:"这时妻子这样说话了。"[11]

在古丝绸之路上,中亚的粟特地区(今中亚塔吉克斯坦与乌孜别克斯坦境内)的粟特人(古波斯语写作"Suguda",梵语作"Surika")在历史上素以善于经商著称。粟特正好地处欧亚陆上交通枢纽,活动范围在今中亚阿姆河与锡尔河之间的泽拉夫尚河流域,首都是今日的撒马尔罕。粟特人充分利用这一有利条件,积极从事贸易活动。他们对孩子从小就进行经商教育,"男年五岁,则令学书,少解,则遣学贾,以得利多为善"。从敦煌、吐鲁番出的土文书记载来看,粟特人长期操纵着丝绸之路上的转贩贸易。但是早在南北朝时期,他们就聚族而居,建立了自主的同族聚落。他们陆续从撒马尔罕迁出,沿着丝绸之路来到今日我国的新疆吐鲁番并在此定居,这样的迁徙持续有 3 个世纪之久。他们与当地的汉族交往,习说汉语,改从汉俗,甚至墓志铭也仿照中国,但是从墓主的姓氏上还是能辨别出粟特人的身份。他们的小国之王均以昭武[12]为姓,最早见于《汉书·地理志》中。根据《隋书·西域传·康国》所载:"康国者,康居之后也。迁徙无常,不恒故地,然自汉以来相承不绝。其王本姓温,月氏人也。旧居祁连山北昭武城,因被匈奴所破,西逾葱岭,遂有其国。支庶各分王,故康国左右诸国并以昭武为姓,示不忘本也。"最初是康王居祁连山北昭武城,因为被匈奴击破,带领族人西逾葱岭(帕米尔)至两河流域(今中亚的阿姆、锡尔两河流域),子孙繁衍,分王九国,总称昭武九姓。故"昭武九姓"本是月氏人,支庶各分王,以昭武为姓,分支有康、安、曹、石、米、何、火寻、戊地、史九姓,皆氏昭武,故称昭武九姓。因为统治者"王字代失毕,为人宽厚,甚得众心。其妻突厥达度可汗女也。都于萨宝水上阿禄迪城。城多众居,大臣三人共掌国事。其王索发,冠七宝金花,衣绫罗锦绣白叠。其妻有髻,幪以皂巾。丈夫剪发锦袍。名为强国,而西域诸国多归之。米国、史国、曹国、何国、安国、小安国、那色波国、乌那曷国、穆国皆归附之"(《隋书·西域传》卷八三)。居民主要务农,兼营畜牧业,善于商贾。康国(康居国),是昭武九姓的宗主,位于今撒马尔罕(Samarkand)附近,唐朝时曾设康居都督府。安国,是西粟特的中心,位于今布哈拉(Bukhara)附近,唐朝时为安息州,其汉译名称的来历也当与汉代的安息(伊朗)有关。《隋书·西域传》卷八三记载:"安国,汉时安息国也。王姓昭武氏,与康国王同族,字设力登。妻,康国王女也。"曹国,在不同的时代及不同的记载中又分为东曹、中曹、西曹等,大致对应于苏对沙那(Sutrushana/Ushrusana)、劫布坦那(Kaputana)、瑟底痕(Ishitikhan)等,《隋书·西域传》卷八三记载:"曹国,都那蜜水南数里,旧是康居之地也。"石国,也称者舌、赭时、柘析(Chach)等,位于粟特地区的东北端,今塔什干(Tashkent)附近,唐朝时为大宛都督府。经过陈寅恪、蒲立本等人的考证,已基本弄清其汉译名称之来历:"石"为义译,"羯""柘析""赭时"等则为音译,本为月

第四章 亲属称谓与婚俗

氏内部的部落之名,大月氏西迁将其一部分带往中亚粟特,而另一部分则流入匈奴之中。《隋书·西域传》卷八三记载:"石国,居于药杀水,都城方十余里。其王姓石,名涅。"米国,当为"弭秣贺(Maymurgh)"之首音节节译,位于康国东南百里,唐朝时为南谧州。《隋书·西域传》卷八三记载:"米国,都那蜜水西,旧康居之地也。无王。其城主姓昭武,康国王之支庶,字闭拙。"中古时代的康、安、米氏几乎为昭武九姓所专有,而安氏与米氏尤为独特,因这两个姓氏此前均不见于华夏,是最明显的粟特胡人姓氏。穆国,又名木鹿或谋夫,是"Murv"的译音,位于粟特地区的西南端,今土库曼斯坦马里地区。《隋书·西域传》卷八三记载:"穆国,都乌浒河之西,亦安息之故地,与乌那曷为邻。其王姓昭武,亦康国王之种类也,字阿滥密。"史国,是"羯霜那(Kashana)"的次音节节译,位于粟特地区的东南端,又译为"佉沙(Kish)",唐朝时为佉沙州。《隋书·西域传》卷八三记载:"史国,都独莫水南十里,旧康居之地也。其王姓昭武,字逖遮,亦康国王之支庶也。"史为昭武九姓中较大的一个姓,虽然其入华史不如康、安、石等悠久,但其名声却颇为显赫。何国,当为"屈霜你迦(Kushanika)"之首音节节译,位于康国与安国之间,是连接东西粟特的枢纽,又译为"贵霜匿",唐朝时为贵霜州。因"何"为华夏旧有之姓,故何国胡人入华后,较难辨认出其粟特身份。《隋书·西域传》卷八三记载:"何国,都那密水南数里,旧是康居之地也。其王姓昭武,亦康国王之族类,字敦。都城方二里。胜兵千人。其王坐金羊座。东去曹国百五十里,西去小安国三百里,东去瓜州六千七百五十里。大业中,遣使贡方物。"如果要追根溯源的话,康姓来自撒马尔罕,安姓来自布哈拉,曹姓出自泽拉夫尚河以北的劫布那,何姓来自撒马尔罕和布哈拉之间的屈霜你迦,米姓来自泽拉夫尚河东南或彭吉肯特,史姓来自乞史、佉沙(今日的沙赫里萨布兹)、石姓来自柘枝、赭石(今日的塔什干)。[13]

从中亚五国的姓氏可以看出民族的来源和宗教信仰。从他们的亲属称谓语一样可以看出婚姻制度的取向。生活在中亚地区的粟特人盛行父系小家庭制度，非常重视父系家世，父名至关重要，所以穆格山出土的文书中，粟特人皆冠以某某是某某的儿子。穆格山位于塔吉克斯坦共和国彭吉肯特，1933年由苏联考古学家A.A.弗赖曼主持发掘了穆格山城堡遗址。这是一座8世纪初中亚粟特城堡遗址，"穆格"在塔吉克语中为"王"的意思。城堡建在穆格山顶西南角一座石铺台基上，面积为19.5米×18.5米。堡墙为石基土坯墙，内有5间狭长的拱顶建筑。出土遗物中最为重要的是81件写在唐代内地出产的薄纸以及皮革、木片上的文书写本。其中汉文文书8件，系唐中宗神龙二年(706)的残牒、乡籍。[14]有一件用粟特文书写的结婚契约书。婚约规定夫妻互相尊重，双方都有离婚再婚的自由，但是提出离婚的一方要进行赔偿。由此也可以看出，其婚姻形式是建立在多妻制的基础上的，妻子的地位很高，甚至"妇言是用，男子居下"。依据《康远墓志》"君讳远，字迁迪，其先卫康叔之门华。……有去病漂姚之号，超伯宗戊巳之名。……春秋六十有二……夫人陇西县太君曹氏，春秋七十有九。"[15]（《全唐文补遗·千唐志斋》），可知，迁徙至中国境内的粟特人虽然逐渐汉化，但依然有族内联姻的婚俗。据记载，玄奘西天取经的漫漫路途中，在从瓜州前往哈密时雇用了一位叫作石槃陀的向导。"姓氏'石'显示其家族最初来自史国乞史城或沙赫里龙布兹地区，今乌孜别克撒马尔罕城外。他的名字槃陀，则是常见的粟特名Vandak的汉文转写，意思是某位神祇的'仆人'。"[16]他们取名遵从宗教信仰，有的人从小就有教名。

在塔吉克斯坦，民族服装以棉衣和夹衣为主。男子服装是肥大的白色衬衫、灯笼裤、外套是一件宽大长袍，腰间系腰带或方巾，头上戴一顶花小帽或缠上头巾，软质皮靴。女子的裤子也是灯笼式样的裤子,上衣是长衬衫或者彩裙。女子一般在家里是头上戴白纱巾或丝绸巾,也有戴绣花小帽的,但是外出时,帽子上还要戴一块大一些的方头巾,颜色以白色为主。如果是新婚之人,则要戴红方巾,小姑娘大多时候是戴黄颜色的方巾。现在,城市居民一般不常穿民族服装了,只有在山区里才看得到。塔吉克斯坦分为牧区和农业区。牧区以奶制品为主要食品,农业区是以面食为主粮。塔吉克人民的肉食主要是羊、牛和骆驼,他们忌讳吃猪、马、驴、狗、熊等动物,也忌食乌鸦和猛禽以及所有动物的血。塔吉克的成年男子不食未经宰杀的死动物,但是妇女和儿童可食。塔吉克人对烟酒没有禁忌,他们也喜欢喝砖茶、绿茶和红茶。

哈萨克民族的婚俗从他们的语汇中也能得到了解。在耿世民先生的《哈萨克文化述略》[17]一文中,比较详细地介绍了我国哈萨克民族的婚俗。由于跨境语言文化的互相渗透作用,我们完全可以借助我国哈萨克民族的婚俗作为了解哈萨克斯坦共和国主体民族——哈萨克民族的参考。内容如下:

婚礼:通常男孩12—15岁,女孩9—13岁时,是说亲的年龄;成年男子19—25岁,女子16—19岁为结婚的年龄。如男方看中某家女孩,就要派人说亲。如得到同意,男方要送给女方一匹马和帽子、耳环、戒指作为聘礼,同时女方要在毡房的墙上挂一鞭子,直到正式举行婚礼才能取下。

他也提到哈萨克有"走姑娘"(uryn baryw)的习俗。是在完全交纳聘礼后,正式婚礼前,小伙子在未婚妻处过夜的习俗。不知这与中国婚姻史中的"走婚"[18]有无关联。耿世民先生从词源学方面对这一婚俗进行了解释:词组"urynbaryw",意为"像小偷一样地去"。"ury"(小偷,来自古代突厥语的 ughry/oghry),加古代突厥语工具格词缀 -(i/y)n,相当于现代哈萨克语的"urylarshabaryw"。"urynbaryw"语义"像小偷一样地去"，很有意思。在《周易》中记载着抢婚的习俗，"匪寇婚媾"在《周易》卦爻辞中一共出现了三次。《周易·贲卦》曰："贲如皤如，白马翰如，匪寇婚媾。"《周易·睽卦》曰："载鬼一车，先张之弧，後说之弧，匪寇婚媾。"《周易·屯卦》曰："屯如邅如，乘马班如。匪寇婚媾。乘马班如，求婚媾。"汉语词"婚礼""婚姻"的"婚"，原来写作"昏"，是黄昏的"昏"。是否在社会变迁中，"抢婚"逐渐难以实现，于是改为"偷"呢？此外，哈萨克民族的婚姻习俗中有"婚嫂制"，即哈萨克语的"Amenggerlik"。意思是女子的丈夫死后，再嫁的话要嫁给其兄弟，也就是"弟娶其嫂"的婚制，是原始社会群婚制的一种遗俗。这一婚姻习俗，在中国上古社会之前尚有，但是由于汉文化比较早地进入文明时期，战国之后这种婚姻制度即发生了巨大变化。在汉代史书中记载的"昭君出塞"提及这种婚俗。《汉书·匈奴传》卷九四下记载："单于……元帝以后宫良家子王嫱字昭君赐单于。单于欢喜，上书愿保上谷以至敦煌，传之无穷，请罢边备塞卒吏，以休天子人民。……，王昭君号宁胡阏氏……复株累单于复妻王昭君。"《后汉书·南匈奴传》卷八九又记载："及呼韩邪死，其前阏氏子代立，欲妻之，昭君上书求归，成帝敕令从胡俗，遂复为后单于阏氏焉。"这一婚姻制度习俗是中国中原地区或者说中华文化决然不可理解的，因而，认为王昭君是一位很了不起的女子。

"aq syjek"（白骨头）和"qara zalï q"（平民）/"qara syjek"（黑骨头）分别代表社会的上层和下层，他们之间不许通婚。在部落械斗中，白骨头的命价是黑骨头的七倍。[19] 在婚姻关系中，从词语上也体现出了门户之别。这与我们中国历史上的元朝极为相似。有意思的是"qara"是"黑"义素，与其他词素结合既有褒义也有贬义。如 qara syjek 是"黑骨头"，代表下层民众；"qara köŋil"是"人心歹毒"。所以哈萨克语的"离婚证"由"qara"和"qaɣaz"组合，写作"qara qaɣaz"，其中

"qara"具有"黑心肠、不吉利"等消极意义。可是"qaraɣan"是古代突厥人建立的一个王朝。"qaraɣan"词里的"qara"的含义则是伟大的、神圣。我们的史书上称为"喀喇汗王朝"或者"黑汗王朝"。其实,这很正常。在中华文化中,黑色也多与负面意义相联系,但是也有正面积极语义。如"黑包公"是正义公平的代名词。说明在任何一个民族的历史中,其语言所记载的都有角度、多层的文化意义。只不过有多寡强弱之别罢了。哈萨克民族崇拜火,将火称为"火母"而崇拜。认为火是一种神圣的力量,是哈萨克人的救星,具有让他们摆脱灾难的神奇力量。哈萨克人从不踢火,也从不从火堆上跨过,并将自己的家称为 ot basï(生火的地方)。[20]他们的观念是太阳只出现在东、南、西三个方位,认为太阳是有生命的,其生命的鼎盛时期正好位于南方,处于夏季。哈萨克斯坦文化以红色对应南方方位,与火相对应,这一点与中国文化中的"五行""五方""五色"近似。正因为哈萨克斯坦文化中有对火的崇拜观念,因此他们的婚俗中有一项特别重要的仪式——祭火仪式。这一仪式是:在婚礼中,新娘首先要进入公婆房间,向火塘敬礼。此时,由一位年长妇女执油壶向火塘倒油,另外一名妇女,把一只手在燃烧的火焰上烘烤,手热后,再用这只手撩拂新娘面部,同时口念祈祷之词以求火神赐福新娘。结婚的一对新人住在称作"otaw üy"的新毡房子里。女子结婚后便成为一个男子的"Qatïn",原意是指正妻、夫人,在词义的演变过程中,后来成为已婚女人的通称。但是,哈萨克民族信仰伊斯兰宗教后,语言上也有重大改变,比如对"妻子"的称说,改用具有阿拉伯语特点的"Äyel"。随着社会文化的变迁,"Äyel"逐渐取代了"Qatïn"。"Qatïn"一词原来表示尊敬的、尊贵地位的语义随之消亡。在哈萨克斯坦还有一个词,是"Xanïm",原本是夫人的意思,只能用来称谓皇后或巴依的妻子,普通人的妻子是不可以使用的。显然这个词语具有区别社会地位的功能,如"Xannïŋ xanïmï",是"可汗之夫人"的意思;"Baydïŋ xanïmïŋ"是"巴依之夫人"的意思;"Aqsuyek xanïm"是"贵族夫人"的意思。现在"Xanïm"已经成为一个社会称谓语,是对女性的尊敬称谓了,即"某某 xanïm",翻译成中文则是"某某女士"。艾米尔(أمير,Emir、Amir)是阿拉伯语音译。其词来源于阿拉伯语,原意为"受命的人""掌权者",伊斯兰教国家对上层统治者、王公、军事长官的称号。原为阿拉伯统帅的称谓,现为某些君主世袭制国家元首的称谓。突厥在历史上亦曾使用过这个封号。又译"艾米尔",旧译"异密"。中国《旧唐书·大食传》译为"异密莫末腻"。其在不同历史时期有着不同的含义。另外哈萨克汗国的部落王公不使用艾米尔的称号,而是号称苏丹,是兀鲁思(封国、部落)的首领,地位等同于乌孜别克的艾米尔。哈萨克的意思是"脱离""流浪",此即哈萨克汗国之始。

土库曼斯坦人非常重视婚礼,婚礼庄重喜庆。男方父母要携带礼物去拜访女家父母。如果双方父母都满意,就会收下礼品并商定婚期。结婚的黄道吉日在约定俗成的日子里选取。人们认为周二和周三不适宜举行婚礼,认为这两天举行婚礼很不吉利。结婚最好是周末。婚礼当天,新娘头戴白底红纹的盖头,一直到婚礼结束才可以摘掉。新郎新娘家一定要杀牛宰羊款待前来贺喜的客人。人们最喜欢吃羊肉。羊头、羊蹄一定给老人吃,羊脑髓则给孩子吃。因为,他们认为羊头、羊蹄和羊脑髓是羊最好的地方。历史上的土库曼部族是在血缘关系和婚姻关系的基础上形成的。这种部族主要是由远亲和非亲属组合而成,具有比家庭更强大的传承性。在 21 世纪,土库曼还有 24 个部落。这些部落成员之间的意识形态接近一致,有利于区域性的团结。部族、家庭、社会关系紧密,与政治生活息息相关。在夏季,人们主要喝清凉的骆驼奶,平日里喝奶茶。饮食习惯喜爱甜咸、辣味的菜肴。

在乌孜别克斯坦,妻子拼写为"Xotyn"。乌孜别克人喜好饮茶。饮茶的种类、泡茶的方式以及茶礼在婚俗中的运用都接近中国的饮茶和茶礼。在草原,人们一般喜欢喝奶茶,可是乌孜别克人却喜爱绿茶,而首都塔什干又以饮红茶为主。乌孜别克人茶不离餐,餐不离茶。他们只要就餐就一定喝茶。和我们到餐馆饭店吃饭一样,必定要有一壶茶在餐座上。乌孜别克人的茶具是茶壶和小茶碗,用沸水冲泡。在新婚家庭,新娘在婚礼的第二天与新郎家的亲朋好友相见相认时,要行奉茶礼,被称为"新娘茶"。乌孜别克斯坦的婚礼上,新郎和新娘一般要着传统民族服装。奉茶时,新娘着传统的民族服饰,梳妆打扮得非常漂亮,双手端着一碗茶,恭恭敬敬地递给客人,客人双手接过,一边喝茶,一边询问新娘的近况,并不断地说着祝福新娘的各种美好语句。

吉尔吉斯斯坦的民俗在饮食方面多半是牛奶和肉类。但是绝不吃猪、狗、蛇、骡子、驴和不明原因死去的畜生,也忌食猛禽。食用的牛、马、羊肉,一定得经过伊斯兰教规定程序宰杀的。

第二节 汉语言中亲属称谓与婚俗

中国传统文化是非常注重礼仪的,这一世界观渗透在社会的各个方面,比如祭祀祖先和姓氏名称的取舍。《大戴礼记》说:"王者天太祖,诸侯不敢怀,大夫、士有常宗,所以别贵始,德之本也。郊止天子,社止诸侯,道及士大夫,所以别尊卑。尊者,事尊;卑者,事卑。宜钜者,钜;宜小者,小也。故有天下者,事七世;有国者,事五世;有五乘之地者,事三世;有三乘之地者,事二世;待年而食者,不得立宗庙。所以别积厚者,流泽光;积薄者,流泽卑也。"(《大戴礼记·礼三本》第四十二)邢福义先生说:"'礼'这样强调'以别贵始',其目的是为了'别尊卑',达到'尊者,事尊;卑者,事卑'。"[21]极是！中国文化的枝枝叶叶均由此生发开来。所以,在中国,即使是男权极强时期也不可能出现已婚妻子改掉父家姓氏遵从夫家姓氏的事情。

亲属称谓属于制度文化范畴,反映了一个社会的亲属关系,其深层次文化是展示社会关系。中国自西周始,周公制礼作乐,建立起一套完整的人伦礼义制度,无论王朝如何更迭,这套体系都没有大的动摇。在语言词汇上留下了许多反映男女有别、长幼有序的称说。《尔雅·释亲》有详细而全面的记载。《尔雅》成书于战国末期,最早著录于《汉书·艺文志》。《尔雅》是我国第一部按义类编排的综合性辞书,对先秦典籍中的许多古词古义进行了解释。在《尔雅》中,我们可以看到古代亲属称谓语多达200个,分宗族、母党、妻党和婚姻四类。从这些亲属称谓语中,可以了解中国古代家庭结构,宗族个成员之间的亲疏远近之关系,并进一步探究婚姻制度和社会形态。这些宗族习俗留存在语言中,如"祖宗八代"之说。为了便于参照《尔雅·释亲》所列亲属关系及其称谓,我们将原文照录如下:

> 父为考,母为妣。父之考为王父,父之妣为王母。王父之考为曾祖王父,王父之妣为曾祖王母。曾祖王父之考为高祖王父,曾祖王父之妣为高祖王母。父之世父叔父为从祖祖父,父之世母叔母为从祖祖母。父之晜弟先生为世父,后生为叔父。男子先生为兄,后生为弟。谓女子先生为姊,后生为妹。父之姊妹为姑,父之从父晜弟为从祖父,父之从祖晜弟为族父。族父之子相谓为族晜弟,族晜弟之子相谓为亲同姓,兄之子,弟之子,相谓为从父晜弟。子之子为孙,孙之子为曾孙,曾孙之子为玄孙,玄孙之子为来孙,来孙之子为晜孙,晜孙之子为仍孙,仍孙之子为云孙。王父之姊妹为王姑,曾祖王父之姊妹为曾祖王姑,高祖王父之姊妹为高祖王姑,

父之从父姊妹为从祖姑,父之从祖姊妹为族祖姑。父之从父昆弟之母为从祖王母,父之从祖昆弟之母为族祖王母。父之兄妻为世母,父之弟妻为叔母。父之从父昆弟之妻为从祖母,父之从祖昆弟之妻为族祖母。父之从祖祖父,为族曾王父。父之从祖祖母为族曾王母,父之妾为庶母。祖,王父也。昆,兄也。

宗族

母之考为外王父,母之妣,为外王母。母之王考为外曾王父,母之王妣为外曾王母。母之昆弟为舅,母之从父昆弟为从舅。母之姊妹为从母,从母之男子为从母昆弟。其女子子为从母姊妹。

母党

妻之父,为外舅。妻之母,为外姑。姑之子,为甥。舅之子,为甥。妻之昆弟,为甥。姊妹之夫,为甥。妻之姊妹同出为姨。女子谓姊妹之夫为私,男子谓姊妹之子为出。女子谓昆弟之子为侄,谓出之子为离孙,谓侄之子为归孙。女子子之子为外孙,女子同出谓先生为姒,后生为娣。女子谓兄之妻为嫂,弟之妻为妇,长妇谓稚妇为娣妇,娣妇谓长妇为姒妇。

妻党

妇称夫之父曰舅,称夫之母曰姑。姑舅在则曰君舅君姑,没则曰先舅先姑。谓夫之庶母为少姑,夫之兄为兄公,夫之弟为叔,夫之姊为女公。夫之女弟为女妹。子之妻为妇,长妇为嫡妇,众妇为庶妇。女子之夫为婿,婿之父为姻。妇之父为婚,父之党为宗族。母与妻之党为兄弟,妇之父母。婿之父母,相谓为婚姻,两婿相谓为亚。妇之党为婚兄弟,婿

之党为姻兄弟,嫔,妇也。谓我舅者,吾谓之甥也。

汉语的亲属称谓是区别最为严格细致的,也是其他文化背景的人在学习中国文化时感到惊异的。因为中国是农业文明,家庭成员聚集而居,相互帮衬,十分重视血缘关系的远近,在称谓顺序上与汉语词序也高度一致,充分体现了在社会与家庭中,以男性为主的封建礼教思想的文化意识,女性只是从属于男性的配角。如父系家族的称谓语,大妈、婶婶、嫂子、弟妹是从属于伯伯、叔叔、兄长、弟弟的。这些原本用于家庭亲属间的称谓语,也被用于传统型社会群体中。小孩子、晚辈照样将无亲戚关系的邻居或群体成员,依据与自己父亲年龄的大小,也用此称呼。传统称谓受到男尊女卑思想文化的影响,明显体现了男尊女卑的社会文化关系。但是在中国当代社会,主要见之于大中城市,随着男女平等意识的强化,人们已经悄然改变了这一称呼习惯。将成年女性通称为阿姨,从称谓语中听不出该女性与孩子父亲、母亲在年龄上的大小差别,不再是以孩子的父亲为参照。语言是一种社会现象,有什么样的文化,则就会呈现什么样的语言现象。英国语言学家 L. R. 帕默尔在谈到语言现象时说:"但是以最精细微妙的方式向人们施加力量并且最不容人们抗拒的一种社会现象是语言。这套与特定的思维内容相关联的符号的符号系统有任意性,你要用它,就得不折不扣地遵守它的条件。对于思想和言语之间的关系的任何扰乱都会导致不可理解。所以,个人只有服服帖帖地接受集体的言语习惯,才能同集体的其他成员进行交际。但是,前面讲过,可得某一种语言就意味着接受某一套概念和价值。在成长中的儿童缓慢而痛苦地适应社会成规的同时,他的祖先积累了数千年而逐渐形成的所有思想、理想和成见也都铭刻在他的脑子里了。"[22]

"姓""氏""姓氏"是汉族词汇中最古老的成员之一。俗语有"坐不改姓,行不更名",体现了姓氏文化观念。这一信条也体现于出嫁的

第四章 亲属称谓与婚俗

女子身上,没有一个妻子用丈夫家的姓去替换自己的父姓。男女之姓一定是父姓并置于自己名字之前,以示家族的地位胜于个人的自尊。近当代中国的家庭模式产生于原始氏族社会时期的血缘关系基础上,其形制、习俗、观念、意识均保留着氏族血缘的特色。在两千多年前的孔子继承者孟子那里,认为"饱食暖衣逸居而无教,则近于禽兽。圣人有忧之,使契为司徒,教以人伦:父子有亲,君臣有义,夫妇有别,长幼有序,朋友有信"(《孟子·滕文公上》)。孟子阐释了从家庭到社会,人与人之间的正确关系,揭示了中国古代衡量道德者的法则。从孟子的这段话,我们可以领悟到,中国先民,将人与人之间的关系称说为"伦"。段玉裁对此进行了注释。段玉裁在《说文解字注》中认为:"伦""论"皆以"仑"字会意。"仑"有次第、条理意义。故"伦"有类、辈、次序、条理等意义。在人类社会,人与人之间的关系首先要合乎次序,有条理。唯有此,社会才可能在秩序中前行。因而,"伦理"一词反映了中国古代人们的社会观念。从而也说明,中国自古以来,在社会认知方面是不受宗教意识束缚的,是直接面对人的自身,思考人自身面临的问题。再比如,汉语言亲属称谓语中有"嫂"(或称作"嫂子""嫂嫂")这一称谓语。"嫂"是哥哥的妻子。许慎《说文解字·女部》"嫂"下曰:"嫂,兄妻也。"《释名·释亲属》曰:"嫂,叟也。叟,老者称也。"贾公彦说:"名兄妻为嫂者,尊严之称。……,嫂犹叟也。叟,老人称也。"由此可知,"嫂"的音义均得名于"叟",是因其年长。所以这一家庭称谓语也延伸到社会,成为一个社会称谓语:敬重嫂子,实为尊敬自己的兄长。在中国家庭中有"长兄如父,长嫂如母"之俗语,也说明了在中国社会有尊敬长者和奉行长幼有序、尊卑有别的理念。这些都是中国社会伦理观念在词语中的体现。那么,我们也可从西语,如英语的这一称谓语进行分析。英语"sister-in-law"对应于汉语的"嫂""弟妹"(弟媳)"小姑子"。所以汉语"嫂"在英文中拼写为"sister-in-law","sister"是姐姐、妹妹、姐妹的意思,"in"对应中文"在……里(内)","law"是法律之义。Sister、in、law 组合成为"sister-in-law"一词,说明在英语观念里,兄长之妻被看作法律上的姐姐,虽然也与兄弟有关,但是与血缘毫无关系,也不重视长幼序列。西方民族学家摩尔根在其著名的《古代社会》一书中指出,"文字的使用是文明伊始的一个最准确的标志",他将"文字的使用"作为人类进入文明门槛的标志。在后来的人类学界、历史学界和考古学界,专家们均把文字作为判断一个民族是否进入文明社会的重要因素之一,将文字的产生并使用作为区分野蛮社会和文明社会的一座界碑。我国东汉文字学家许慎在《说文解字》中说:"盖文字者,经艺之本,王政之始,前人所以垂后,后人所以识古,故曰本立而道生,知天下之至啧而不可乱也。"所以,中华民族在文字创制后,便伴随历史意识的觉醒,信奉"前事不忘,后事之师"的信条,秉持"究天人之际,通古今之变,成一家之言"来传承前辈创制的文化成果,指导后人的社会实践。在几千年的文化传承中,以立"本",以生"道"。在世界的西方,其实也有类似的观念,即为英国人类学家马林诺夫斯基所言:"人类的进步,为人类的希望、利益、知识和信仰的新远景打开了大门。在这里,文化符号性的一面——将传统体现在可传授的课文中的力量,述说过去的事件,奇迹和成就等故事的力量,计划、预见和预言的力量——成了发明新设备,计划新行动、使目的与动机成熟的媒介。"[23]

在中国亲属称谓语中还有"侄"和"甥"。我们都知道,女子的兄弟之子女称己为"姑","侄(侄)"是兄弟之子女;男子的姐妹之子女称己"舅舅","甥"是姐妹之子女。《尔雅·释训》曰:"男子谓姊妹之子为出,女子谓昆弟之子为侄。""出"的语义又是什么呢?《左传·襄公二十五年》在记载桓公之乱时也说"蔡任欲立其出"。这里的"出"是称谓语。后来引申为"嫁",即"出嫁"。女子嫁人为出。词语出母(被

第四章　亲属称谓与婚俗

父休弃的生母);出妻(休弃妻子);出妇(被丈夫休弃的妇女)都与先秦时期的婚姻习俗有关,也就是与称谓语"出"有千丝万缕的联系。

中国在西周时期建立了完整的宗法制度,家庭家族文化一直影响至今,所保留下来的表示家庭成员之间关系的词语尤其丰富,从说话者角度出发,会有不同的表达称谓。下面我们分别以岳父、妻子和丈夫的视角来看看。

岳父视角:爱婿、乘龙、乘龙快婿、乘龙佳婿、乘龙贵婿、乘龙娇客、乘龙女婿、春半子、愚婿、风门下客、东床、东坦、东床娇客、东床娇婿、东床客、东床婿、东床倩、东床坦、姑夫、姑老爷、姑爷、贵客、贵人、娇客、娇婿、娇倩、郎君、郎婿、女夫、女婿、甥、甥馆、劣婿、坦、坦床、坦腹、贤婿、婿、婿甥、婿主、玉润、子、卒便、子婿。

妻子视角:郎爷、老夫、官人、官儿、家、家公、狂夫、家夫、老爷、卿、家长、家主、家主公、佳人、佳婿、檀奴、檀郎、娇郎、脚头丈夫、君子、仙郎、贤夫、君、郎伯、郎官、郎主、相公、官人、子、良、良夫、良人、梁鸿、男人、先生、夫君、男子、女夫、女婿、妾夫、所天、檀夫郎、檀奴、天、所天、天夫、同心郎、夕卜、外子、贤夫、萧郎、萧史、婿、婿郎、移天、玉郎、丈夫、丈人、主家、主客、拙夫。

丈夫视角:发妻、妒妻、忌妻、初妻、丑妻、臣妻、爱妻、继妻、娇妻、脚头妻、荆妻、军妻、莱妻、老妻、良妻、婿妻、女妻、判妻、聘妻、妻房、妻室、妻小、妻子、弃妻、前妻、人妻、仁妻、山妻、生妻、生人妻、少妻、首妻、头妻、晚妻、亡妻、贤妻、孝妻、艳妻、义妻、愚妻、糟糠妻、拙妻。

中国的传统婚俗也很有讲究,从认识到结为夫妻要经过许多程序步骤。先要有"三媒六证",俗话说"无媒不成婚"。要有聘书、礼书、迎书所谓的"三书"。在此过程,一定不能少了"六礼",即"纳采""问名""纳吉""纳徵""请期"和"亲迎"。婚礼仪式则更加隆重庄严,不得有半点闪失,仪式之后,还要继续几项重要活动。大概是:拜堂(一拜天地、二拜高堂、夫妻对拜)、沃盥、共牢、合卺、撤馔、脱服、设衽、脱缨、馂余、入席、敬酒、敬茶、安床、上头、出门、过门、洞房、闹房、撑红伞、撒米、催装、送妆、铺房、抛绣球、换庚谱、过文定、成妇礼、成婿礼、合卺礼(交杯酒)、结发、庙见、三朝回门(归宁)。

　　在所有活动中,都必须有一些特定的物品参与,那就是锦书、婚书、嫁妆、聘礼、信物、盖头、花轿、绣球、双喜、天地桌、鞭炮、花烛、凤冠霞帔、旗锣伞扇、马鞍、火盆、帖盒、红豆、红枣、桂圆、莲子、嘉禾、大斗、尺子、剪子、镜子、算盘、秤等。参与庆贺活动的几类人员也有专门称谓语。像结婚的主角,他们的父母,等。这些称谓语分别是新人、新娘、新郎、红娘、媒妁、媒氏、冰人、司仪、傧相、伴郎、伴娘、童子、高堂等。

　　除了上述活动,下面这些项目也不可轻视。这些项目是:六礼、纳彩、问名、纳吉、纳征、请期、亲迎、奠雁、媒八嘴、三茶、割襟、换酒、开八字、合婚、请吃鸡、压庚、婚约、婚书、换庚、照帖、换贴、引亲布、端盅、小定、大定、挂手指、大折礼、行大盘、开包、通达、下合、榴桂、回盘、回情、期大、择日子、送日子、话好日、添箱团书、随礼、五子汤、打花烛、花夜宴、花枝会、压新床、暖新房、饿嫁、上头、待女、坐红堂、三请三邀、哭嫁、调贴、应节、话过门、过门、还望、邀还、通脚、住夜。

　　嫁妆是裁衣、婚衣、上轿衣、藏红绿线、送五子、做暖肚、子孙盆、子孙桶、女儿酒、放红蛋、栓五色线、装被、打铺盖、填箱、百子汤、催妆、摆堂、摆嫁妆、兜青龙、拿嫁妆、搬行嫁、龙凤饼等。

　　婚礼是五子衣、挽髻、披红、着虎头鞋、坐斗、新娘穿旧衣、头水轿、花车、接亲、闹喜、泼水礼、催门炮、偷杯、偷筷子、挑子桶、发轿酒、坐床压帐、照镜、照轿、支陈、争亲、起檐子、鸳鸯瓦、撒筷子、先升柜子、送亲、做阿舅、泼水上轿、点笼烛、担钱担米、吊轿杠、吊猪膀、撒米认路、插花、辟邪冲、不带娘家土、升轿、押车、抱鸡、压轿、上亲、拉花童、撒五

第四章　亲属称谓与婚俗

谷、撒喜果、去煞、婆接媳、喂红米饭、吃糖饭、抱毡、传袋、蹈婿鞋、脱新娘鞋、抱瓶、捧聚宝盆、抱瓶跨鞍、三道门槛、七星灯、洗和气脸、拜堂、系臂、牵巾、结发、栓线、赠袜底儿、压席人、带宝、洗手、送房、枣栗子、撒核桃枣儿、撒辣椒、撒帐、同偕、踩床、叫问、挑盖头、圆亲、吃结房圆、吃花烛、饮春酒、子孙饺子长寿面、过湖、闹洞房、升冠、开脸、闹酒、果子带、早联亲、念喜歌、郎不醉、生死树、包涎水、火把迎亲、新婚节、出阁宴、百子帐、长命鸡、长命等。

婚礼后要进行双朝、分大小、庙见、端洗脸水礼、吃和气饭、吃甜饭、送早点心、望朝、梳头酒、装烟、参厨、试刀、喜面、捡筷子、背水撒米、看三、回四、回门、认门、待郎酒、吃烧猪、吃辣饺子、坐花席、十朝饭、七字果、回郎、送油纸伞、送灯、送灯笼、送冬、满月、一月不空房、团娶等。

中国有的地方，在婚礼中，有新娘跨火盆的习俗，如山西。至于婚礼正式举行的时间，在中国南北方是不同的。北方一般要在中午12点以前开始。因为人们相信一天的时辰正午时分阳气充足、最为吉利。但是南方许多地方还是依照比较古老的习俗将婚礼放在傍晚以后举行，这是古老的抢婚习俗的延续。当代中国，传统与新潮并存。传统婚礼，一切是红色，表现喜气洋洋的氛围。随着与西方文化的互通，不只是年轻人，大部分中老年就如同接受了用蛋糕代替中式糕点一样，也一定有白色西服和白色婚纱出现。但是，有人员的限定和婚礼进程中时间段的规定。人员只能是一对新人，时间段是在婚礼开始，即第一个环节。当新娘和新郎交换了戒指等仪式后，宾客开始举杯庆贺时，新人则必须去更换服装，换回中国传统婚服。婚礼上的新娘新郎要穿民族服装。手工制作的小帽和精心缝制的棉袍是送给重要来宾的贵重礼物。

第三节　小结

中国与中亚五国之间的经济贸易也好,文化旅游学习也罢,都是彼此走出国门到异域活动,都是本身的文化与异域文化进行接触,那么熟悉对方普通民众的习俗文化就很有必要。正如哲学家笛卡尔在《谈谈方法》中所言:"同古人交谈有如旅行异域,知道一点殊方异俗是有好处的,可以帮助我们比较恰当地评价本乡的风俗,不至于像没有见过世面的人一样,总是以为违反本乡习惯的事情统统是可笑的、不合理的。可是旅行过久就会对乡土生疏,对古代的事情过分好奇每每会对现代的事情茫然无知。"[24]人类社会历史中,家庭的习俗文化可谓五花八门,其中的亲属称谓语便是制度文化的一项重要内容,从中可以了解一个民族的社会历史结构,了解其丰富的社会风俗和习惯,观察分析其思想观念,等。在族群的接触交往中,亲属称谓语也会参与到交流互动中,也会有借用的语言现象。汉语比中亚五国的亲属语言丰富、精确,汉语词汇中有泛称也有专称,这是由中国的社会历史决定的。家庭式的大家族居住形式,是我国自西周以来的特有文化现象。这种现象直到20世纪中叶逐渐在消退。

在亲属称谓语中,或许有共同的词语,有可能帮助我们在这一文化领域里了解词语互借的情况。在唐朝及其他朝代,中原人与胡人通婚在平民与达官显贵中都有。如发迹于北魏的尉迟,到"唐代尉迟敬德一族华化已久,与秦叔宝一家通婚,是其血统已参有中华之成分"。[25]是汉胡通婚的代表。这种现象不仅为史书所记载,而且在墓志中也屡有发现。在出土的西域相关墓志中,昭武九姓的安氏、曹氏、何氏、石氏,康氏与汉族的刘氏、韩氏、高氏、罗氏等联姻之事是著名例证。[26]

第四章 亲属称谓与婚俗

古代西域的人们钟爱白银和黄金,在人死后也要让死者口含一枚银币或金币。吐鲁番当地的一位盗墓者,名叫玛希克(Mashik),他告诉英国探险家斯坦因说,他在一处墓地(阿斯塔那墓)死尸的"口腔找出一枚薄金币",并声称"自己是第一个靠经验累积懂得在死者口中找寻金银币的人"。[27]这一段文字,说明死者口含金银币是普遍现象,是西域的一种葬俗。而在中原地区,则是在死者口中放置一枚铜钱或后来的硬币。这一方面的葬俗有近似之处。明末清初大思想家顾炎武在其著作《日知录》卷二十八转述:"《丧大记》:'小敛大敛,祭服不倒,皆左衽。'"注曰:"左衽,衽向左,反生时也。"正义曰:"衽,衣襟也。生向右,左手解,抽带便也。死则襟乡左,示不复解也。"葬俗文化应该也有互相借鉴的元素。语言形式是人们现实诉求的外在表现,这依然是当代人类的文化实践现实。

注 释:

[1][美]布龙菲尔德:《语言论》,袁家骅等译,商务印书馆2009年版,第555页。

[2]邢福义主编:《文化语言学》,湖北教育出版社1999年版,第42页。

[3]吕叔湘:《吕叔湘文集》,商务印书馆1992年版,第10页。

[4]马大正、冯锡时主编:《中亚五国史纲》,新疆人民出版社2005年版,第91页。

[5][美]爱德华·萨丕尔:《萨丕尔论语言、文化与人格》,高一虹等译,商务印书馆2011年版,第80页。

[6]李佳南、陈俊、贺晓玲:《母语的情感表达性强于第二语言——双语情感启动的异同》,载《中国社会科学报》2015年12月1日第004版。

[7]李佳南、陈俊、贺晓玲:《母语的情感表达性强于第二语言——双语情感启动的异同》,载《中国社会科学报》2015年12月1日第004版。

[8]胡明杨主编:《西方语言学名著选读》,中国人民大学出版社1999年版,第

33页。

[9]胡明杨主编:《西方语言学名著选读》,中国人民大学出版社1999年版,第34页。

[10][美]路易斯·亨利·摩尔根:《古代社会》,杨东莼、马雍、马巨译,商务印书馆2007年版,第279页。

[11]转引自新疆维吾尔自治区语言文字委员会编:《勇士》(上),奎屯:伊犁人民出版社,2006年版,第101页。

[12]昭武:《汉书·地理志》卷二八下曰:"昭武,莽曰渠武"。西汉地名,现(甘肃临泽县);古为雍州属地,周、秦时期乌孙、月氏驻牧,西汉时期为匈奴牧地。

[13][美]芮乐伟·韩森:《丝路新史:一个已经逝去但曾经兼容并蓄的世界》,李志鸿、吴国圣、黄庭硕译,麦田出版社2015年版,第130页。

[14]张广达、王小甫:《穆格山城堡遗址》,见www.chinabaike.com/ar中国百科网。

[15]吴钢:《全唐文补遗·千唐志斋新藏专辑》,三秦出版社2006年版,第136—137页。

[16][美]芮乐伟·韩森:《丝路新史:一个已经逝去但曾经兼容并蓄的世界》,李志鸿、吴国圣、黄庭硕译,麦田出版社2015年版,第116页。

[17]耿世民:《哈萨克文化述略》,载《伊犁师范学院学报》(社会科学版)2009年9月第3期。

[18]走婚:生活在我国云南和四川的少数民族摩梭人有的还保留着他们独特的婚姻方式——走婚,走婚在摩梭语中叫"色色",意为"走来走去",它形象地表现出走婚是一种夜合晨离的婚姻关系,男女双方没有婚姻关系,只有在晚上男方会到女方家居住,白天仍在各自家中生活与劳动。

[19]朱净宇、李家泉:《从图腾符号到社会符号》,云南人民出版社1993年版,第127页。

[20]贾合甫·米尔扎汗:《哈萨克族文化大观》,新疆人民出版社2001年版,第63页。

[21]邢福义:《文化语言学》,湖北教育出版社1990年版,第152页。

第四章 亲属称谓与婚俗

[22][英]L. R. 帕默尔:《语言学概论》,李荣等译,商务印书馆2013年版,第177页。

[23]邢福义:《文化语言学》,湖北教育出版社1990年版,第124页。

[24][法]笛卡尔:《谈谈方法》,王太庆译,商务印书馆2000年版,第7页。

[25]向达:《唐代长安与西域文明》,重庆出版社2009年版。

[26]周绍良主编:《唐代墓志汇编》,上海古籍出版社1992年版,第15、135、180、530、1104、1433页。

[27]芮乐伟·韩森(Valerie Hansen):《丝路新史:一个已经逝去但曾经兼容并蓄的世界》,吴国圣、李志鸿、黄庭硕译,麦田出版2015年版,第123页。

第五章 交际中的准语言

在人类社会人们主要通过语言进行交流与沟通,但是经常会出现"辞不达意""无法言说"的情况。所以,语言除了书面语和口语,或者说有声语言之外,还有一些辅助语言。人们在交际中常常会伴随有声语言做出一些表情、行为动作进行辅助,而且占据交际中表达话语含义的65%,这就是所谓的"准语言"或"准语言符号"。

在交际中,我们的面部表情、行为举止、抬手投足等,也一样能传递部分信息,是传递语言功能的辅助手段,如见面时握手相互致意。在某些情况下,不方便使用有声语言或文字进行沟通、交换信息,这些被称为"准语言"的交流方式是很好的交际工具。比如在海上,不可能依靠喊话,旗语是航海中船只间的人员交流信息的方式;比赛现场,尤其是大型国际比赛,运动员之间,裁判与运动员之间,观众观看,大部分信息来自裁判员的手势语或所吹的口哨声;交通警察也是先依靠特定的体态语指挥司机直行或转弯或靠边停车。在有的特殊语境下,打一个比较隐秘的手势或者以眼色眼神示意,中外电影中经常有这样的镜头。准语言的适用范围广泛,使用中有地域民族独特的表达方式,也有较大区域甚至全球性的表达方式。因为它们是一种辅助性语言符号,具有约定俗成的本质,如拥抱、握手、双手合拢在胸前、摇头、点头等。在中国可以抚摸孩童的脸颊、额头,表达喜爱之情,而在有的国家绝对不可以有此行为。又如许多国家都以"摇头不算点头算"来表示反对和同意。但是在希腊则正好相反。在不同国家不同语言中,所传递的信息不同。但是在国际比赛中,裁判的手势具有通约性,每一个国家的运动员和教练员都要听从裁判的手势语指令。在海洋、天空,船员、飞行器驾驶员使用的旗语、信号灯、飞行方式的变化也具有通约性。"任何民族都或多或少用手势来强调说话,同时使用声音和面部表情来表达思想感情。手势是一种视觉语言……"[1]在普通交往中,面部表情和行为举止是最常用的,也是最能体现民族文化的辅助性语言,可以称为体态语或肢体语言。

语言是人类的第一项伟大发明,而最早用于人类交流的工具应该是人的肢体语言。因为肢体语言的可视性和可感性易于模仿,是交往中最为简单易懂的交际手段。肢体语言是心理情感活动的首个外显媒介,是将内心思想外化于行为举止、面部表情直接呈现,它给其他人一种可感性,以便使个体经验汇集为集体经验和智慧去适应生存,改变环境,创造文化。语言学家在分析语言构成时将语言析出语音、语法和词三种要素,是一种人为区分。在社会生活中,语言对于一个群体而言是单一的,是一种语言,但是针对每一个人来说,语言是多样的,同一个语义可以有多种表达方式,不可能出现两个人说的话完全一致。法国语言学家约瑟夫·房德里耶斯说:"在任何社会集体中,不管他的性质如何,规模多大,语言总是起着最重要的作用。语言是联合集体各成员的最有力的纽带,是他们的共同生活的象征和保障。"[2]在集体中进行语言交际时,为了相互理解的需要,人们得遵守约定的规则,使用共同的交际语言。由此"同一个社会集体的成员由于他们要相互交谈而发生的交往也会导致语言的统一"[3]而产生出共同语,共同的肢体语言便是其中之一。

人与人之间的理解是通过理解语言来理解对方。关注的是对方的言行,而非概念思辨(这是语言哲学家们关注的)。在跨文化交往时最容易出现问题,产生误解。但是也有人类普泛性交际礼俗与词语,如"谢谢"一词。人类除了用声音用文字表达意愿感情外,最原始性的肢体语言非常发达,但是由于生活的环境、信仰不同,又赋予了特殊的文化内涵。如从远古而来,表示友好安全的肢体语言——握手礼,几乎是世界通行的肢体词语。可是在中亚五国,人们相见一般用两肩相碰的肢体语言表示友好,汉语则无。人类的基本交际行为莫过于个体之间的日常行为,但其基本方式为全人类所共有。那么,首先从在我们两种语言中有相同意义的词语、句式、肢体语言开始,有了基础,我们从基本意义去解开各自衍生意义的语域,分析归纳,用易懂的表达方式展示给对方。这样一定能最大程度的降低误会的发生。

肢体表情语言使用的表达维度影响着正常的交流。肢体语言通行于大多数人群中。如告别的手势,大多数国家的人们是一只手心向外左右自然摆动。但是那不勒斯人则手心向内。布龙菲尔德说:"手势伴随着一切言语;说话的人使用哪些手势,使用多少,人各不同,但是在很大程度上是受社会习惯的制约的。"[4]人类的肢体语言也很具有民族特质,比如布龙菲尔德列举了北美印第安人手势语的种种意思,说:"大多数手势不过是指点和比画。美国平原地带或者森林地带的印第安部落,讲故事时使用各种不很明显的手势。我们虽不熟悉这些手势,但很容易理解。手放在眼睛下面,掌心朝内,大拇指竖起来,表示侦查;一拳打在掌心里,表示开枪;两个手指头模仿人走路,四个指头代表马跑。甚至当手势是象征性的时候,意义也可以一望而知,譬如指指背后,便表示这是过去的事。"[5]语言的辅助性肢体语言在各民族中都有,因为有人研究后发现,"交际时,有65%的'社会含义'是通过准语言传递的"[6]。中亚五国和中国一样也有着丰富的肢体表情语言。

准语言中的肢体语言很具有民族性。比如世界上大多数民族都以互相握手表示友好欢迎,但是也有一些国家是以互触肩膀和脸颊表示。在中国,向一个人吐唾沫是极大的污蔑与仇视,成人由于有了自控能力和语言能力,以这样的行为方式表达自己对某人的仇恨比较少见,但是在儿童那里是常见的一个行为方式。与中国相同的还有法国。然而,在非洲的查加兰的黑人那里,吐唾沫却是在紧要关头的一种祝福方式。可见,肢体语言有鲜明的民族文化内涵。

语言是人类自己创造的第一项伟大发明。在此之前,交际方式应该是肢体动作,并借助自然物体做出一系列能够表情达意的方式。人类根据所居住的自然环境,模仿大自然其他物体的动作用于交流。除了语言沟通外,肢体语言的运用极大地丰富了人类的交际内涵。肢体语言或说体态语言与一个民族的社会习俗有关,牵涉着心理文化层面。如果不加小心使用,很可能出现不快,给对方造成困惑、误解。肢体表情语言展示着民族的风俗习惯,索绪尔说:"民族的风俗习惯常反映在语言里,在很大程度上,构成民族的正是语言。"肢体语言是民族的,也是言语者个体的。这很重要。我们在言语交往中,一般是一对一的关系,"舌战群儒"是很特殊的语境下才会有的现象。而一对一的肢体语言与大众场合的肢体语言又有不同。无论是哪一种环境下,肢体语言和有声语言所使用的词语、句式、声调一样要注意语境或语域,即要注意得体性的问题。我们以为合适的语域或自以为说话得体,不一定适合对方的语域,反之亦然。从小众来说,不当的言行举止影响了二人的关系,中断了交往的需要。从大众而言,原本可以合作的项目因不合对方礼仪规范的言行举止造成夭折,甚至产生严重的外交事件,影响了两国之间的关系。历史上不乏这类例子。比如手势语,在不同民族语言中,手掌向上、向前、向下所传递的信息不同;"OK"手势语也并不是都具有"行""同意"的意义。其他如声音的抑扬与拳头紧握、挥手致意、耸肩、扬眉同样可以非常有效地表达态度与情感。[7]但是表达什么态度与情感则可能在不同国家、不同群体里是不同的。相对于手势,言语交际往往比较正式,且为社会普遍认可;而根据人们的直觉,相对无意识的动作比实际使用的词语具有更重要的心理意义。[8]因而,我们与中亚五国的肢体语言的相异之处是必须明了掌握的知识。否则,我们彼此交往中,明确与含蓄交际之间的问题将成为交流障碍。

肢体语言是外在行为的模仿传承,具有"社会暗示"[9]的文化意义。在两种不同语言不同文化背景下进行交流的人们,即使有中间语言即媒介语言进行解释,也是不太容易准确理解肢体行为的含义。因此,认知与清晰地表述尤其重要。比如握手的时间长短、用力的强弱、握手时摇与不摇,一只手还是双手或者什么情况下与谁握手是一只手或双手;对面互碰肩头还是互贴脸颊。约瑟夫·房德里耶斯认为"这也是人类的语言,传达着命令、信息、感情,构成了语言要素"。[10]他说听觉语言是的多样性超乎其他任何语言,但是有时候与其相伴的是视觉语言,而"更常见的是用视觉语言来代替"[11]。他又说"任何民族都或多或少用手势来强调说话,同时使用声音和面部表情来表达思想感情。手势是一种视觉语言,但文字也是一种"。[12]"视觉语言也许和听觉语言一样古老。"[13]汉语中的"目"纹饰便属于视觉语言,"目"类视觉文字正是视觉与听觉语言的综合,属于视听综合语言。

第一节 中亚五国的肢体表情语言

中亚五国的语言文化深受草原游牧生活的影响,是世界独一无二的游牧文化。肢体表情语言比汉语精确。比如他们见面时的击掌、碰肩膀等是构成他们文化的重要元素。哈萨克斯坦人很重视礼仪,讲究面子。哈斯萨克斯坦在日常生活、婚丧嫁娶、请客送礼、宗教仪式等方面都有独特的肢体语言。比如新婚儿媳不能从公婆面前走过,要从背后通过。儿媳不可以说公婆的名字,也不得直呼长辈的名字。如果家里来了尊贵的客人,一定是要宰羊的。主人在宰羊之前,先要把羊牵给客人看,并客气地说"羊虽然不太肥,略表心意,敬请赏光"之类的客套话。

肢体语言与民风民俗联系最为密切。民俗是最具有传承特色的文化,往往很难更改自己的民俗文化。但是在出土的墓葬形制中,竟然发现来自中亚地区的粟特人葬俗接受了中国中原汉民族的部分习俗。在西安发现一处属于粟特人的墓葬,他们放弃了原来暴晒尸骨后将骨头放进"纳骨罐"的陶制容器里的二次葬的习俗,改为采用将死者埋进地下墓室,并备有斜坡葬道的土葬习俗。表面看只是葬俗的部分改变,其实深层的社会原因是粟特人的生活方式发生了根本性的变化。"纳骨罐"适合家人迁徙携带,当他们从中亚地区来到中国,彻底改变了原来的生活方式,成为固定居民,自然愿意接受汉民族的部分与土地紧密关联的文化习俗。

许多辅助性语汇来自民族传统节日,是节日中的饮食内容、形式与娱乐活动样式的结晶。纳乌鲁斯节(Navruz)是中亚五国人民的共同节日。"纳乌鲁斯(Navruz)"一词来自波斯语,意为"春雨日"或"新的日子"。每年3月21日,哈萨克斯坦、吉尔吉斯斯坦、塔吉克斯坦、土库曼斯坦和乌孜别克斯坦都要庆祝,就像中国人庆祝新年春节一样。节日定在每年春分日。传统节期为两周,即15天,亦有9天、3天甚至1天的。这天,中亚五国都会按照自己的风俗习惯举行庆祝活动。所以既有相似之处,又各具特色。相同的地方是,在纳乌鲁斯节前夕,家家户户都忙着准备丰盛的节日美食,最主要的美食就是传统的"纳乌鲁斯饭"——用大米、小米、麦粒、面粉、奶酪、牛羊肉等食材烹制而成的美味肉粥。最独特的是在吉尔吉斯斯坦。因为吉尔吉斯斯坦人深信纳乌鲁斯节起源于古波斯的拜火教。在节日这天,吉尔吉斯斯坦家庭一定要点燃篝火,举行古老的祭祀仪式,并让家族的男性和孩子们跳过篝火。因为依照古老传说,火是圣洁而炽烈的,具有净化心灵与保护身体的双重作用。他们相信这种仪式能够保佑族人健康。

草原上,马是最重要的交通工具。许多习俗和肢体语言与马有关。比如不可以向主人提出骑骒马,即雌性马。他们对马有着特殊的感情。比如一个人生前骑用的马,其他任何人不得骑用。而行人骑着马路过墓地时要缓缓而行,不可疾驶而过,妇女则必须下马徒步走过。不要在毡房前下马,要在毡房跟前的拴马桩那里下马,并把马鞭收好。这些习俗,反映了人与马的亲密关系。草原人民很爱动物,尤其是家畜。比如,看到羊群要绕道而行,如果骑着马,则不能骑马冲进羊群里。当然也绝不可以用脚踢羊或踢其他动物。他们的文化习俗里忌讳从拴牲畜的绳子上跨越,认为胯下为不洁之处,会削弱牲畜的繁衍能力,并认为这根绳子是神灵赐予的。草原上的青草和树木是游牧民族赖以生存的植物资源,也是生命的象征,所以任何人不得拔除幼嫩青草苗、不得毁坏树木。汉语里有"打狗要看主人"的俗语,在哈萨克斯坦也有类似的习俗,即不能打有主人的狗。此外,像用木棍和脚踢打牲畜的头部都是被禁止的。用手或棍棒清点人数也是被禁止的。认为把人看作了牲畜,是对人极大的不尊敬。

我们中国汉人的交往习俗是喜欢在朋友面前表扬夸奖他们的孩子,如果是儿童,认为说孩子"胖乎乎""胖墩墩""虎头虎脑"等是溢美之词。但是切记不要将自己的言语行为移植过去,也就是说,不要当中亚五国朋友的面赞美他们的孩子,特别不要用"胖""美"之类的词。他们认为这样会给孩子带来不吉利的事情。同样,也不能当面赞美牲畜和数牲畜数量,因为也被认为会给牲畜带来灾难。

第五章　交际中的准语言

　　哈萨克民族以白天鹅为圣鸟,白天鹅是重要的图腾之一。尊重他们的宗教信仰尤为重要。所以,当遇到牧民在做"乃玛孜"(礼拜)时,要注意保持肃静,不要从他们面前通过,更不能踩踏做礼拜的毯子。由于宗教信仰,不吃猪肉和一切动物的血。除了鱼,他们不吃未经宰杀的动物。主食是馕,在吃馕时要掰成一小块一小块来吃,不可以把整个馕拿在手里用嘴啃。哈萨克人除了喜爱馕以外,也很喜欢吃手抓肉、马肠子、包子、酸奶疙瘩、奶皮子、奶酪、黄油、宝乌尔萨克(一种用油炸熟的小圆形油炸果)、烙饼等。哈萨克人在正式用餐以前,主人会提着水壶给客人冲手。这很像我们先秦时期的盥手礼。客人的手用水冲洗过,不得甩手上的水,要用递过来的毛巾擦干净。招待客人时一定要宰杀一头大肥羊,当羊煮熟后用一只大盘端上来,煮熟的羊头要送到贵客面前。客人用小刀先割下一块面颊肉,呈敬给在座的长者,再割下一只羊耳朵给主人的小孩或者在座的幼者,然后给自己割一片。之后,要将羊头送还主人,以表达对主人热情款待的谢意。这样,其他人才可以动手共食。在吃羊肉的过程中,客人要从盘子中取些羊肉请主妇吃,否则被认为是失礼。在用餐结束时,主客双方相互用双手,手心朝面部,轻轻向下拂,以表达对上帝的感谢。任何人都不能坐在盛放食物的箱子上,也不能跨越。不可以踩踏吃饭用具,如食盐不慎洒到地上的话,也绝对不可以用脚踢或踩踏,即使是餐巾什么的也不可以用脚去踩踏。他们非常好客,无论认识与否,都要竭诚款待,否则会被耻笑。如果临近傍晚,则一定要真诚地挽留客人留宿家中。这种好客的习俗已经存留在谚语中。俗谚云:"太阳落山时放走客人,是跳进河里也洗不尽的奇耻大辱。"

　　因为游牧生活的需要,人们居住的是毡房。床放在毡房里面右侧,左侧主要放置其他生活物品。对着毡房门的地方被视为上方,称为上座,是尊贵客人就座的位置。到朋友的毡房里不要坐在床上,应该坐在毯上。一定要注意坐姿,礼貌的姿势是盘腿而坐,就像我国北方老人在冬天盘腿坐在热炕上,绝对不能把两腿伸直出去,也绝不可以脱掉鞋子。如果床上挂有布幔,外人绝对不能掀开触动,否则,被认为是对主人的大不敬。当然在与人交谈和吃饭时,吐痰、擤鼻子、剪指甲、打哈欠、放屁等行为都是非常不雅的举止,也是对别人最大的不尊敬。与人吃饭、喝茶,如果有事需要离开,不能从人面前走过,必须绕到后面再走。主人在做饭时,客人不要出于热情去动餐具或掀开锅盖、搅动食物,当主人递过来酒时,要双手接住,并一饮而尽,不可以喝一半离席。否则,主人认为你看不起他。哈萨克斯坦的风俗是以右为上。出门进门都要先迈右腿。哈萨克斯坦人喜欢戴帽子,即使与人交谈也不会摘下。请客吃饭,毡房对着门的位置是上座,是尊贵客人就座的位置,哈萨克语是 tör。哈萨克斯坦人的相见礼仪一般是握手,但是,如果面见的是尊者或贵宾,则是右手按胸,躬身施礼。主客相见,男女分开就座。最主要的客人坐左手,按地位或辈分依次而坐,主人则坐在最右手位置。

在哈萨克斯坦,如果受邀前往朋友家做客,应该送上一束鲜花,送花是哈萨克的习俗,他们以花传情达意。在哈萨克斯坦,还有以物代替言语的象征性行为,那就是根据情况,用花卉代替人的语言交流。比如 uʃqatgyli 是忍冬花,含有"深切而专一的爱"之意。dʒabajə dʒaŋʉaq 是汉语里的植物"榛"。送"榛子"是在朋友之间产生了误解冲突后,一方发出主动和解的愿望,表示"希望和解"。如果另一方回送 qəzəl qaz tamaq,即汉语的"红色天竺葵",暗示原谅了对方。因为"红色天竺葵"在哈萨克斯坦民族文化中有"得到安慰"的寓意,冰释前嫌,送"榛子"起到了"相逢一笑泯恩仇"的效果。在哈萨克斯坦,男女表达爱情的方式有与西方一些国家相同之处,也有独特的民俗约定。相同点是以一朵玫瑰来表明爱意,不同之处在于信息的反馈。如果对方用一支漂亮的报春花回赠,那就是明确示意"我"接受了"你"的爱情。否则,就是拒绝。

在哈萨克斯坦肢体语言中,眼睛和手的动作比较丰富,不同的眼部动作所传递的感情信息不同,手在身体不同位置做出的动作传达出明确的语言信息。比如瞪眼表示不满意或者生气,翻白眼表示不屑或者看不起,瞥眼并转过头去,是表示不想搭理某个人;击掌表示鼓励或庆贺;摸后脑勺表示思考,如果挠后脑勺则表示搞不清楚情况;用手抚摸前额是表示事情很多,很烦;用食指在太阳穴附近转圈,那是暗示某人脑子有病;如果将食指竖在嘴前,则是表示不要说话;用手捂嘴的动作是表示害怕;如果某人突然拍大腿,可能在表达恍然大悟,或表示生气;如果抱着膝盖并低头表示失望、沮丧;当一个人做出手心朝上并向上抬手臂的动作时是表示问在哪儿;耸肩膀并摊手表示不知道或没办法;当一个人叹气时是表示有烦恼,也可能是生气,而向外摆手则表示不欢迎,让对方快走开;左右摇动食指,那是表示"NO",但是向内勾食指则是表示过来;当头向上扬一下表示提问什么,吐舌头并摊手表示完蛋了,做了糗事。

哈萨克人很尊重和欣赏那些对他们的礼俗熟悉、了解的人。哈萨克民间节日有古尔邦节、纳乌鲁斯节等。节日中要食用稻米、燕麦、羊肉和奶酪等制成的饭。青年男女举行摔跤等娱乐活动。哈萨克人传统的娱乐活动有刁羊、姑娘追、阿肯弹唱、赛马和摔跤活动。

乌孜别克斯坦,主要信仰伊斯兰教,属于逊尼派,占人口的90%以上。宗教学校很多。馕和茶是日常食品,也像哈萨克斯坦习俗一样,要将馕分成小块吃,馕心向上。其他食品则以牛、羊、马肉和奶制品为多。人们喜欢手抓饭、烤肉串和烤包子。手抓饭是过节和待客时最重要的民族传统食品。在斋月期间,人们的行为方式必须按照伊斯兰教义进行。比如一日三餐的用餐时间都有严格规定。在太阳升起后到落山之前，皆不可进食。在斋月里，要放下一切商务活动，无论多么重要的生意也不可以在这期间进行。对于颜色，他们最忌讳黑色，认为黑色是凶色、丧葬之色。忌讳用左手传递东西或食物，认为使用左手是无礼行为。

乌孜别克斯坦，节日主要是吃手抓饭。婚丧嫁娶、婴儿出生等庆祝活动，参加活动的男士要在早晨五点左右，太阳升起前，赶到主人家或主办地去吃手抓饭，而女性不可以参加。手抓饭在所有菜肴上桌后才呈上。他们的主要传统节日是开斋节、古尔邦节和他们的农历新年（纳弗鲁斯节）。"纳弗鲁斯"在乌孜别克斯坦语言中是"春天"的意思，类似中国的"春节"，是第一大节日。节庆时间一般在一个月。走亲访友，宴请亲朋好友，要特别喝一种加油和糖的麦芽粥。乌孜别克斯坦的妇女在清真寺等宗教场所应该头戴帽子，以披肩遮盖肩部和胸部。不允许有偶像崇拜的事情。所以，工艺品上的装饰或造型不得出现人物塑像。因此，玩具娃娃等制品不可能出现在市场上。刺绣精美的小帽和五颜六色的长袍是乌孜别克斯坦的民族服饰。

乌孜别克斯坦人的肢体语言多体现在手和脸部。手部的动作主要是将右手手掌放置在心脏处，一般男性用得较多。是男性向女性打招呼的肢体语言，这时也一定伴随着弯腰的动作。看上去非常绅士。这叫作"hurmat"。而男性之间的招呼方式则是握手（salomlashish）。在表示说话者自己时，与中国的体态语一致，即用右手食指着自己（öziga）。当五指并拢向上时，表示警告说话者立即闭嘴（pis，本义是屁股）。这一动作不太礼貌，常常是粗鲁的男性用给女性的，具有性别歧视。如果有人将手紧握成拳状并敲击桌面，则表示他很不满意当下的情况。这要结合语境并注意看是单手还是双手。如果是单拳在敲击，是男方告诫女方应该闭嘴；如果是双拳，则可能是用于着急吃饭的孩子（musht bilan stolga）。女性一般不做此动作。还有一种表示暴力的手势语。双手握成拳状,有点像拳击竞技场,两名选手在开赛前的礼貌性动作。只不过是一个人自己的两个拳头上下互相碰碰,是在向对方发出"打死你"的隐喻性肢体语言。表达相同语义时还可以一只手是拳状,一只手伸展成掌状。掌状的那只手在上,拳状的那只手在下,互相触碰,这是更为强烈的"打死你"(qorpitmoq)的讯息。

乌孜别克人很善于运用眉毛的动作传情达意。如果一名女性有一只眼睛上面的眉毛向上挑动,是示意对方"去那边"。根据眉毛挑动的方向,对方会明白向左还是向右。但有时也含有性感挑逗的意味(qosh qoqmoq)。要是一个男性的双眉在上下交替跳动,那么很可能他在告诫孩子或者妻子或者女友"闭嘴"(qosh guvushtivish)。当他们表示"一点点"时,会把食指和拇指放在一起,并上下相错一点(ozgina)。在哈萨克斯坦的肢体语言中,吐舌头并摊手是表示完蛋了,做了糗事。可是在乌孜别克人那里则表示是开玩笑而已。

在乌孜别克,男性不可以直视女性,除了自己的妻子。在亲密女性朋友之间可以亲吻脸颊或嘴。当要安慰一个人时,会拍打被安慰者的大胳膊,轻抚他的后背,或者拥抱对方。当一个人双臂交叉置于自己的胸前时则表示不满意。

土库曼民族很重视文明礼仪,不得出言不逊,人人以礼貌语言进行交流已经习以为常。他们的时间观念比较强,遵守诺言,讲求信义。在土库曼斯坦人的家里,在明显处,要摆放着被咬掉几口的面饼。这是对缅怀出征未归亲人的古老习俗的传承。在土库曼斯坦,如果去做客,在饭桌上,只要吃饭的客人不带头张口说话,主人就不应该向客人提问什么,不可以主动与客人进行交谈。因为在他们待客的观念里,首先是要让尊贵的客人安安静静地吃饱饭,吃好饭。同时认为由客人先开口说话也是一种礼貌。在交谈过程中,不可以插话打断对方的话语。即使双方观点不同,有不同意见,也不可以提高嗓音,大声辩论吵嚷。因为他们认为大吵大嚷是很不体面的一种行为。在饮食中,绝对不吃猪肉、狗肉、驴肉、骡肉,也禁止食用所有自死的动物。土库曼斯坦人的肢体语言中也很忌讳用手指点着对别人说话,认为这样有侮辱对方的意思,很不礼貌。在社交场合,彼此相见时,一般是握手,当遇见熟人时,右手按胸弯腰鞠躬,偶尔也会施拥抱之礼。在土库曼斯坦不可以用左手递送东西和食物。他们的文化习俗里,认为左手是下贱和肮脏的,所以使用左手递送物品或食物被视为严重的失礼行为。他们忌讳高嗓门辩论式的说话,但是也看不起当众进行耳语的人。因为这种人会被认为不光明磊落,是行为不轨,举止不点检。在公众场合,人们也会对挖鼻孔,挠痒痒,即我们说的抓耳挠腮的举止行为嗤之以鼻,非常反感,认为是极不礼貌的行为举止。

塔吉克斯坦人民主要信仰伊斯兰教,所以肢体表情语言也往往和宗教文化密不可分。比如塔吉克斯坦人民打招呼喜欢把右手掌贴在左胸前,表示你好。塔吉克人能歌善舞,热情好客,很看重礼节。在塔吉克斯坦,有尊敬老人的传统习俗,晚辈见到长辈、幼辈见到长者一定要问候请安。在与人相见时,男女的肢体语言有别。男子行礼时,右手置于胸前并鞠躬,也会贴脸拥抱。而女子则双手扪胸,行躬身礼。亲朋好友相遇时要握手、抚须;遇到陌生人时也应该彼此问候,方式是将双手拇指并在一起道一声好。由于受到外来文化影响,塔吉克人民现在也很喜欢用握手的方式来打招呼,但是握手仅限同性之间,男士和女士是不可以握手的,一般陌生人之间也不会握手。亲人之间或者朋友之间会选择拥抱来打招呼。在塔吉克斯坦的色彩文化中,崇尚白色,以白色为纯正洁净的象征。人们也喜欢绿色,认为绿色象征了生活幸福美好。与乌孜别克斯坦文化一样,忌讳黑色,在传统色彩观念里认为是丧葬之色。在塔吉克斯坦文化里,也不可以使用左手服务,否则就犯了大忌。他们忌讳交谈时脱帽,认为戴着帽子才为礼貌的表示。非常忌讳谈论猪和使用猪制品。忌讳用左手传递东西和食物,认为使用左手服务是对对方的不尊敬。他们也有忌讳用脚踩食盐或其他食物的风俗。同样不可以骑着马穿过羊群,或者骑着马接近主人的羊圈,不可以用脚踢羊,否则,便会被认为是极不礼貌的举止。

在塔吉克斯坦人家里做客,要注意座次。在座次方面有上下长幼之分。长辈和客人坐在上座,其他人围坐一圈。端茶递饭也是按照座次依次进行,进餐时"食不语",一般不说笑。主人招待客人的方式与哈萨克文化接近,也是将羊牵到客人面前,让客人过目,客人点头后,才拉出去宰杀。羊头首先呈现给客人,客人先割一块肉吃,之后再双手送还给主人,主人又将一块夹羊尾巴油的羊肝请客人吃。然后,主人拿起割肉刀,刀柄向外,请一位客人分肉,客人往往互相推让,或请主人共同分肉。吃饱后,一定要做的事情是:大家一起举起双手做"都瓦",即祈祷,以感谢真主。之后就餐的人们要静等主人收拾完毕,撤走餐单,方可起身,否则被视为对主人大不敬。

鞠躬在塔吉克斯坦文化里没有打招呼的意思,它只表示对别人的尊重,这一举止含义与我国完全不同。当应答别人的时候,塔吉克人民会竖起大拇指表示"好"。同样,竖起大拇指也用来夸赞别人或表达自己的钦佩之情。手臂伸直,手心向外,手掌与胳膊垂直表示禁止,也用来表示不喜欢或者反对。对于以手指示数的表达,在从一到五时,和我们是一样的,但是从六开始则是伸出两只手,一只手伸出五指,另一只伸出大拇指表示六。当同时伸出大拇指和食指时,则表示七,当加上中指那就是表示数字八了,如果又加上无名指则是表示数字九。如果十个指头都伸出来就是表示数字十。在我国,表示数字十是使左右手的食指成"十"字状。最有意思的是他们表示数字七的手势和我们表示的数字八的手势一样,像开枪的动作。这是非常容易产生误解的一个肢体动作。

在吉尔吉斯斯坦，肢体语言也很丰富，表现在词语方面则是 жылмаюу（微笑）、кулгон（大笑）、ыйлоо（哭）、бироону герсейип караган（斜眼上下看）、башты ийкиген（点头）、башты чайкага（摇头）、кашты буркуу（皱眉头）、коркутуп караган（瞪眼睛）、тултуйган（嘟嘴）。以上是面部表情词汇。肢体动作词汇有 θтYY（跳跃）、Сейилдθθ（走路）、бYктθлгθн курал-жарак（抱臂）、Куушуруп адамдын далысын（耸肩）、чыпалакты корсотуу（竖小拇指、башты тырмаган（挠头）、бутту бирбирине кою（跷二郎腿）、силкинди колдорун（握手）。

土库曼斯坦人民主要信仰伊斯兰教，属于逊尼派。古代突厥人的萨满教和拜火教也对其宗教观产生一定的影响。土库曼人民很重视宗教传统节日。每一年的古尔邦节（亦称宰牲节）占有很重要的地位。在节日中，要宰杀牲畜用于祭祀失去的亲人。年轻男女以荡秋千为游戏，而妇女们则聚集一起猜谜语。杜佑《通典》引用其族侄杜环的《经行记》，使我们可以了解自我国唐代，土库曼人的民风民俗。

> 末禄国，在亚梅国西南七百余里，胡姓末者，兹土人也。其城方十五里用铁为城门，城中有盐池，又有两所佛寺。其境东西百四十里，南北百八十里，村栅连接，树木交映，四面合胆，总是流沙，南有大河流入其境，分渠数百，灌溉一州。其土沃饶，其人洁净，墙宇高厚，市厘平正，木既雕刻，土亦绘画。又有细软叠布，羔羊皮裘，估其上者，值银钱数百。果有红桃、白柰、遏白、黄李，瓜大者名寻支，十余人食一颗辄足，越瓜四尺以上。菜有蔓菁、萝卜、长葱、颗葱、芸台、胡瓜、葛兰、单达、茴香、荚薤、瓠芦、尤多葡萄。又有黄牛、野马、水鸭、石鸡。其俗五月为岁首，每岁以画红相献。有打越节、秋千节。其大食东道使镇于此。从此至西海以来，大食、波斯参杂居止。其俗礼天，不食自死肉及宿肉。以香油涂发。[14]

第五章 交际中的准语言

土库曼斯坦国的肢体表情词汇也很丰富,有 Üzüntüsünden feryat etmek, ağlamak(哀号)、Yalvarmak, yalvararak istemek, yalvarlp yakarmak(哀求)、Üzgün, kederli, hüzünlü(哀伤)、Merhumdan kalan acl hatlralar, anllar, keder, üzüntü(哀思)、Hüzünle icekmek, acl acl göğis gecirmek(哀叹)、Keder, hüzün, büyük üzüntü, acl(哀痛)、Caresiz veya umutsuzca ic gecirmek(唉声叹气)、Blylk altlndan gülmek, kls kls gülmek(暗笑)、dimdik ve büyük adlmlarla yürümek, ilerlemek(昂首阔步)、inilti(嗷嗷)、Burun klvlrmak, hor görmek, kücümsemek, beğenmemek(傲视)、e pisman olmak, pismanllk duymak, teessüf etmek, üzülmek(懊悔)、ederli, meyus, canlslkkln, morali bozuk, keyfi kacmls(懊恼)、Üzgün, hüzünlü, mahzun(懊丧)、Sablrslzllkla beklemek, iple cekmek(巴望)、Göz klrpmak, gözlerini klrplstlrmak(巴眨)、Hor gören, kücümseyici, asa ğaylcl bakls(白眼)、Hlkcklrlk, geğirti(饱嗝儿)、Tepesi atmak, ifrit kesilmek, cok öfkelenmek(暴跳如雷)、Kederle ağlamak, gözyaşl dökmek(悲泣)、Ağaylp slzlanmak, yanlp yaklmak, ağlamak(悲叹)、Birdenbire düşman kesilmek(变脸)、Münakaşa etmek, tartlşmak, çekişmek(吵架)、işkembeden atmak, sallamak(吹牛)、Üzgün, mutsuz, mahzun(垂头丧气)、Uyuklamak, uykuya dalmak(打瞌睡)、Aşlrl derecede kibar olmak(点头哈腰)、Sinirlenmek(发脾气)、Bağlrma, çağlrma, ağlama(喊叫)、Horlama(呼噜)、El sallamak(挥手)、Kaş göz hareketi yapmak(挤眉弄眼)、Flsldayarak birbirinin kulağlna konuşmak(交头接耳)、Sevgiyle sarllmak, kucaklamak(搂抱)、Kahkaha ile gülmek, katlla katlla gülmek(捧腹大笑)、Bakls atmak(Birine veya bir şeye)(瞥)、Yan yan bakmak, göz atmak(Birine, bir şeye)(瞟)、Ağzlnl bükmek(撇嘴)、Iç çekmek(叹息)、Iç ekme(叹气)等。

肢体语言是一种古老的语言,"具有开放性、能产性、双向交流性和抽象性等基本特征的有声语言与体态语是紧密联系在一起的,无论是有声语在创始之初,还是在有声语言运用的任何一个横截面上,体态语都给予了直接影响"[15]。所以"表现最为突出的是有声语言中的词语和文字的构造,有好多是源于体态语的"[16]。

第二节　汉语中的肢体表情语言

　　汉语中的肢体语言词语很丰富,记录汉语言语音的文字也体现出汉语中的肢体语言丰富而独特。比如以面部器官名称为基础创造的传情表意的词有"眉目传情""目不斜视""目不暇接""充耳不闻""闭目塞听""伶牙俐齿""交头接耳""垂头丧气""嗤之以鼻""怒目而视""喜笑颜开",以人的手足为对象创制的新词语形象地说明了人的喜怒哀乐,如"拍手称快""捶胸顿足""指手画脚""手足无措""手忙脚乱""摩拳擦掌"等。在甲骨文、金文、小篆字体里,我们现在依然可以见字识意。如果是"立",表示一个人挺拔站立之势。汉语文化中有"站着像棵松"的说法,意思是人站着的时候应该直立,不要弯腰勾头。∜是"友",表示伸出双手以助人,视为友好。中华文化很重视尊敬长者,形成特有的"孝"文化,那么从举止行为上是如何表现呢？"孝"字的初始结构很形象地展示了出来,写作"耂"。字体由上下两部分组成,上方的字符是老,下方的字符是子,老人手在孩子头部,表达了孩子像拐杖一样成为老者的依靠。老有所养的含义也在其中了。在古文字甲骨文中有鬥字,很有趣,是两个头发凌乱的人,手臂交织,形象不佳。是现代哪一个汉字呢？是"打斗""战斗"的"斗",繁体字写作"鬥"。打斗就是如甲骨文字"鬥"的样子。或许两个人的打斗只是在游戏,所以古汉语里"逗趣""逗乐"的"豆"也写作"鬥"。可见,汉字的结构是与汉语言肢体文化有着紧密联系的。

　　在中国,人的行为举止有严格的性别、年龄、长幼、身份地位的区别。

第五章 交际中的准语言

如长辈可以抚摸婴幼儿的脸颊或额头。在传统文化中,受到"男女授受不亲"观念的影响,男子一般不主动与第一次见面的女子握手,只有当女子主动伸手时才迎上握手,否则会出现女子不出手只是微微点头的尴尬。当然,如果女子主动伸出手,而男子不响应去握手,会被认为很不礼貌。随着中国与西方的交往的加深,西方文化中的一些行为举止也传入中国,如拥抱、亲吻。现在在中青年人群中,习惯并渐渐流行拥抱,但是异性之间的拥抱基本存在于青年恋人之间,但也已经是汉语文化的重要元素了。

中国文化历来善于吸取其他文化元素,因而,一些肢体语言与世界其他国家有相同或相近的意义。比如翘大拇指,在中国表示"好",用来称赞对方干得不错、了不起、高明。这个意思在世界上许多国家都是一样的。将拇指和食指(forefinge)弯曲合成圆圈,伸出中指、无名指和小拇指,做 ok 形状,是从美国传入中国的,表示"行""同意""好了"的意思。但是在日本则表示"钱";在拉丁美洲则表示下流低级的动作。中国人用手指表达数字时有着独特的手势语。数字 1 到数字 5,没有什么特别之处。手掌伸开,当大拇指弯回手心就表示数字 1,依次弯回食指、中指、无名指、小拇指,就是数字 2、3、4、5。数字 6 是伸出大拇指和小拇指,其余三指弯回手心。数字 7 是将大拇指指肚和食指指肚、中指指肚自然碰触,另外二指自然收回。数字八是大拇指向上伸出,食指向前伸出,其余三指自然收回。数字 9 的表示方法是食指自然弯曲,大拇指和食指接触,像半握拳状。数字 10,将左右手的食指做"十"状。可是食指弯曲在中国表示"9"这一动作,在日本则是表示小偷的意思。我们不出声表达同意时一定是点点头,而表达"不"时,则是摇摇头。这一个肢体语言也与许多国家一样,但是在保加利亚,希腊的一些地方和伊朗却正好相反。双方见面握手以示友好、表示欢迎,全球几乎一样。但是在含蓄的东方,尤其是异性之间,还是习惯向对方鞠躬致意。东南亚人是两掌在胸前对合作祈祷状。

民俗节庆是传承文化最直接的方式,是全面性的,常常不以政治意志为改变。民俗节庆中的语言词汇往往有历史语义,甚至有考古学价值,是跨文化交际中最易引起对方兴趣和误解的环节。所以,也是最需要我们注意观察、研究,介绍的知识。民俗节庆中的辅助语言最为丰富,最能体现民俗文化,也是最容易引起学习者兴趣的语言文化项。比如"茶"文化中的一些肢体语言。

茶源自中国,中国是茶的故乡。在古丝绸之路上首要的贸易商品是中国的丝绸,其次就是茶了。在丝绸之路逐渐式微后,代之而起的是"茶马古道"。中国人的饮茶习俗正好适合于游牧民族的生活特点。草原上的游牧民族以牛羊马为主要肉食,茶正好有助于去腻消化,所以饮茶这一生活习俗很快在中亚地区扎下了根。中亚各国人民不仅每天喝茶,甚至每顿饭都要喝茶。他们几乎每个家庭都有一个专门的茶室用来饮茶。所以以"茶"为话题,成为人们交际中的一个广泛对象。中亚各族人民热情好客,一定用茶招待客人,用茶作为交友的媒介物。这一点与中国文化极为形似。当有客人来家里,主人先敬上一杯茶,以表达主人对客人的欢迎和敬意。如果客人在离开主人家之前,没有喝一口茶水,则被视为拒绝喝主人准备的茶,是最不礼貌的行为。茶在中亚,也像在中国一样,是人们沟通情感进行交流的重要媒介物,以茶会友,以茶交友,喝茶聚会是生活中一种重要的交往方式。在这一方面,可以说塔吉克斯坦的茶文化最为典型又最为独特。塔吉克斯坦人以茶作为挽留客人的无声言语。当有客人来家时,主人一定要用大约只能盛10毫升茶水的微型茶杯给客人。这不是主人小气吝啬,而是主人以这种独特的方法留客人在自己家里多停留一些时间。在我国南方,主要是闽粤地区,工夫茶也具有挽留客人的功能。中亚人民的观念里,客人是"上帝的使者",所以如果客人来的时候,能把客人留的时间越长越好。主人为客人斟茶先斟一点,就是向客人表示,希望能够在这里待更长的时间跟他交流、品茶。在塔吉克斯坦,每个家庭都备有自产的葡萄干、杏仁、核桃、蜂蜜等茶点。谚语"无茶食不谓喝茶",真实地反映了这一茶俗文化。在塔吉克斯坦各地常常可以见到一种两三层的小楼,那是塔吉克斯坦式茶楼。塔式茶楼面积很大,装修也很讲究,具有民俗特色,像剧院似的。这里是闲谈场所,也是谈情说爱的浪漫之地,更是举行喜庆婚礼和盛大聚会的首选之地。在塔吉克斯坦茶楼,人们只要愿意,早餐和午餐都可以解决,而且是免费的。塔式茶楼成了塔吉克斯坦的文化符号,甚至充当起外交友好使臣的角色。1998年,塔吉克斯坦总统向美国赠送了一座可以容纳120人的茶楼,建在了美国科罗拉多丹佛市附近。奥地利和澳大利亚两国也收到了类似的茶楼国礼。塔式茶楼成为构建外交关系的桥梁,是一种无言而有形的文化交流。

第三节 小 结

人们在使用语言交流时,往往是对应的,"人敬我一尺,我敬人一丈",要么恶语相向。但是,有的民族很注重性别语的区别。可能一些俗语、惯用语是妇孺使用的,也会有描写性质、状态的词语,倾向用于男性或用于女性。比如汉语词"英俊、帅、硬朗"一般用于成年男子,"美丽、温柔、贤惠"等一定在赞扬一位女性。假如,交际双方,有一方没有搞清楚使用的人群便采用了,轻者出现尴尬,重者会阻断交流,甚至发生外交摩擦。

中华民族与中亚五国人民在以自然之物借喻人类品质、赞誉某些群体外貌方面有着一致性。比如都很钟爱松柏。有以松树象征顽强、高尚的品格的观念。中华民族与中亚五国人民都有用各种鲜花来比拟女性的语言词汇。如 qəzHaldŋq,是"虞美人"之义;汉语的"人面桃花相映红"。再比如,在中国和哈萨克斯坦,都喜欢用一种花卉之名称呼一个女孩子,频率最高的要数梅花、莲花、蔷薇、桂花等。可以说都具有与大自然相连相通的民族文化心理。

但是,在肢体语言的借用方面却又分别体现出不同民族的性格,如坐姿。**Кайчылаш бир буту**是汉语"盘腿"。在古代中国中原的肢体语言文化里没有盘腿而坐这一动作,是席地而坐,叫跽,即上身挺直的跪坐姿势。《庄子集解·人间世》卷一曰:"擎、跽、曲拳,人臣之礼也,人皆为之"。宣云:"擎,执笏。跽,长跪。曲拳,鞠躬。"段玉裁在《说文解字注·足部》"跽"下曰:"长跽乃古语。……人安坐则形弛。敬则小跪耸体若加长焉。故曰长跽。"《释名》亦云:"跽、忌也。见所敬忌不敢自安也。"《论语·宪问》记载有孔子对旧友原壤的批评,云:"原壤夷俟。子曰:'幼而不孙弟,长而无述焉,老而不死,是为贼!'以杖叩其胫。"钱穆《论语新解》对此解释是:"原壤:鲁人,孔子之故人。夷俟:古人两膝着地而坐于足,与跪相似。但跪者直身,臀不着踝。若足底着地,臀后垂,竖膝在前,则曰踞。亦曰蹲。臀坐地,前伸两脚,形如箕,则谓箕踞。夷即蹲踞。古时东方夷俗坐如此,故谓之夷。俟,待义。夷俟,谓踞蹲以待,不出迎,亦不正坐。"或许"盘腿"这个词语是从中亚传入的。或许从日常生活中的这些细微差别中就是在展示民族文化的原有基因。

接触学习一种语言就是在学习接受它的文化。语言尤其是它的辅助性语言一定要用文化的视觉了解,要有语域场意识。所谓语域(Register)是指语言使用的场合或领域的总称。当代世界,我们说地球村、全球一体化,是就科学技术领域而言,即语域相同,但是在其他领域,或者说文化的心理层面还是处于"民族村"。比如在中亚五国当地,为了适应商贸需求,也修建有旅馆、客栈、蓄水池、澡堂、桥梁等公共设施。而一般非伊斯兰教徒不得进入伊斯兰教徒的澡堂、客栈,不得使用他们的器具。如果没有这些常识,则会出现麻烦、误会。因而,我们不能只讨论词语的使用场合,而忽略了使用的领域。语域是语言在一定语境下的体现形式。什么语体因素制约着词的语义,限制词的组合,影响了异族人的理解,产生了误会等等是需要调查研究的。

在双向文化交流中,对对方话语语义的理解是否准确,直接影响事情的走向和结果。双方在交往中,首先要尊重当地当国的法律和民俗。说话、着装、行为都要得当,应该注意文化忌讳之事。比如饮食禁忌。中亚五国人民禁食猪肉并且禁止使用猪皮制品。传统食品是羊肉、羊奶及其制品。"别什巴尔马克",是"五指"的意思,用手来抓着吃羊肉,就是他们的手抓羊肉。"牲畜平安"要先于"全家安好"向主人说出。语言是最基础的传播媒介。当语言不通的情况下,在进行经贸活动时会存在一定的风险,比如诚信风险。所以,我们在和中亚五国人们交往时,无论是因公还是因私,都应该注意宗教习俗的规约,要积极主动了解对方的语言与文化。正如马歇尔·麦克卢汉所说:"每一种文化、每一个时代都有它喜欢的感知模式和认知模式。"[17]我们积极主动地通过学习了解中亚五国语言中的男性和女性的言语形式、所用词汇,深入了解和熟悉五国人民的语言文化特征。同时向中亚五国人民展示汉语言中男性和女性的言语形式、所用词语,实现语言文化方面的互学、互借、互鉴、互解直至互通。

注 释:

[1][法]房德里耶斯:《语言》,岑麒祥、叶蜚声译,商务印书馆2012年版,第11页。

[2][法]房德里耶斯:《语言》,岑麒祥、叶蜚声译,商务印书馆2012年版,第207页。

[3][法]房德里耶斯:《语言》,岑麒祥、叶蜚声译,商务印书馆2012年版,第308页。

[4][美]布龙菲尔德:《语言论》,袁家骅等译,商务印书馆1997年版,第42页。

[5][美]布龙菲尔德:《语言论》,袁家骅等译,商务印书馆1997年版,第42页。

[6]邢福义主编:《文化语言学》,湖北教育出版社,1990年版,第167页。

[7][美]爱德华·萨丕尔:《萨丕尔论语言、文化与人格》,高一虹等译,商务印书

馆 2011 年版,第 64 页。

  [8][美]爱德华·萨丕尔:《萨丕尔论语言、文化与人格》,高一虹等译,商务印书馆 2011 年版,第 65 页。

  [9][美]爱德华·萨丕尔:《萨丕尔论语言、文化与人格》,高一虹等译,商务印书馆 2011 年版,第 65 页。

  [10][法]约瑟夫·房德里耶斯:《语言》,岑麒祥、叶蜚声译,商务印书馆 2012 年版,第 11 页。

  [11][法]约瑟夫·房德里耶斯:《语言》,岑麒祥、叶蜚声译,商务印书馆 2012 年版,第 11 页。

  [12][法]约瑟夫·房德里耶斯:《语言》,岑麒祥、叶蜚声译,商务印书馆 2012 年版,第 11 页。

  [13][法]约瑟夫·房德里耶斯:《语言》,岑麒祥、叶蜚声译,商务印书馆 2012 年版,第 11 页。

  [14]杨建新:《古西行纪选注》,宁夏人民出版社 1987 年版,第 134 页。

  [15]邢福义主编:《文化语言学》,湖北教育出版社 1990 年版,第 171 页。

  [16]邢福义主编:《文化语言学》,湖北教育出版社 1990 年版,第 171 页。

  [17][加]马歇尔·麦克卢汉:《理解媒介——论人的延伸》,河道宽译,商务印书馆 2000 年版,第 22 页。

结　语

"人类说着或是说过成千上万种相互不通的语言,但是可将它们翻译出来,因为这些语言都拥有某种源于普遍经验的词汇"[1]中国与中亚五国拥有哪些普遍经验,表述各种经验的词汇、句式各自是什么?双边准确理解并翻译,互学语言。而属于自己的经验,在使用语言转换时,需要从情感、技巧等方面说明,不可能直接用语言互译,否则会产生误解、错解。想使一切言语不被误解误读,那只能是一种美好愿望。人类表达自然界中的颜色、声音、形状、温度、空间以及时间的语言时常与心情、感情等因素相关联。从语词来看,似乎它们是纯物理化的,但是语言的发明原本不是为科学表述,而是为人类情感所言。人类恒久的记忆,为语言所再现。

语言既有通用性又有功能性。互联互通包括经贸互联互通、教育互联互通、文化互联互通,在这些过程中,语言起到桥梁作用。风俗制度,是一套或者具有规范性或者具有强制性的较为稳定的社会文化惯例。语言与人类相伴而生,人类使用语言一是为了交流,二是为了表达意愿,是思想感情的外化。世界上现有五千多种语言,分别属于九个语系。人类运用语言向外播散不同的思想,无论哪一种语言都有词不达意的困惑。在同一种语言中误解也屡见不鲜,在不同语言中的思想交流更是时常不能互解。误解是人类社会无法避免的。在信息传递中或知识文化的传播中,传播者自以为理解了,其实可能已经出现了误解,结果就用误解后的概念继续传递。误解的原因有事件影响,对话中,偶然听到,对书面语的不理解,对习俗的不理解,等。

中亚五国吉尔吉斯斯坦、哈萨克斯坦、乌孜别克斯坦、塔吉克斯坦、土库曼斯坦的地理环境、自然气候条件以及文化、宗教、民族、历史传统、经济状况、生活方式和风俗习惯相似,它们互为近邻,也是中国的近邻,处于"丝绸之路"的中段。历史上都有与中国交往的经历。所以,把中亚五国作为一个整体与我国在"一带一路"中的"互联互通"对语言障碍问题进行研究很有必要。我们从其他学科的研究中也可以证明消除语言障碍在今天的世界性交流中的重要性。2017年1月4日的《参考消息》"科技前沿"版面刊登了一篇题为《研究显示语言仍是全球科研交流大障碍》的文章。原文是刊登在西班牙2017年1月2日《国家报》上。主要内容是说在2004年1月全球爆发的大规模禽流感疫情时,中国科学家很快发现禽流感的一种亚型H5N1病毒感染了猪。但是由于中国哈尔滨兽医研究所发表的这一重要发现是用中文撰写的,没有引起其他国家的重视,直到半年后,英国《自然》周刊发出警告,世界卫生组织才了解到这一信息。文章说:"由此可见,语言障碍让人类处于更大的危险中。"文章还引述英国剑桥大学生物学家胡安·佩德罗·冈萨雷斯·瓦罗的观点"语言依然是全球科研的重大障碍之一"。文章最后说,如果能克服语言障碍这个困难,必将对未来的科学研究大有裨益。

东西方之间贸易大发展始于公元前,大约持续了两个世纪。一个重要原因是,中国向西打通了至少三条陆上商路,促进了中国与中亚、西亚直至欧洲间的贸易。中亚地区的原居民经过这条"丝路"来到中国,有的便永久地安居下来,这在我国的史书中有明确记载。

在公元前1000年左右,人们要想穿越中亚地区的沙漠地带是非常艰难的,唯一可依靠的交通工具就是骆驼,我们称之为"沙漠之

结　语

舟"。由于阿尔泰山山脉和天山山脉横亘在我国和中亚地区之间,历史上,山脉两边的人民翻山越岭,克服路途的艰难险阻,一直有着交往,而且历史上的突厥部族,一旦翻越了天山山脉,再继续南行,是很容易抵达我们中原地区的。史书记载,在我国西北,向西北方向修筑了驿道,使之穿越了整个中亚地区,并直抵中东乃至北非,被世界称之为"丝绸之路"。这条通道的修建引起了当时世界的社会关系、政治组织,各地区人民的生产生活方式和贸易方式等方面的深刻变化,这些变化不仅有实在的物体显现,还都以词语的形式保留在各自的语言体系中了。比如汉语词汇家族里的葡萄、苜蓿、细香葱、黄瓜、无花果、芝麻、石榴树、胡桃树等。而从中华大地传播出去的有我们熟知的瓷器、茶叶、桑蚕丝绸,还有橘子树、桃树、梨树、牡丹花、杜鹃花、山茶花、菊花等大批植物类。

丝绸之路是历史上中国与中亚、欧亚大陆之间陆路贸易与文化交换的专名,在 20 世纪 70 年代德国地理学家李希霍芬首次使用后,由于非常贴切地概括了古代中西方这一贸易通道的特点而被广泛接纳并流传开来。"一带一路"则是当代中国与世界政治、贸易、文化交互的新有专名。

依据安阳考古发现,中国在殷商时期就有和"西域"交往的物证。出土的大量和田玉制品充分证明了 4000 年前中原地区和西域的往来,因为古代人类逐水草而居的迁徙是很平常的活动,"任何能走路的人都有办法长途跋涉、穿越中亚。……中亚周边各社会间的接触,像是中国、印度、伊朗,在西元前第一千世纪一直持续着"[2]。古代人们通过丝绸之路上经济、政治和文化的不断交流互动,中国人民知道了许多"天国"外部事物,而世界各国也渐次了解了中国人民及其语言文字文化。

我们如果有耐心重新阅读人类历史,就会发现,在生活方面,人类没有很大差异。如果自然条件相近,当下民族的先祖有许多相同的经历。比如,在中国的彩陶文化时期,从西安半坡的人类遗址可知,人们居住在半地穴式的房子里,其中有一座大房子,可以容纳几十人,房顶可能是用茅草遮盖,屋顶开有天窗,墙壁是用土坯糊成的。部落有独特的语言和风俗习惯。这些在世界其他地区也有发现,如历史上的中东、欧洲和美国纽约州北部的易洛魁人。在原始宗教方面,也有着一致性。比如,对土地神的崇拜和感恩。

"政策沟通、道路联通、贸易畅通、货币流通、民心相通"的"五通"核心是"民心相通"。"民心相通"了,其他才可以得以实现。"民心"要用人类的交际工具"语言"外化。只有在没有误解的情形下,人民才能够理解政策、使用道路、诚信贸易,货币才可能得以流通。纵观我们与世界其他国家的交往史,我们习惯于"吸引"他们前来,"有客自远方来不亦乐乎",作为礼仪之邦,好客有礼,引为我们的美谈。对于走出去,践行"入乡随俗"的祖训还不太适应,主动与外交往则很困难。"一带一路""互联互通"是我们上千年来第一次主动的与外部世界,尤其是"非西方"世界的平等交往。这意味着我国将越来越多地更加直接地与"一带一路"沿线国家,诸如中亚五国建立联系,我国普通百姓也将越来越频繁地开始直接参与彼此之间的相互交往。国家之间的相互关系和相互印象建立在彼此的经贸、文化、旅游的平常交流中,那么合适得体的行为习惯,言语表达方式更显重要。我们彼此的言行需要在充分熟知了解对方国家的民俗风情中不断修正,以避免误解误伤。

只要是为了人民的利益做出贡献的人,无论民族、无论区域国籍为何,人民都会由衷地感谢、怀念。三国时期,有个名叫仓慈的曹魏敦煌太守,励精图治,主持公平交易,"欲诣洛者,为封过所;欲以郡还者,官为平取,辄以府见物与共交市,使吏民护送道路,由是民夷翕然称其

结 语

德惠"。(《三国志·魏志·仓慈传》)所以在他去世之时,"吏民悲感如丧亲戚,图画其形,思其遗像。及西域诸胡闻慈死,悉共会聚于戊己校尉及长吏治下,发哀,或有以刀画面,以明血诚;又为立祠,遥共祠之"。(《三国志·魏志·仓慈传》)

在与中亚五国文化的交流与对话中,彼此尊重民族文化发展的传统和个性,反对文化霸权主义,真正促进我们民族文化的共同发展,这乃是互联互通进程中应有的议题和使命。比如西汉王朝曾派张骞于建元三年(前138)率百人出使西域,后又于元狩四年(前119)再次派张骞率三百多人出使西域,本意是希望联合西域各族人民共同反对匈奴的骚扰,保障中西交通要道的畅通,更好地开展经济与文化交流,增进我国内地各族人民与西域各族人民的友谊。结果是比初衷有了更大的收获。在向中亚地区输出我国的丝绸、茶叶、瓷器等物质文化以及汉语言文化的同时,带回了中亚各地的政治、经济、文化方面的信息,司马迁《史记》中的"大宛列传"就是根据张骞所带回来的各种资料撰写的。

掌握语言是双向的,是相向而行,这样有助达成共识。沟通、了解、理解特别重要,而沟通最重要的纽带就是语言。无论是有声语言还是肢体语言,在表达过程中本着让对方"既看得明白又看着顺眼"的朴素原则,以平等互利的心态,积极推动不同国家文化形态之间的跨文化理解。通过有效的跨文化的理解以传播我们优秀文化同时吸收对方的优秀文化。因此,语言和表达问题值得关注。

"一带一路"建设的基本理念是互利共赢,表现在语言理念上就是提倡平等互惠。在各种概念的中外翻译中,应尊重各种文化的语言使用习惯,特别要注意能让更多的人看得明白、看着顺眼,注意词语使用得体。比如"汉语推广""过剩产能输出"等,都未必是合适的用语,因为这些词语要么含有不平等的话外之音,要么是用中国眼光看世界,容易引起误读。此外,有人把"一带一路"分为"新起点""真正起点""黄金段""核心区""中心线""支点国家"等,特别是国内一些地区正在"抢占制高点"。如此"截路分等"是否合适,值得仔细斟酌。如此看来,应尽快启动"一带一路"术语研究,制定有关术语使用与翻译原则,提供具体翻译词表,拟订忌讳词表或不建议使用词表,及时提供语言咨询服务。[3]

"己所不欲,勿施于人。"(《论语·颜渊》)这是为人处世的准则,反映中华民族的精神境界。又如"大道之行也,天下为公"。(《礼记·大同》)这更是追求国泰民安的治理社会的最高准则,反映大道一旦施行便能出现人人都愿为公众之事竭尽全力的理想状态。"己所不欲,勿施于人"也好,"大道之行也,天下为公"也好,都是普世价值观,是人类社会前进应该遵守的真理。以这些普世价值观规范自己的言行举止,与其他族群进行交往不可能出现误读、误解的现象,或者很容易解除隔阂,达成共识。"一带一路"强调经济往来,互惠互利,但是绝不可能忽略双方人文文化的影响。

中国和中亚五国的人生观、文化观、宗教观、教育观有所不同,语言观也有很大的区别,因而,在语言实际交流中产生误解甚至错解也在所难免。比如观念表达方式和词语句式功能的区别。言语行为方式是语言表述的重要辅助手段,在跨语言文化交往中,应该把更多的注意力放在肢体语言表露的含义上。在"一带一路"建设中,就如同古丝绸之路,表面上是经济贸易往来,实则是语言在进行有效的文化交流与沟通。"语义通达"是建设贸易的前提,恰似"粮马先行"是一场战役的前奏。

我们应该熟悉文化环境即语言环境的基本规律。我们在与中亚五国进行"互联互通"各项设施的建设中,即使是修路架桥、建厂建房,也不是手执两国政府签署的什么合作协议就能无障碍地直接进行

结　语

了。文件、政策法令是"许可证""通行证",但是在通往各项工作的道口是具体的个体——人。是要用语言交流解释说明的。语言表面是"工具",但实质是具体个体言者在使用这个工具。语言互通看似是人与人之间能听得懂对方的语言,使用双方都会的语言进行交流,这是语言"工具"性质的体现。但是要抵达相互理解的层次,就是深入到文化制度和文化心理层次了,不是听得懂就一定能理解,就一定能理解透彻。因为在同一种语言环境下的人与人的交往还会时常出现误会误解。所以用语言进行的沟通,仅仅关注"工具"性,仅仅关注其形式结构是远远不能胜任"互联互通"的美好愿景所需要的职能,只有关注其实质,注意到语言的使用者,才会很好地长久地进行联通。我们要会欣赏他国的语言文化,同时由衷地敬畏自己祖先创造的文化。继承民族语言文化,并在民族交流、语言接触的过程中,吸取友国的语言文化精粹,传播自己的优秀文化。

在2000多年前的"丝路"上,"佛教徒是最具贡献的语言教师之一"[4],那么在21世纪的"一带一路"上,谁能承担起"语言教师"的职责呢?"永远保持睿智",汉唐人都没有做到。如果不断有"睿智型的教师"出现,人类的和平时间或许会长久。其实中国的唐代人秉持了人类本有的品质,也是属于人类恒久的特性,那就是同属一个物种,能够融合接触。人类在不同区域为了生存与大自然抗衡,也可能为了小我在与同类的其他族群战争,但是就如同一件衣服或其他物品,或许有磨损,或许有添加饰物上去,但他原有的恒久的本质不可能发生变化。这是我们人类的睿智在发挥作用,佛经里的梵语"般若"是汉语的"智慧",不是"聪明"。我们需要的是智慧,不是一己私利的聪明。

有大量文章、专著就"一带一路""互联互通""新丝绸之路"的中外关系,中国的世界地位、经济远景规划等等进行了或详或略地阐述,而预计的困难也多从政治立场、经济收益视角考虑,将所有这一切的语言交流情形忽略了。总结出互联互通主要是实现政策沟通、设施联通、贸易畅通、资金融通、民心相通的"五通"。政策沟通、设施联通、贸易畅通、资金融通从政府层面而言似乎容易实现，可是民心相通就不由政府主导了。即便是双方有远见卓识的国家领导人或主政某一领域的领导者决定了，签署了什么备忘录、合作协议，也不见得能真正实施。民心是建立在语言交流、文化理解的基础上。否则，误解不断，又如何互信？没有信任，又如何使民众心心相通？习近平主席在2014年柏林会见德国汉学家、孔子学院教师代表和学习汉语的学生代表时的讲话是非常好的注解。他说，人与人沟通很重要，国与国合作很必要。沟通交流的重要工具就是语言。一个国家文化的魅力、一个民族的凝聚力主要通过语言表达和传递。掌握一种语言就是掌握了通往一国文化的钥匙。学会不同语言，才能了解不同文化的差异性，进而客观理性看待世界，包容友善相处。[5]

对困难我们应该有充分的心理准备，而主要困难是来自语言文化习俗。我们可以加大语言人才的培养，我们可以说出"争取民心"等等，但是要有清醒的意识。我国在重视与中亚五国全方位经济商贸合作，互联互通的同时，需要考虑语言的互联互通。语言是人类最重要的交际工具，所以"工欲善其事，必先利其器"（《论语·卫灵公》）。首先，我们要了解中亚五国的语言状况和语言政策；其次，我们要加强培养理解中亚五国语言文化的人员；第三，我们需要与中亚五国就语言文化层面的交流多沟通多联系，互派学者，多了解对方的历史、民俗与文化。

早在2300年前，大思想家孔子就已经告诉我们"己所不欲，勿施于人"（《论语·卫灵公》《论语·颜渊》），又告诫我们"己欲立而立人，己欲达而达人"（《论语·雍也》）。那么，是否我们认为自己喜爱的就可以赠送对方呢？答案也是否定的。在同一文化语境中，共同话语群体内，孔子的话是极为正确的，但是，当处于不同文化群体时，就

结　语

要根据对方的信仰、意识而定。比如我们在与中亚五国人民交往时，要了解他们的宗教信仰，熟知他们的生活禁忌。如果对方信仰伊斯兰教，那么我们绝对不要提及与猪有关的话题，使用这一方面的语词；如果对方是基督教或东正教的信仰者，则不要与之谈论吃狗肉之类的话题。但是，只要我们谨记孔子"弘扬为人处事公正无私的这种信仰""不念旧恶、不忘善行、友爱、谦恭"[6]，以"大学之道，在其明德，在亲民，在止于至善"（《大学》）的理念进行交往，则会减少误会与误解。或许我们在集中注意发展经贸往来的时候，关注经贸往来群体、旅游观光群体彼此的言语和配合行为举止的言语的异同，加以分析比较，更有助于"一带一路"的发展。中国与中亚五国秉持经济合作与人文交流传统，构建相互学习、相互欣赏、理解互动和尊重双方的文化理念，定会在新丝绸之路上越走越好越走越远。最终是实现政策沟通、设施联通、贸易畅通、资金融通、民心相通。

注　释：

[1][法]克洛德·列维-施特劳斯：《看·听·读》，顾嘉琛译，中国人民大学出版社2006年版，第87页。

[2][美]芮乐伟·韩森：《丝路新史：一个已经逝去但曾经兼容并蓄的世界》，李志鸿、吴国圣、黄庭硕译，麦田出版社2015版，第303页。

[3]李宇明：《"一带一路"需要语言铺路》，载2015年9月22日《人民日报》。

[4][美]芮乐伟·韩森：《丝路新史：一个已经逝去但曾经兼容并蓄的世界》，李志鸿、吴国圣、黄庭硕译，麦田出版社2015版，第77页。

[5]王晓玉：《掌握一种语言就掌握通往一国文化的钥匙》，载2014年3月30日《中国青年报》。

[6][法]伏尔泰著：《风俗论》，梁守锵译，商务印书馆2008年版，第253页。

参考文献

[1]爱德华·萨丕尔.语言论——言语研究导论[M].陆卓元,译.陆志伟,校订.北京:商务印书馆,1985.

[2]邢福义.文化语言学[M].武汉:湖北教育出版社,1990.

[3]海德格尔.在通向语言的途中[M].商务印书馆,2005.

[4]罗马诺·普罗迪.共建新丝绸之路[J].新华文摘,2016(10).

[5]约瑟夫·房德里耶斯.语言[M].岑麒祥,叶蜚声,译.北京:商务印书馆,2012.

[6]马大正,冯锡时.中亚五国史纲[M].新疆:新疆人民出版社,2005.

[7]吴玉贵.中国风俗通史[M].上海:上海文艺出版社,2001.

[8]L.S.斯塔夫里阿诺斯.全球通史[M].吴象婴,梁赤民,译.上海:上海社科院出版社,1988.

[9]加文·汗布里.中亚史纲要[M].吴玉贵,译.北京:商务印书馆,1994.

[10]Б.Г.加富罗夫.中亚塔吉克史[M].肖之兴,译.北京:中国社会科学出版社,1985.

[11]威廉·冯·洪堡特.洪堡特语言哲学文集[M].姚小平,译.北京:商务印书馆,2011.

[12]苏新春.文化语言学教程[M].北京:外语教学与研究出版社,2006.

[13]布龙菲尔德.语言论[M].袁家骅,赵世开,甘世福,译.钱晋华,

校.北京:商务印书馆,1997.

[14] 恩斯特·卡西尔.语言与神话[M].于晓,译.北京:三联书店,1988.

[15] 王力.中国语言学史[M].太原:山西人民出版社,1981.

[16] 资中勇.语言规划[M].上海:上海大学出版社,2008.

[17] 刘庚岑,徐小云.吉尔吉斯斯坦[M].北京:社会科学文献出版社,2007.

[18] 吴宏伟.中亚人口问题研究[M].北京:中央民族大学出版社,2004.

[19] 施玉宇.土库曼斯坦[M].北京:社会科学文献出版社,2005.

[20] 徐通锵.历史语言学[M].北京:商务印书馆,1996.

[21] 饶宗颐.符号·初文与字母——汉字树[M].上海:上海书店出版社,2000.

[22] 胡奇光.中国小学史[M].上海:上海人民出版社,1987.

[23] 王力.汉语史稿[M].北京:中华书局,2004.

[24] 费孝通.中华民族多元一体格局[M].北京:中央民族大学版社,1999.

[25] 奥托·叶斯帕森.语法哲学[M].何勇,等,译.北京:商务印书馆,2009.

[26] 马歇尔·麦克卢汉.理解媒介——论人的延伸[M].河道宽,译.北京:商务印书馆,2000.

[27] 马赫.感觉的分析[M].洪谦,唐钺,梁志学,译,北京:商务印书馆,1986.

[28] 约翰·洛克.人类理解论[M].关文运,译.北京:商务印书馆,1983.

[29] 奥特.不可言说的言说[M].林克,赵勇,译.北京:生活·读书

·新知三联书店,1994.

[30]保罗·利科.解释的冲突[M].莫伟民,译.北京:商务印书馆,2008.

[31]于省吾.双剑言多群经新证[M].上海:上海书店,1999.

[32]郦道元.水经注[M].北京:商务印书馆,1958.

[33]杨镰.寻找失落的西域文明[M].北京:北京航空航天大学出版社,2010.

[34]向达.唐代长安与西域文明[M].石家庄:河北教育出版社,2007.

[35]阮元.十三经注疏[M].北京:中华书局,1980.

[36]司马迁.史记[M].长沙:岳麓书社出版社,1988.

[37]方豪.中西交通史[M].上海:人民出版社,2008.

[38]王钦若,等.册府元龟[M].北京:中华书局,1960.

[39]葛剑雄.中国移民史[M].上海:复旦大学出版社,2001.

[41]欧阳修,宋祁.新唐书[M].北京:中华书局,1975.

[42]李昉.太平御览[M].北京:中华书局,1960.

[43]班固.汉书[M].北京:中华书局,1962.

[44]范晔.后汉书[M].北京:中华书局,1965.

[45]宋敏求.唐大诏令集[M].北京:中华书局,2008.

[46]吴兢.贞观政要[M].上海:上海古籍出版社,1978.

[47]古代汉语词典编写组.古代汉语词典[M].北京:商务印书馆,2005.

[48]令狐德棻.周书[M].北京:中华书局,1971.

[49]胡明杨.西方语言学名著选读[M].北京:中国人民大学出版社,1999.

[50]路易斯·亨利·摩尔根.古代社会[M].杨东莼,马雍,马巨,

译.北京:商务印书馆,1981.

[51]朱净宇,李家泉.从图腾符号到社会符号[M].昆明:云南人民出版社,1993.

[52]L.R.帕默尔.语言学概论[M].李荣,等,译.北京:商务印书馆,1983年.

[53]伏尔泰.风俗论[M].梁守锵,译.北京:商务印书馆,2008.

[54]笛卡尔.谈谈方法[M].王太庆,译.北京:商务印书馆,2001.

[55]周绍良.唐代墓志汇编[M].上海:上海古籍出版社,1992.

[56]克洛德·列维-施特劳斯.看·听·读[M].顾嘉琛,译.北京:中国人民大学出版社,2006.

[57]爱德华·萨丕尔.萨丕尔论语言、文化与人格[M].高一虹,等,译.北京:商务印书馆,2011.

[58]A.H.尼桑巴耶夫,等.新哈萨克斯坦独立发展5年[M].阿拉木图:科学院哲学所,1996.

[59]刘启芸.塔吉克斯坦[M].北京:社会科学文献出版社,2006.

[60]李宇明.中国语言规划论[M].北京:商务印书馆,2009年.

[61]孙壮志,等.乌孜别克斯坦[M].北京:社会科学文献出版社,2004.

[62]李宇明.中国语言规划续论[M].北京:商务印书馆,2009.

[63]郝文明.中国周边国家民族状况与政策[M].北京:民族出版社,2000.

[64]刘光准,黄苏华.俄汉语言文化习俗探讨[M].北京:外语教学与研究出版社,1999.

[65]许余龙.对比语言学概论[M].上海:上海外语教育出版社,1992.

[66]王治来.中亚史纲[M].长沙:湖南教育出版社,1986.

[67] 关剑平.世界茶文化[M].合肥:安徽教育出版社,2011.

[68] 杜佑.通典[M].北京:中华书局,1992.

[69] 海德格尔.在通向语言的途中[M].孙周兴,译.北京:商务印书馆,2005.

附录一 汉语与哈萨克斯坦语部分亲属称谓词语对照表

父系

汉语	爷爷奶奶	爸爸妈妈	伯伯大妈	叔叔婶婶	姑姑姑父
哈萨克语	ama erce	jke aka	Ata ana	Kok rceyeclle	Anuee rcezge

母系

汉语	外爷外婆	爸爸妈妈	舅舅舅妈	姨姨姨父
哈萨克语	Hoaaulle、ata haaauul jrce	jke aka	haaaullz ata rcergeuce	hatauce ncezge

附录二 由中亚传入中国的词语

	词条	词性	释义	语源	吸收方式	例 句
1	蒲陶	名词	葡萄	大宛语	音译	《史记·大宛列传》："大宛在匈奴西南，在汉正西，去汉可万里。其俗土著，耕田，田稻麦。有蒲陶酒。多善马，马汗血，其先天马子也。"
2	苜蓿	名词	一种牧草和绿肥作物。	大宛语	音译	《史记·大宛列传》："（大宛）俗嗜酒，马嗜苜蓿。汉使取其实来，于是天子始种苜蓿、蒲陶肥饶地。"

续表

	词条	词性	释义	语源	吸收方式	例句
3	安石榴	名词	果树名,即石榴。在民间为多子多福的象征。	伊兰语	音译	《淮南子·时则》:"木菫、朝荣莫落,树高五六尺,其叶与安石榴相似。"
4	胡椒	名词	胡椒	匈奴语	音译	《后汉书·西域传》:"(天竺国)又有细布、好毾、诸香、石蜜、胡椒、姜、黑盐。"
5	仁频	名词	常绿乔木,果实可供药用。即槟榔。	爪哇语	音译	《汉书·司马相如传》:"沙棠栎槠,华枫枰栌,留落胥邪,仁频并间。"
6	荾	名词	芫荽,西域的一种香菜。	西域语	音译	《博物志》:"张骞使西域,得荾,俗称芫荽。"
7	胡桐	名词	这种树因为像"桐"而取"桐"字,因产于西域鄯善国而取"胡"字。	匈奴语	意译	《汉书·西域传》:"(鄯善国)国出玉,多葭苇,柽柳、胡桐、白草。"
8	胡豆	名词	蚕豆	匈奴语	意译	《四民月令》:"时雨降,可种粳稻及稙禾苴麻、胡豆、胡麻、别小葱、昏参夕、桑椹赤,可种大豆。"

续表

	词条	词性	释义	语源	吸收方式	例　句
9	胡葱	名词	葱	匈奴语	意译	《大正新修大藏经律部三·根本萨婆多部律摄卷第八》："若苾刍无病蒜胡葱泽蒜。""若服胡葱应停三日。"《梵网经菩萨戒本疏第四·律疏部全》："有人说，慈葱是胡葱，兰葱是家葱。"
10	胡荽	名词	即芫荽，来自西域的一种香菜	匈奴语	意译	《大正新修大藏续论疏部一·阿毗达磨俱舍论指要钞第二》："张骞使西域。如得种归。故名胡荽。今俗呼为蒝荽。"《大正新修大藏密教部一·佛说陀罗尼集经卷第十一》："不得食胡芹、胡椒、胡姜、胡豆、胡荽。"《大正新修大藏续律疏部全·梵网戒本疏日珠钞卷第三十六》："张骞使西域得大蒜、胡荽。荽亦作荾。"
11	胡桃	名词	核桃	匈奴语	意译	汉刘歆著，宜黄洪占铨校：《西京杂记》卷一"胡桃。出西域"《大正新修大藏密教部四·西方陀罗尼藏中金刚族阿蜜哩多军咤利法》："油麻、大豆、胡桃、石榴菓子随所得供养。"

续表

	词条	词性	释义	语源	吸收方式	例　句
12	胡麻	名词	一种中药	匈奴语	意译	《四民月令》:"时雨降,可种粳稻及稙禾苴麻、胡豆、胡麻、别小葱、昏参夕、桑椹赤,可种大豆。" 《大正新修大藏密教部一·苏磨呼童子请问经伴侣分第一》:"葱、蒜、韭、薤、胡麻、萝卜及野蒜步底那(唐云驴驹蹄)胡麻油滓等并不应食。"
13	胡蒜	名词	大蒜	匈奴语	意译	《金匮要略·果实菜谷禁忌并治》:"四月、八月勿食胡荾,伤人神。" 《古今注·草木》卷下第六:"胡国子有蒜十许子共一株,二箨幕裹之,为名胡蒜,尤辛于小蒜,俗亦呼之为大蒜。"
14	胡黄连	名词	黄连	匈奴语	意译	《宋史·列传》卷四八九:"咸平四年,国主多须机遣使打吉马、副使打腊、判官皮泥等九人来贡木香千斤、鍮镴各百斤、胡黄连三十五斤、紫草百斤、红毡一合、花布四段、苏木万斤、象牙六十一株。"

续表

	词条	词性	释义	语源	吸收方式	例　句
15	胡萝卜	名词	也叫芦菔	匈奴语	意译	《佛说无量寿佛化身大忿迅俱摩罗金刚念诵瑜伽仪轨法》:"胡萝卜粳米"。李时珍《本草纲目·菜部》第二十六卷:"元时始自胡地来,气味微似萝卜,故名。"
16	珊瑚	名词	也叫珊瑚树,产自海底的一种植物。	大秦语	音译	《后汉书·西域传》:"(大秦国)土多金银奇宝,有夜光璧、明月珠、骇鸡犀、珊瑚、虎魄、琉璃、琅玕、朱丹、青碧。"《华阳国志校补图注·汉中志》卷二:"张骞特以蒙险远,为孝武帝开缘边之地,宾沙越之国,致大宛之马,入南海之象,而车渠、玛瑙、珊瑚、琳碧、罽宝、明珠、玳瑁、虎魄、琉璃、火浣之布、蒲桃之酒、筇竹、蒟酱,殊方奇玩,盈于市朝。"
17	橐它	名词	骆驼	匈奴语	音义兼顾	《史记·大宛列传》:"驴、骡、橐它以万数。"《汉书·西域列传》卷九六上:"(鄯善国)民随畜牧逐水草,有驴马,多橐它。"《新唐书·列传》卷二二二下:"有橐它,豹文而犀角,以乘且耕,名曰它牛豹。又有兽类野豕,角如山羊,名曰零,肉味美,以馈膳。"

249

续表

	词条	词性	释义	语源	吸收方式	例 句
18	汗血马	名词	从西域传来的一种宝马。	西域语	音义兼顾	《史记·大宛列传》:"及得大宛汗血马,益壮,更名乌孙马曰'西极',名大宛马曰'天马'云。"
19	犀牛	名词	从西域传来的一种动物。	西域语	音译	《汉书·西域传》:"乌弋地暑热莽平,其草木、畜产、五谷……而有桃拔、师子、犀牛。"
20	扶拔	名词	似麟无角。	西域语	音译	《后汉书·肃宗孝章帝纪》:"是岁,西域长史班超击莎车,大破之。月氏国遣使献扶拔师子。"
21	孔爵	名词	孔雀	西域语	音译	《汉书·西域传》:"(罽宾)出封牛、水牛、象、大狗、沐猴、孔爵、珠玑、珊瑚、虎魄、璧流离。"
22	羸	名词	骡子	匈奴语	音译	《史记·匈奴列传》:"(匈奴)其畜之所多则马、牛、羊,其奇畜则橐驼、驴、羸、駃騠、䭴騟、驒騱。"
23	駃騠	名词	马父羸子也	西域语	音译	《史记·匈奴列传》:"(匈奴)其畜之所多则马、牛、羊,其奇畜则橐驼、驴、羸、駃騠、䭴騟、驒騱。"
24	䭴騟	名词	从西域传来的一种马。	西域语	音译	《山海经》云:"北海内有兽,其状如马,其名䭴騟也"。
25	驒騱	名词	从西域传来的一种野马。	西域语	音译	《史记·匈奴列传》:"(匈奴)其畜之所多则马、牛、羊,其奇畜则橐驼、驴、羸、駃騠、䭴騟、驒騱。"

续表

	词条	词性	释义	语源	吸收方式	例　句
26	师子	名词	狮子	古波斯语	音译	《汉书·西域传》九六上："乌弋地暑热莽平，其草木、畜产、五谷、果菜、食饮、宫室、市列、钱货、兵器、金珠之属皆与罽宾同，而有桃拔、师子、犀牛。"
27	狻麑	名词	狮子	匈奴语	音译	《尔雅·释兽》："狻麑如猫，食虎豹。"
28	桃拔	名词	又叫作符拔，似鹿，长尾。	西域语	音译	《汉书·西域传》："乌弋地暑热莽平，其草木、畜产……而有桃拔、师子、犀牛。"
29	大雀	名词	孔雀	安息语	音义兼顾	《东观汉记》："永元十三年，安息王献条支大雀。此雀卵大如瓮。"《后汉书·西域列传》卷八八："条支国城在山上，周回四十余里。临西海，海水曲环其南及东北，三面路绝，唯西北隅通陆道。土地暑湿，出师子、犀牛、封牛、孔雀、大雀。大雀其卵如瓮。"
30	大马爵	名词	鸵鸟	安息语	音义兼顾	《汉书·西域传》："（安息国）有大马爵。"师古注曰："《广志》云'大爵，颈及膺身，蹄似橐驼，色苍，举头高八九尺，张翅丈余，食大麦'。"

续表

	词条	词性	释义	语源	吸收方式	例句
31	猩猩	名词	从西南夷传来的一种动物。	西南夷语	音译	《后汉书·南蛮传》:"(哀牢人)出铜、钱、铅……孔雀、翡翠、犀、象、猩猩、貊兽。"
32	蒲稍	名词	骏马的名字	大宛语	意译	《汉书·西域传赞》:"蒲稍、龙文、鱼目、汗血之马充于黄门。"
33	龙文	名词		大宛语	意译	《汉书·西域传赞》:"蒲稍、龙文、鱼目、汗血之马充于黄门。"
34	鱼目	名词		大宛语	意译	《汉书·西域传赞》:"蒲稍、龙文、鱼目、汗血之马充于黄门。"
35	枇杷	名词	琵琶,汉代胡人乐器名。	伊朗语	意译	《释名·释用器》:"枇杷本出於胡中,马上所鼓也。推手前曰枇,引手却曰杷,象其鼓时,因以为名也。"
36	吹鞭	名词	一种笛类吹管乐器,声音悲凉。汉时由匈奴传入中原地区。	希腊语	意译	《文选·李陵<答苏武书>》:"胡笳互动,牧马悲鸣。"《宋书·乐志》卷一九:"杜挚《笳赋》云:'李伯阳入西戎所造。'汉旧注曰:'笳,号曰吹鞭。'"
37	胡笛	名词	一种笛类吹管乐器,声音悲凉。汉时由匈奴传入中原地区。	匈奴语	意译	《后汉书·五行志》卷一〇三:"灵帝好胡服、胡帐、胡床、胡坐、胡饭、胡空侯、胡笛、胡舞,京都贵戚皆竞为之。"

续表

	词条	词性	释义	语源	吸收方式	例　句
38	空侯	名词	箜篌。东汉之时,由波斯(今伊朗)传入我国一种角形竖琴。	突厥语	音译	《后汉书·五行传》:"灵帝好胡服、胡帐、胡床、胡坐、胡饭、胡空侯、胡笛、胡舞,京都贵戚皆竞为之。"
39	觱篥	名词	一种簧管乐器。汉代由西域传入。	突厥语	音译	段玉裁《说文解字注》:"羌人,西戎也。屠觱,羌人所吹器名。以角为之,以惊中国马。后乃以竹为管,以芦为首,谓之觱篥,亦曰篳篥。"
40	径路	名词	匈奴的一种宝刀。	匈奴语	音译	《汉书·匈奴传》:"昌、猛与单于及大臣俱登匈奴诺水东山,刑白马,单于以径路刀金留犁挠酒。"
41	犀毗	名词	匈奴传来的一种腰带。	匈奴语	音译	《汉书·匈奴传》:"黄金饬具带一,黄金犀毗一,孟康曰:"要中大带也。""
42	胥纰	名词	匈奴传来的一种腰带。	匈奴语	音译	《史记·匈奴列传》:"黄金饰具带一,黄金胥纰一。"
43	书革	名词	书写材料	大宛语	意译	《汉书·西域传》:"书革,旁行为书记。"
44	穹庐	名词	帐篷	匈奴语	音义兼顾	《汉书·匈奴传》:"匈奴父子同穹庐卧。"颜师古注:"穹庐,旃帐也。其形穹隆,故曰穹庐。"

续表

	词条	词性	释义	语源	吸收方式	例　句
45	服匿	名词	帐篷	匈奴语	音译	《汉书·李陵苏建传》："三岁余,王病,赐武马畜服匿穹庐。"
46	玫瑰	名词	从西域传来的一种装饰品。	西域语	音译	《后汉书·西域传》："至桓帝延熹九年,大秦王安敦遣使自日南徼外献象牙、犀角、玫瑰,始乃一通焉。"
47	琥珀	名词	古代松柏树脂的化石。可入药,也可作装饰品。汉代作"虎魄"。	突厥语	音译	《汉书·西域传》："罽宾出封牛、水牛、象、大狗、沐猴、孔爵、珠玑、珊瑚、虎魄、璧流离。"《后汉孝殇皇帝纪》卷第十五："大秦……多金银、真珠、珊瑚、琥魄、琉璃、金缕、罽绣、杂色绫、涂布,又有细布,或言水羊毛、野蚕茧所作。会诸香煎以为苏合,凡外国诸珍异皆出焉。"
48	文甲	名词	从西域传来的一种装饰品。	西域语	音译	《汉书·西域传》："自是之后,明珠、文甲、通犀、翠羽之珍盈于后宫。"
49	通犀	名词	从西域传来的一种装饰品。	西域语	音译	《汉书·西域传》："自是之后,明珠、文甲、通犀、翠羽之珍盈于后宫。"
50	犀角	名词	犀牛的角,可做装饰品。	西域语	音译	《汉书·南粤王赵佗传》(11/3852)："谨北面因使者献白璧一双,翠鸟千,犀角十。"

续表

	词条	词性	释义	语源	吸收方式	例 句
51	氍毹	名词	一种质地细密的羊毛毡。	古波斯语	音译	《后汉书·西域传》:"天竺国又有细布、好氍毹诸香、石蜜、胡椒、姜、黑盐。"
52	珊瑚	名词	从西域传来的一种装饰品。	西域语	音译	《后汉书·西域传》:"(大秦国)土多金银奇土多金银奇宝,有夜光璧、明月珠、骇鸡犀、珊瑚、虎魄、琉璃、琅玕、朱丹、青碧。"
53	比余	名词	又作比疏,是一种密齿的梳子。	匈奴语	音译	《史记·匈奴列传》:"服绣袷绮衣,绣袷长襦、锦袍各一,比余一,黄金饰具带一,黄金胥纰一。"
54	郭落	名词	从鲜卑传来的一种腰带。	匈奴语	音译	《史记索隐》:"张晏云:'鲜卑郭落带,瑞兽名也,东胡好服之。'"
55	留犁	名词	饭勺	匈奴语	音译	《汉书·匈奴传》:"昌、猛与单于及大臣俱登匈奴诺水东山,刑白马,单于以径路刀金留犁挠酒。"
56	玛瑙	名词	一种红色宝石,又作"马脑"、"码瑙"。	古印度语	音译	刘歆《西京杂记》:"武帝时身毒国献连环羁。皆以白玉作之。玛瑙石为勒。"
57	瑠璃	名词	即琉璃。一种有色半透明的玉石。	梵语	音译	《汉书·西域传》曰:"罽宾国出璧流离"。璧流离三字为名,胡语也,犹珣玗琪之为夷语。

续表

	词条	词性	释义	语源	吸收方式	例 句
58	玻璃	名词	古代本指一种天然石英水晶矿石,有各种颜色。	梵语	音译	东方朔《十洲记》:"昆仑山上有红碧颇黎宫,名七宝堂是也。"
59	胡服	名词	匈奴人穿的衣服	匈奴语	意译	《后汉书·五行传》:"灵帝好胡服、胡帐、胡床、胡坐、胡饭、胡空侯、胡笛、胡舞,京都贵戚皆竞为之。"
60	胡床	名词	匈奴人睡的床	匈奴语	意译	《后汉书·五行传》:"灵帝好胡服、胡帐、胡床、胡坐、胡饭、胡空侯、胡笛、胡舞,京都贵戚皆竞为之。"
61	胡帐	名词	匈奴人的房子	匈奴语	意译	《后汉书·五行传》:"灵帝好胡服、胡帐、胡床、胡坐、胡饭、胡空侯、胡笛、胡舞,京都贵戚皆竞为之。"
62	胡坐	名词	匈奴人凳子	匈奴语	意译	《后汉书·五行传》:"灵帝好胡服、胡帐、胡床、胡坐、胡饭、胡空侯、胡笛、胡舞,京都贵戚皆竞为之。"
63	逗落	名词	坟墓	蒙古语	音译	《史记》注:张华曰:"匈奴名冢曰逗落。"

续表

	词条	词性	释义	语源	吸收方式	例句
64	suo duo	名词	胡人所穿的一种筒部开口的皮靴。	匈奴语	音译	"靴,跨也,两足各以一跨骑也。"(见王先谦:《释名疏证补》,第178页,上海古籍出版社,1983年)《中华古今注》:"靴者,盖古西胡也,昔赵武灵王常服之。"(马缟《中华古今注》,第14页,中华书局,1985年)"靴之缺前壅者,胡中所命名也。铀速独,足直前之言也。"(见王先谦:《释名疏证补》,第178页,上海古籍出版社,1983年)
65	焉支阏氏	名词	胭脂,花名,红蓝花。阏氏是汉时匈奴单于之正妻的称号	匈奴语	音译	《史记·匈奴传》有"焉支山",山在匈奴境内,以产胭脂得名。《汉书·陈平传》卷四〇:"至平城,为匈奴围,七日不得食。高帝用平奇计,使单于阏氏解,围以得开。"颜师古曰:"阏氏,音焉支。"《史记·匈奴传》卷一一〇:"单于有太子名冒顿,后有所爱阏氏。"[索隐]曰:阏氏,旧音曷氏。匈奴皇后号也。习凿齿与燕王书云:"山下有红蓝,足下先知否?北方人采取其花染绯、黄,采取其上英鲜者作胭脂,妇人采将用为颜色。吾少时再三过见胭脂,今日始亲红蓝,后当足致其种。匈奴名妻作'阏氏',今可音烟支。

续表

	词条	词性	释义	语源	吸收方式	例　句
66	鍮石	名词	也单作鍮,即黄铜,一种新铜合金,铜与炉甘石合炼而得。	古波斯语	音译	《西京杂记》:"(汉武帝)后得式师天马,帝以玫瑰石为鞍,镶以金银鍮石。"
67	氍毹	名词	一种毛或毛麻混纺的织物,常用作地毯。由波斯等地传入。	古波斯语	音译	《陇西行》:"请客北堂上,坐客毡氍毹。"
68	撑犁	名词	天	匈奴语	音译	《汉书·匈奴传》九四上:"匈奴,其先夏后氏之苗裔,曰淳维。……匈奴谓天为'撑犁',谓子为'孤涂',单于者,广大之貌也,言其象天单于然也。"
69	孤涂	名词	孩子	匈奴语	音译	《汉书·匈奴传》九四上:"匈奴谓天为'撑犁',谓子为'孤涂',单于者,广大之貌也,言其象天单于然也。"
70	眩人	名词	从西域来的会耍戏法的江湖艺人。即杂技表演者	西域语	音译	《汉书·西域传》第六六上:"武帝始遣使至安息,……因发使随汉使者来观汉地,以大鸟卵及犁靬眩人献于汉,天子大说。安息东则大月氏。"《汉书·张骞传》卷六一:"而大宛诸国发使随汉使来,观汉广大,以大鸟卵及黎轩眩人献于汉,天子大说。"颜师古注曰:"眩,读与幻同。即今吞刀吐火,植瓜种树,屠人截马之术皆是也。本从西域来。《史记·大宛列传》:"初,汉使至安息,……汉使还,而后发使随汉使来观汉广大,以大鸟卵及黎轩善眩人献于汉。"[索隐]曰:韦昭云:"眩人,变化惑人也。"

续表

词条	词性	释义	语源	吸收方式	例句
71 靴	名词	靴,胡履。	西域语	音译	《大唐新语》卷十云:"隋代帝王贵臣,多服黄纹绫袍、乌纱帽、九环带、乌皮六合靴。……后乌纱帽渐废,贵贱通用折上巾以代冠,用靴以代履。折上巾,戎冠也;靴,胡履也,咸便于军旅。"

附录三 中亚五国地名与中国史书用名对照表

中亚地区		中国史书用名
哈萨克斯坦	1.康居 2.克孜勒奥尔达	1.锡尔河下游 2.彼罗夫斯克
塔吉克斯坦	1.大宛 2.贵山城 3.赭时	1.费尔干纳 2.卡散赛 3.塔什干//石国)
吉尔吉斯斯坦	1.托克马克 2.伊塞克湖 3.布拉纳 4.比什凯克	1.碎叶 2.大清池 3.虎思//斡鲁朵 4.伏龙芝
土库曼斯坦	1.帕提亚 2.梅尔夫	1.安息 2.木鹿//穆国//马雷
乌孜别克斯坦	1.兹嘎拉山口 2.布哈拉	1.铁门 2.不花剌 3.昭武九姓
	1.大泽 2.咸海、里海之间 3.乌浒水	1.咸海 2.奄蔡 3.中亚阿姆河

附录四 吉尔吉斯斯坦肢体表情语言词汇与汉语对照表

面部表情词汇	
吉尔吉斯语	汉语
жылмаюу	微笑
кулгон	大笑
ыйлоо	哭
бироону герсейип караган	斜眼上下看
башты ийкиген	点头

续表

面部表情词汇	
башты чайкага	摇头
кашты буркуу	皱眉头
коркутуп караган	瞪眼睛
тултуйган	嘟嘴
肢体动作词语	
吉尔吉斯语	汉语
өөТуу	跳跃
Сейилдөө	走路
буктөлгөн курал – жарак	抱臂
Кайчылаш бир буту	盘腿
Куушуруп адамдын далысын	耸肩
чыпалакты корсотуу	竖小拇指
башты тырмаган	挠头
бутту бирбирине кою	跷二郎腿
силкинди колдорун	握手